영 드림빌더 ❷

내가 너를 사랑하였노라

영 드림빌더 ②

내가 너를 사랑하였노라

초판 1쇄 펴낸 날 · 2006년 7월 1일 | **초판 5쇄 펴낸 날** · 2013년 9월 10일
지은이 · 안남기 | **펴낸이** · 김승태
등록번호 · 제2-1349호(1992. 3. 31) | **펴낸 곳** · 예영커뮤니케이션
주소 · (136-825) 서울시 성북구 성북1동 179-56 | **홈페이지** www.jeyoung.com
출판사업부 · T. (02)766-8931 F. (02)766-8934 e-mail : jeyoung@chol.com
출판유통사업부 · T. (02)766-7912 F. (02)766-8934 e-mail : jeyoung@chol.com

Copyright ⓒ 2006, 안남기
ISBN 978-89-8350-400-5 (03230)

값 12,000원

영 드림빌더 ❷

내가 너를 사랑하였노라

안남기 지음

예영커뮤니케이션

차례

추천의 글 1

박종순 목사

충신교회 담임목사/한국기독교총연합회 대표회장

21세기에도 여전히 군 선교는 황금어장입니다. 비록 다종교화된 사회 속에 많은 법적인 제약들이 점점 더 가중되고 있지만 그럼에도 불구하고 복음을 자랑스러워하는 많은 주님의 일군들이 불철주야 헌신하고 있기에 군대는 여전히 황금어장으로 남아 있습니다.

많은 일군들 가운데 안남기 목사님은 영혼을 향한 사랑과 군 선교를 향한 비전과 자부심으로 군종 목사로서의 사역을 잘 감당하고 계신 분입니다. 그 동안의 사역 속에서 경험하고 느끼고 깨달은 바를 글로 잘 엮어 책으로 내게 된 데에 큰 환영의 뜻을 전합니다. 무엇보다 현장의 소리가 생생하게 담겨 있기에, 군에 있는 형제들과 군 입대를 앞둔 젊은이들, 그리고 군 복음화를 위해 사역하는 분들에게 귀중한 도움이 되리라 확신합니다.

이 책에는 단순히 정신 교육, 상담, 치유의 주제만을 담고 있는 것이 아니라 복음 속에 드러난 하나님의 사랑을 고백적인 언어로 분명히 전하고 있기에 더욱 가치가 있습니다. 널리 읽혀짐으로 복음의 능력을 드러내는 귀한 도구가 되길 바랍니다.

추천의 글 2

김점철 소장
육군종합행정학교장

안남기 목사는 군복을 입은 성직자로 전후방의 비무장 지대와 훈련장, 격오지를 누비면서 나라를 지키는 장병들과 군인 가족들에게 하나님의 복음을 전하는 군종 목사로서의 직분과 사명을 충실하게 수행하고 있는 분입니다.

그는 또한 아직 여물지 않아 연약한 마음을 가진 젊은 장병들의 고민과 불안 등 번민을 함께 해결해 나가면서 그들에게 인생의 가치와 의미를 새롭게 깨닫게 해 주는 특별한 상담가입니다. 이런 그가 수년간 행한 일들을 여러 사람들과 함께 나누는 글로 에세이집을 만들었습니다. 이 책은 입대를 앞둔 젊은이들은 물론 군 생활을 하고 있는 장병들 그리고 이들을 보살펴야 할 많은 사람들에게까지 자신들의 인생을 재해석할 수 있게 해 주는 귀중한 선물이 될 것입니다.

특별히 이 책은 "철저하게 좌절해 본 인간이 이를 딛고 일어서서 키워낸 열매는 그 색깔이 영롱하고 향기 또한 오래 간다" 는 사실도 깨닫게 해 줄 것입니다. 아울러 우리 모두에게 지는 해를 보고 "태양이 잠자리에 들기 위해 산 너머로 들어갔다."는 아름답고 긍정적인 생각을 하도록 만들 것입니다.

추천의 글 3

설영현 목사
육군 군종실장/대령

누군가가 말했습니다. "사랑을 받아본 경험이 없는 사람은 아무에게도 사랑을 줄 수 없다."고. 바꾸어 말하면 "사랑을 받아 본 사람만이 사랑할 수 있다."는 말이 됩니다.

평소 안남기 목사님을 대하면서 그 얼굴에서 느끼는 온화하고 밝은 미소의 정체는 무엇인가가 항상 궁금했습니다. 더구나 다시 떠올리기도 싫은 전방 총기 사태를 수습하면서 희생자들과 생존자들을 함께 보듬고 아파하는 그 깊은 감성의 정체가 무엇인지를 알고 싶었습니다. 그런데 이제야 알았습니다. 안목사님은 하나님의 사랑을 풍성히 받아 온 몸으로 깨닫고 있었던 것입니다.

「내가 너를 사랑하였노라」를 읽으면서 언제 보아도 여유있고, 윤택해 보이는 그 사랑 가득한 미소의 근원지를 알게 되었습니다. 이책은 바로 안남기 목사님의 "하나님 사랑의 체험기"라 할 수 있습니다.

안남기 목사의 체험적 고백이 생생하게 살아 있는 이 책을 통해 무엇인가 뿌듯한 배움을 얻게 되리라 믿습니다. 그리고 오늘 우리는 어떻게 살아야 할 것인가에 대한 해답을 얻게 될 것입니다.

추천의 글들

마음의 아픔을 가지고 울고 있는 군 장병들을 끌어안고 치유와 회복을 위하여 군복을 입고 다가가는 저자는 어둠을 탓하지 않고 불을 밝히는 한 자루 촛불 같은 분입니다. 10여년이 넘도록 피와 눈물이 묻어 있는 사역의 현장에서 끌어올린 주옥같은 글들은 읽는 모든 이에게 희망과 소망의 잔치 상을 배설할 것입니다.

주서택 목사 _ 청주 주님의 교회, 내적치유사역연구원

안남기 목사님의 글을 읽으면서 내 마음속 깊은 곳에서 뜨거운 무엇인가가 용솟음치고 있음을 느낍니다. 다양한 이유로 힘들어하며 고통스러워하는 장병들이라면 그 누구라도 가슴에 끌어안아 주시며 그들의 고통을 함께 나누려는 목사님의 그 진실된 모습이 눈에 보이는듯 합니다. 목사님의 아름다운 글을 통해 장병상담관으로서의 나의 위치와 역할이 무엇인지를 올바르게 가르쳐 주셨으며, 이 책을 대하는 모든 장병들에게 아름다운 군 생활을 위한 활력소가 될 것을 확신하며 이 책을 모든 이들에게 정중하게 추천합니다.

윤석륜 _ 장병 기본권 전문 상담관

20대, 질풍노도의 시대를 거쳐야 하지만 나름대로의 풍요로움 속에서 자란 그들입니다. 흔히들 예전 같지 않는 군대라고 말합니다만, 알 수 없는 미래와 홀로서기를 준비하는 예비 병사들에게 아직도 군대는 머나먼 여행임에 틀림없습니다.

　저는 세상의 그 무엇과도 바꿀 수 없는 사랑스런 내 아들이 쓰디쓴 이별이란 아픔을 안은 육군 이등병의 어머니였습니다. 아들의 좌절과 상처를 가장 가까이에서 본 인생의 선배요, 하나님의 종으로써의 가장 온전한 방법으로 포근하게 감싸 안아 주셔서 홀로서기와 함께 영생의 선물인 하나님을 영접하는 축복이란 선물과 함께 군 복무를 마치고 지금은 유학중인 아들을 바라보는 평범한 엄마의 한 사람으로, 덩치는 작지만 큰 감동, 새 봄의 향기와 주님 주시는 평안과 소망을 이 글에 넣으며 추천합니다.

이등병 엄마 _ 현직 교사

　남성적인 군대 문화 속에서 사역하면서 따듯하면서도 감수성이 풍부한 군종 목사로서 각 병사들과의 직접적인 만남이 가져다 주는 상담적 이슈들을 풀어낸 보기 드문 책입니다. 살아 있는 인간 문서인 병사들의 고민과 갈등에 동참하며 경청하는 좋은 상담자로서의 자질이 돋보입니다.

이관직 _ 백석대학교 기독교상담학 교수

대한민국 군대의 힘의 원천은 바로 여기, 곧 어머니의 마음으로 돌보는 사람들의 땀방울에 있음을 알게 해 주는 책입니다. 정신과 의사인 나에게 한 사람의 영혼을 돌보는 일이 얼마나 소중한 일인지 가르쳐 주었습니다.

정기립 _ 정신과 의사

군 복무 중 안 목사님과 함께 할 수 있었던 것은, 사막 같은 군 생활 가운데 오아시스와 같았습니다. 이제 더 많은 사람들이 이 오아시스에서 쉴 수 있게 되어 무척이나 감사합니다.

예비역 병장 1

안 목사님의 힘은 '이야기'입니다. '명령'과 '복종'으로만 이루어지는 군대 속에서의 소통의 이야기는 엄청난 힘이 있습니다. 이 책은 그 '이야기의 힘'의 기록입니다.

예비역 병장 2

13

들어가는 이야기

　군종 목사로서 설교 강단과 만남의 현장에서 내가 그토록 전하고 보여 주고 싶어 했던 한 마디의 말이 무엇이었을까? 여러 성경 구절들이 떠오른다. 한국에서 젊은이들이 가장 많이 모이는 교회가 있다. 거기에는 뜨거운 찬양의 열기와 새 생명이 신음 소리를 내며 탄생하는 영적인 산부인과와 같은 육군훈련소 교회이다. 어느 날 이곳을 방문하였을 때 "내가 너희를 사랑하였노라"(말1:2)는 강단 위에 걸린 말씀이 내 안에 있는 아이를 향해 소리치는 것을 들을 수 있었다. 자기를 품어 주었던 환경과 사랑하는 사람들을 떠나 혼자라고 느끼는 실존적인 공허와 두려움과 그리움에 잠겨 있는 20대 초반의 훈련 병사들에게 들려주시는 것처럼 너무 생생하게 다가온 말씀이었다.

　사실 군종 목사로서 1-2년 부대와 사역지를 옮기다 보면 나를 사랑해 주고 인정해 준 사람들과 환경들을 떠나야만 하는 아픔이 있다. 그러나 내 마음 깊은 곳에서 들려주시는 음성 '내가 너희를 사랑하였노라'를 들으면서 새로운 곳에 발을 디딜 용기를 얻게 된다. 나는 이때부터 강단 앞에 아버지가 집 나간 아들을 끌어안고 반가워하는 그림과 그 말을 걸어 놓았다. 그러면서 교회에 나올 때마다, 목사를 바라볼 때마다 나에게 여전히 말씀하시는 아버지 하나님의 음성을 듣고 싶었다.

특별히 나는 군대 안에 가정과 학교와 사회에서 이 한 마디의 말을 듣고 싶어 하는 장병들을 바라볼 수 있었다. 대부분 의미 있는 사람들과의 만남이 이루어지지 못한 가슴 아픈 이야기를 갖고 있는 병사들이었다. 어머니와 마지막으로 햄버거가게에서 원치 않는 작별인사를 한 후 햄버거를 먹기 힘들어하는 병사, 어머니의 과도한 요구에 숨이 막혀 집을 뛰쳐나간 병사, 술을 먹으면 아버지 스스로도 통제할 수 없어 어머니를 구타하는 현장에서 아무 말 없이 마음 속 이야기를 감추어야만 했던 병사, 친동생이 자신 앞에서 물에 빠져 들어가는 모습을 보면서 누구에게도 말하기 힘들었던 살아남아 있음에 대한 죄책감을 가진 병사, 총기 사고의 현장에서 살아남은 병사들, 이야기할 사람을 찾지 못하고 너무 답답하여 밤을 지새우며 사이버의 세계 속에서 시간을 보내야만 했던 20대 초반의 병사들을 바라보면서 이들의 이야기에 귀 기울이고자 했다. 이들이 이야기를 하기 시작하였을 때 자신에 대해서, 주변의 사람들과 세상에 대해서 그리고 하나님에 대해서 새롭게 눈을 뜨고 이야기하는 것을 경험하게 되었다.

나는 군 사역 현장에서 이렇게 가슴 아픈 이야기를 가지고 있는 병사들의 이야기를 대변해 주고 싶은 마음에서 한 주간 군종 목사가 전하는 사랑 이야기를 주보에 연재해 오고 있었다. 절제되지 아니한 서툰 문장과 짧은 표현이지만 솔직한 마음의 이야기를 담고자 노력하였다. 수년간 모여진 글이기에 주제별로 재구성을 하였고, 개인적으로 공개하기 힘든 이야기들은 아직 감추어 두었다.

1장에는 엄마와 초코파이, GOP 이야기 등 20대 초반의 군 장병들에 대한 정서적인 이해와 군 병영에 임하고 있는 청년들이 대한민국의 자랑스러운 숭고한 희생자라는 자긍심을 갖게 하고 싶은 글을 모았다. 2장에는 2005년 총기 사고로 군대에 대한 불신과 사회의 정체성 혼란으로 힘들어할 때 현장에서 함께 하면서 기록한 글들이다. 이러한 상황에서 '군복을 입은 목사로서의 정체성과 역할이 무엇일까?' 를 고민하면서 "복음이란 그 현장에 함께 있어주는 것이다."라는 영혼을 돌보는 자로서의 마음을 담아 보았다. 3장과 4장에서는 군복 입은 목사의 행복과 군종 목사만이 할 수 있는 특별한 돌봄의 프로그램들을 소개하였고, 5장에서는 군종 목사와의 만남 가운데 기억에 남는 병사들에 대한 흐뭇함과 다시 만나고 싶은 그리움을 표현하였고, 6장에서는 영혼을 돌보는 목사가 정말 보여주고 싶은 것 '이것이 사랑이다', 7장에서는 '이것이 복음이다' 는 제목으로 하나님께서 가장 들려주고 싶어 하는 글들을 모아 정리하였다. 8장에서는 필자의 개인적인 치유 이야기들을 솔직하게 담아 보고자 했다. 그리고 마지막 9장에서는 현재 군에서 시행하고 있는 비전 캠프(집단 상담) 프로그램 후에 느꼈던 이야기들을 모았다.

나는 모여진 이 글이 군 입대를 준비하는 예비 병사들에게, 또한 군대에서 그 어느 것과도 바꿀 수 없는 생명의 가치를 소중히 여기는 군 동료들에게, 사랑하는 아들을 아낌없이 조국의 부르심 앞에 기꺼이 보내준 이 땅의 부모님들에게, 특별히 복음을 온 몸으로 증거하고 보여주기를 바라는 영혼 돌보미들과 함께 나누어지기를 바

란다. 그리고 오늘도 묵묵히 숭고한 희생의 자리에 서 있는 군 장
병들의 가슴에 '내가 너를 사랑하였노라' 하는 음성을 듣게 하고
싶었다.

1장

들풀에 깃든 사랑

"천하에 범사에 기한이 있고 모든 목적이 이룰 때가 있나니

날 때가 있고 죽을 때가 있으며

심을 때가 있고 심은 것을 뽑을 때가 있으며

죽일 때가 있고 치료시킬 때가 있으며

헐 때가 있고 세울 때가 있으며

울 때가 있고 웃을 때가 있으며

슬퍼할 때가 있고 춤출 때가 있으며

돌을 던져 버릴 때가 있고 돌을 거둘 때가 있으며

안을 때가 있고 안는 일을 멀리할 때가 있으며

찾을 때가 있고 잃을 때가 있으며

지킬 때가 있고 버릴 때가 있으며

찢을 때가 있고 꿰맬 때가 있으며

잠잠할 때가 있고 말할 때가 있으며

사랑할 때가 있고 미워할 때가 있으며

전쟁할 때가 있고 평화할 때가 있느니라."

(전도서 3:1-9)

GOP 이야기

GOP(General Out Post; 일반 전초) 철수와 투입이 있었던 주간이었다. 새로 철책에 투입되는 장병들을 환송하는 현장에서 가슴 속에서 올라오는 몇 가지의 감정을 발견할 수 있었다. 젊은 장병들에 대한 자랑스러움, 그리고 내 아들이 훗날 바로 저 자리에 있게 될 것이라는 걱정하는 아버지의 마음, 아직은 자신을 다스릴 만한 힘은 없지만 거기에서 인생을 살아가는 삶의 의미를 발견하기를 바라는 작은 소망이 교차되어 나타났다.

투입 전에 완전 작전을 기원하는 예배를 드리면서 시편127편을 가지고 '하나님의 주권을 인정하라' 는 제목으로 말씀을 증거 하였다. 무엇보다 신앙이란 사람이 노력하여 할 수 있는 것이 있지만, 사람이 아무리 노력해도 안 되는 것이 있다는 것을 인정하는 것이라 하였다. 특별히 내가 통제하기 힘든 마음 그리고 하루에 수만 가지의 분주한 생각들 속에 하나님께서 내 마음과 생각들을 붙들어 주셔야 한다는 것, 매일매일 어두운 밤길을 걸어갈 때 미끄러지지 않도록 하나님께서 지켜 주셔야 한다는 말씀이었다.

뿐만 아니라 철수하는 부대에 대해서는 사단의 모든 군종 장교(목사, 신부, 법사)들과 함께 젊음의 한 조각을 GOP 선상에서 묵묵히 충성을 다하였던 장병들에게 'GOP 완전 작전 기념' 이라는 문구가 새겨진 손수건과 볼펜, 그리고 '당신은 사랑받기 위해 태어난 사람'

이라고 새겨진 100원짜리 과자, 그리고 정(情)으로 빨갛게 포장되어 있는 초코파이를 함께 나누며 그동안 수고하고 땀 흘린 장병들을 위로하고 격려할 수 있었다.

나는 이들과 철수 전에 짧은 만남들을 가지면서 군종 목사로서 이들이 수고했던 1년간의 시간의 의미를 찾게 해 주고 싶었다. 여러분의 GOP의 생활은 인생의 이야기 속에 소중한 한 페이지가 될 것이라는 확신 말이다. 아마 사람들은 1년간의 경험이 누구나 한 번은 경험하는 군 생활에 대한 이야기로 쉽게 넘겨버리는 주제가 될 수 있지만, 장병들 자신에게는 인생을 아름답고 풍요롭게 하는 소중한 이야기의 주제가 될 것이라는 자신만이 느낄 수 있는 자부심으로 느끼게 하고 싶었다. 철수 전의 병사들의 이야기를 들어보자.

"가을, 겨울, 봄, 여름 다시 가을. 다섯 번의 계절이 바뀌는 동안 나는 GOP 선상에 있었다. 눈이 오나 비가 오나 무슨 일이 있든지 철책선을 지켜야 했다. 사회에 있을 때는 힘든 일, 귀찮고 힘든 일을 핑계 삼아 요리조리 피했던 나, 이런 나를 GOP 13개월이 180도 바뀌게 해 주었다. 무슨 일이든 피하지 않고 부딪치게 해 주는 자신감을 키워준 GOP에게 감사하다."

"육군의 3%만 갈 수 있다는 GOP는 나의 새로운 경험이었다. 매일 반복되는 작업, 가끔은 일요일도 반납하고 작업을 해야 하는 현실에 짜증내고 답답해하고 빨리 이곳을 벗어나야겠다는 생각들이 대부분이었다. 잠을 자지 못해 오후 기상과 동시에 후임, 선임들을 볼 때면 항상 가슴이 아팠다. GOP를 떠나면서 OO소초 안에서 나의 동료들은 언제부터인가 서로 힘이 되어 주고 서로의 버팀목이 되어 주고 있었다. 그래서 힘든 생활 속에서도 밝게 이겨 낼 수 있었던 것 같다. 지금의 이 생활과 감정도 모두 변하지 않고 GOP 철수 후에도 변하지 않고 영원히 지속되었으면 하는 바램이다."

그렇다. 이들은 GOP에서 인생에는 고독함이 있고, 때로 인내가 필요한 시간도 있고, 나 아닌 다른 사람들도 있다는 것, 생각이 중요하다는 것, 그리고 자신이 존재하고 있다는 것을 알게 되었다고 고백하였다. GOP 병사들의 작은 쪽지의 내용들을 보면서 젊은 병사들이 자랑스러워 보이고 대한민국의 미래는 희망이 있다는 것을 확신한다.

투입 전보다 한층 성숙해지고 함께 어울려 사는 인간미, 작은 것도 소중하게 여기는 마음의 여유들이 느껴진다. 창문 없는 초소에서 온몸으로 체험했던 혹독한 추위, 시도 때도 없는 강한 비, 어두운 산길과 계단, 새벽에 올라오는 안개, 푸드득거리는 동물의 움직임에 긴장해야 하는 순간순간들, 그늘이 없는 불모지 작업, 그리고 말라리아, 단 하루도 거르지 않고 반복되는 일상의 생활 속에서 1년여의 시간을 완전하게 작전을 수행해 준 젊은 장병들에게 큰 소리로 정말 자랑스럽다고 말하고 싶다. 그리고 이들을 위해 기도해 준 부모님들, 그리고 완전 작전을 위해 지원하고 격려했던 모든 무적 태풍부대의 장병들에게도 "당신은 자랑스러운 GOP를 맡고 있는 무적 태풍부대 용사입니다."라고 말하고 싶다. 무적 태풍부대 파이팅!

들풀에 깃든 사랑

가을이 오면 GOP 부대의 한 형제가 기억이 난다. 전방 예배를 드릴 때 들풀을 꺾어 강단 위에 아름답게 드리곤 했다. 난 그때를 생각하면 아름답게 하나님께 예배를 드린 감격이 새롭게 다가온다. 한 형제의 아름다운 헌신이 나른한 주일 GOP 의 오후 예배에 생명을 불어넣었다.

들풀은 언제 밟힐지 모르는 위험 속에서도 생명을 유지하며 살아가는 꽃이다. 어떤 야생화는 인적이 많은 곳에서는 피지 않고 벼랑 끝이나 인적이 드문 곳에서 피어나기도 한다. 우리 젊은 장병들이 군에 오기 전에는 부모와 형제들에게 사랑의 손길이 있는 화원의 예쁜 꽃처럼 자랐을 것이다.

그런데 장병들의 이야기에 귀 기울여 듣다 보면 저마다 야생화의 삶을 살아온 사람도 참 많다는 것을 발견한다. 군에 오기 전에 자기를 최고로 대접해 주던 부모님이나 친지들, 친구들을 떠나 전혀 새로운 낯선 공간에서 내적으로 외적으로 밀려오는 고독감이 자신이 왜소하고 초라해 보이기도 할 것이다. 아무튼 현재 군 생활을 하고 있는 우리의 모습이 마치 들풀과 같은 존재가 아닌가 하는 생각을 해 본다. 어떤 형제들은 군 생활의 자리를 벼랑 끝이라고 생각할 수 있고, 언제 밟힐지 언제 꺾일지 모르는 길가에 서 있다는 생각도 하게 될 것이다.

그렇다면 한번 생각해 보자. 벼랑 끝에서도 생명을 부지하고 바위 틈에서도 고개를 내밀며 살아야 하는 이유가 무엇일까? 나는 두려 움과 고독감, 그리고 아픈 상처를 가지고 있는 병사들을 만나면서 들꽃에 담긴 사랑을 전하고 싶었다. 그것은 결코 남들이 보지 않는 꽃이라고, 이름 없는 들에 핀 꽃이라고 무시하지 않은 하나님의 사 랑말이다. 하나님이 이 땅에 보내신 모든 존재는 분명한 이유와 목 적이 있다. 현재의 삶이 아무리 고난의 삶의 연속일지라도 우리는 길가의 야생화처럼 꽃을 피우기 위해 살아가는 존재들이다. 꽃을 피 운다는 것은 하나님의 기쁨과 하나님의 영광을 위해 지음 받았다는 것이다.

분명히 하나님의 눈으로 보면 우리의 꽃이 화려한 장미꽃이냐, 이름 없는 들풀이냐가 중요한 것이 아니다. 존재로 하나님을 기쁘 시게 하는 꽃을 피우는 인생이 중요한 것이다. 들풀도 입히시는 하 나님의 사랑! 성경에 나오는 사람들도 모두 들풀과 같은 존재들이 었다. 잠시 왔다가 사라진 사람들이다. 그러나 이들이 영원하신 하 나님을 알았을 때 짧은 인생 가운데서도 참으로 아름답고 고귀한 삶을 살았다. 군 생활을 하면서 이러한 하나님의 사랑을 체험하기 를 소망한다.

부모, 형제, 친구가 줄 수 없는 하나님의 돌보시는 따뜻한 사랑의 손길을 장병들이 나를 만날 때마다, 그리고 이들이 교회에 나와 찬 양을 드리며 말씀을 듣고 예배드리는 가운데 느낄 수 있으면 좋겠 다. 하나님이 보이지는 않지만 분명히 이들을 사랑한다는 것을 깨달았으면 좋겠다. 예배드리고 성전을 나갈 때마다 이들을 향한 하나님의 사랑을 듬뿍 따가지고 가기를 소망한다.

엄마와 초코파이

　최근 나는 '대상관계'라는 심리학 이론을 중심으로 논문 연구 방법론 과제를 준비하고 있다. 많은 학자들의 입장이 있지만 사람은 타인과 맺는 관계를 통해 자신의 정신세계를 구성해 나간다는 이론이다. 그 대상이란 용어 또한 설명하기가 쉽지 않지만 생의 가장 초기 대상 어머니와의 관계의 질에 따라 성격 구조와 자아가 형성된다는 것이다. 좋은 관계의 경험은 안정되고 힘 있는 자아가 형성되지만 나쁜 대상관계는 분열된 인격을 형성시키고 우울증을 일으키는 원인으로 이해되고 있다. 더 나아가 현실의 구체적인 어머니라고 하는 대상에서 환상 속의 심적인 대상 심지어 하나님에 대한 이미지에 대해서도 영향이 있다는 것이 종교와 심리학 사이에서 받아들여지고 있다.

　한편 인간 발달 과정에서 초기 성인기를 지내는 청년들은 발달적 위기를 겪게 되는데 마치 사랑하는 사람을 잃었을 때의 충격과 같은 위기를 경험하는 시기라고 설명하고 있다. 특별히 군에 입대하면서 사랑하는 가족과 심지어 많은 갈등과 고민을 겪었던 청소년기에 결심했던 인생의 가치관, 나름대로의 삶의 목표와 의미, 뿐만 아니라 자신을 믿어주고 사랑해 주었던 좋은 친구들을 포함해서 모든 것을 잠시 잃어버렸다는 상실에서 오는 슬픔은 마치 아기가 어머니의 품을 잃어버린 것과 같은 불안을 경험하는 것이라 할 수 있다.

그러나 이러한 청년기의 혼란은 정상적인 과정이라 할 수 있다. 오히려 이 시기에 혼란을 경험하지 못한 사람들은 비정상적인 사람이라 말하고 있다. 우리 가족 중에 한 사람을 사고로 잃어버렸다고 하자. 그가 자기의 사랑하는 사람을 잃어버렸는데도 슬퍼하지도 않고 고민하지 않고 충격을 받지 않는다면 분명히 잘못된 사람이다. 마찬가지로 이제까지의 이상과 가치와 세계관을 잃어버리고 새로운 자기를 형성하려고 할 때에 반항하고, 두려워하고, 비정상적인 것 같은 행동을 하는 것은 너무나 당연한 것이라 할 수 있다.

20대의 젊은 장병들이 초코파이를 사랑하는 이유는 바로 잃어버린 엄마를 찾는 내면의 욕구에서 나온 것이라 말하고 싶다. 초코파이의 생김새를 보자. 모양이 엄마의 젖가슴과도 같고, 엄마의 젖처럼 달콤하고 부드럽다. 초코파이를 찾는 것은 부드럽고 달콤한 엄마의 따스함을 찾는 것이다. 그러나 병장들이 되면 초코파이는 다른 과자처럼 보이게 된다. 왜냐하면 이제 두 발로 일어서고 걸어 다닐 수 있는 힘이 있기 때문에 엄마의 품을 집착하지 않게 된다. 병장이 되어서도 초코파이를 그리워하면 진짜 마마보이라 할 수 있을 것이다.

우리는 더 이상 엄마의 품에 안겨 있을 수 없다. 이제 엄마의 품을 떠나 진정한 자기를 찾아 떠나야 한다. 어린 아이가 충분한 젖과 안정된 분위기를 경험하지 못하면 아이는 좋지 못한 환경에 적응하기 위해 자신의 참 자기를 감추고 순응적인 거짓 자기를 발달시킨다. 그래서 너무 일찍 조숙해진 아이가 되는 것이다. 그리고 편안함보다는 불안감이 주된 감정이 되어버린다. 이런 유형의 사람을 '착한 아이'라 부른다. 아이는 젖을 먹으면서 엄마 품안에 있으면서 '내가 살아 있다.', '나는 최고다.', '나는 모든 것을 할 수 있다.'는 전능감을 경험해야 건강한 자기를 얻게 되면서 창조성이 발달하고 성장하게 된다.

나는 장병들에게 좋은 엄마를 경험하게 하고 싶다. 교육과 방문, 그리고 예배 가운데 나를 두 팔 벌려 안아주시는 하나님 아버지의 사랑을 느끼게 하고 싶다. 뿐만 아니라, 교회에 나올 때마다 "나는 존재한다.", "나는 소중하다.", "나는 창조한다."는 강한 영적 감정을 경험하게 하고 싶다. 이러한 의미에서 청년 사역은 이러한 과정에서 사랑받고 싶고 존재를 확인받고 싶어서 몸부림치고 있는 젊은 이들을 용납하고 받아들여야 한다. 단지 행동을 보고 이상한 사람이라고 평가하지 말고 젊은 형제들의 마음 깊은 곳에서 자기를 찾아가고 있는 몸부림을 바라볼 수 있어야 할 것이다.

성경은 모든 것을 참아 주고, 믿어 주고, 견디어 주는 것을 사랑이라 말하고 있다. 한 존재를 받아 주고, 안아 주고, 버텨 주고, 기다려 줄 때 우리 청년들은 복음 안에서 진정한 자기를 발견하고 건강한 2막 이야기를 힘 있게 써 나가게 될 것이라 확신한다. 한 학기가 벌써 마무리되고 있는데 무엇인가 중요한 것을 발견한 것 같다. 내 안에 있는 창조성이 발휘될 것 같은 좋은 예감이 있다. 성인이 되어 남을 돕는 역할을 하고 있지만 그래도 난 여전히 나를 사랑해 주는 엄마가 그립고 부드럽고 달콤한 초코파이가 좋다.

승고한 희생자들

병역 문제는 현 우리 사회에서 정치인들이나 연예인들에게 그 사람의 됨됨이를 평가할 수 있는 중요한 하나의 근거가 되고 있다. 최근에는 소위 양심적 병역 거부주의자들이 인권과 평화, 자유, 종교의 이름으로 국민의 생명을 지키기 위해 국민으로서의 의무적 차원에서 준행하는 병역의 의무에 저항하고 있다. 솔직히 군 입대를 꺼려하는 포스트모던 시대의 젊은이들에게 나름대로 자신의 삶을 흔들 수 있는 깃발처럼 미화되고 있다.

그렇다면 국방의 의무를 감당하고 있는 수많은 젊은이들은 평화를 사랑하지 않고, 전쟁을 좋아하는 비양심적인 사람들이란 말인가? 조국을 위해 희생한 수많은 순국선열들의 피 값은 어떤 의미가 있단 말인가? 젊은이들에게 20대의 2년이란 인생의 황금기라 할 수 있는 너무 소중한 시간임에 틀림없다. 대부분의 장병들은 자원해서 국방의 의무를 감당하는 사람이 많지 않은 것 같다.

하지만 우리는 이런 마음이 있는 사람들을 비양심적인 사람이라 말하지 않는다. 오히려 이것은 너무나 자연스러운 사람의 마음이다. 자신이 좋아하는 일을 멈추고, 자신을 사랑해 주는 환경들을 떠난다는 것은 분명 절망스러운 것이다. 그럼에도 불구하고 우리는 더 큰 평화와 자유를 위해 자신에게 익숙했던 것들을 잠시 뒤로하고 군복무에 임하고 있다. 그래서 나는 젊음의 한 조각을 나라와 민족을 위해 불사르고 있는 젊은이들을 "숭고한 희생자"라고 부르고 싶다. 군 입대가 싫어서 그럴듯한 논리로 병역을 회피하는 사람들이 오히려 비양심적인 사람들이라 할 수 있다.

오늘도 GP, GOP 부대가 있는 최전방 무적 태풍부대에서 군복무에 임하고 있는 여러분들이 자랑스럽다. 국가의 존재 가치를 인정하고 국민의 생명을 지키기 위해 자신의 권리를 포기하는 사람, 진정 양심적인 사람이 바로 여러분들이다.

지금 여러분의 일들은 작은 일이라 생각되지만, 성경은 우리에게 늘 작은 것을 가치와 아름다움을 말씀하신다. 예수님은 작은 땅에 오셨다. 그리고 예수님은 사회적으로 작은 자들을 만나셨다. 그리고 예수님은 "소자에게 물 한 그릇 준 것을 나는 결코 잊지 않을 것이다"라고 친히 말씀하셨다. 예수님은 우리의 작은 신음소리도 들어주신다고 하셨다. 나는 확신한다. 여러분에게 맡겨진 매일 반복되는 업무들이 무의미한 일들이라 느낄 수 있지만 정말 중요한 일을 감당하고 있는 것이다. 내가 하고 있는 일이 의미 없는 것이라 생각되면 생활이 권태로울 것이다. 보람을 못 느낄 것이다.

하나님은 숭고한 희생의 자리에 여러분들과 똑같이 군복을 입고 하나님의 말씀을 선포하고 영혼을 돌보는 군종 성직자를 세워주셨다. 군인도 아니고 목사도 아닌 어정쩡한 존재가 아니라, 군복을 입었기에 장병들의 마음을 그 누구보다도 이해하고 함께 할 수 있는 군복 입은 목사로 당당히 여러분들과 만나고 싶다. 위대한 일을 하고 싶다. 위대한 사람이 되고 싶다. 세상에 많은 영향을 끼치는 존재가 되고 싶다. 그러나 위대한 사람은 미래의 어느 날 등장하는 것이 아님을 알고 있다. 위대함이란 바로 지금 여기에서 내게 맡겨주신 젊은 형제들과의 만남, 설교 준비 사역, 계획된 군종 업무들을 성실히 감당하는 것이다.

충성되게 군복무를 감당하고 있는 여러분들에게 다시 한 번 자랑스럽다고 전하고 싶다. 충성의 의미를 되새기고 나라와 민족을 위해서 위대한 업적을 남기는 군 생활을 보냈으면 한다. 숭고한 희생을 하고 있는 자랑스러운 무적 태풍 전우들에게 넘치는 은혜가 함께 하기를 간절히 소망한다.

말하고 싶어요

GOP를 순회 방문하면서 병사들에게 현재의 감정에 대해서 다섯 글자 이내로 표현해 보도록 하였다. "집에 가고파", "매우 피곤함", "너무 그리워", "왠지 뿌듯함", "숨을 쉬고파" 등의 마음들을 읽을 수 있었다. 짧은 한 마디의 말에 우리의 감정과 생각과 기대를 나누고 싶었다.

사람마다 제한된 환경 가운데 있지만 느끼는 감정은 다르게 나타난다. 많은 조건들이 제한된 군대에 있지만 유난히 답답해하고 화가 많이 나있고 힘들어하는 장병들이 있는가 하면 반면에 GOP의 맑은 하늘과 푸른 생태계의 공기를 마시면서 '참 행복하다' 고 느끼는 장병들도 있다. 어떤 사람은 매일 반복되는 고된 일과 속에서 자신에게 주어진 업무들에 대해서 '어쩔 수 없음' 의 마음을 가지고 하루를 생존하는 것이 목표인 사람도 있지만, 오늘 나에게 주어진 업무를 하면서 '여전히 나는 필요한 존재이구나.' 새기고 감사하면서 살아가는 사람들이 있다는 것이다.

솔직하게 자신에게 물어보자. 내가 원하는 것이 무엇인지? 삶의 조건들이 우리를 힘들게 하는 것은 아니다. 분명 우리는 제한된 조건 속에 살아가고 있다. 우리의 출생지나 가정환경도 다르지만, 우리 모두는 현재 최전방인 무적 태풍부대에서 군복무를 감당하고 있다. 나를 둘러싼 모든 환경들이 완벽해야 우리가 행복하다고 할 수 있는 것이 아니다. 이 제한된 조건 속에서도 내 존재 가치를 느끼며 살아갈 수 있다면 그것은 분명 행복한 삶을 살아가고 있다고 할 수 있다. 내가 원하는 것을 이야기할 수 있고, 다른 사람에게서 듣고 마음으로 느낄 수 있다면 분명 삶에 대한 의미를 발견하게 될 것이다. 그러나 우리는 너무나 서투른 방법으로 마음을 전달하는 것을 배워 왔다. 내 마음을 이야기하는 것보다는 '자기 스스로 나는 요구조차 할 수 없다.' 라고 단정하고 감정이나 기대를 마음 깊이 눌러 놓기도 하고, 어릴 적부터 내가 요구하는 것이 틀렸다거나 철부지라고 취급 당할 것 같아서 아예 표현하지 않는 방법들을 선택하기도 한다.

의사소통이란 내 감정, 생각, 기대, 열망, 중요한 존재인 나에 대해서 서로 이야기하는 것이다. 우리는 이야기 대신에 감정을 억압하고, 감정을 회피하면서 다른 것에 몰두하고, 결국 극단적인 자기의 마음을 표현한다. 그것이 때로 억압된 분노의 감정이 자신을 향할 때는 우울증이나 중독적 행동으로, 다른 사람을 향할 때는 트집 잡음, 무조건 비판하기, 폭력 등 극단적인 형태로 나타나게 된다.

다시 한 번 생각해 보자. 나는 내 마음을 어떻게 전달하고 있는 가? 내 마음을 숨겨 놓고 다른 행동을 하고 있지는 않는지, 화가 난 마음을 숨긴 채 게임의 세계에서 놀고 있지는 않은지, 화가 나면 술 마시면서 풀어가고 있는지, 아니면 무조건 감정을 참아내기로 하루 하루를 버티는 방법을 선택하고 있지는 않는지, 아니면 화가 나면 집을 나갔던 의사소통의 막다른 방법을 선택하지 않았는지, 이런 방 법은 순간 숨을 쉴 수 있는 선택적 방법이지만 이런 것으로는 내 마음의 답답함을 해결 할 수 없는 것이다. 솔직히 젊은 장병들에게는 이런 방법들은 나름대로의 삶을 유지하기 위해 스트레스를 풀어가고 욕구를 해소하는 방법이었겠지만, 이런 것들을 마음껏 할 수 없는 군대라는 제한된 환경 속에서 마음이 숨 쉴 수 있는 방법이 무엇일까? 이야기할 수 있어야 한다. 나는 그것을 "영혼의 호흡"이라 말하고 싶다. 결국 신앙인에게 있어서 기도는 주변에 이야기할 대상이 아무도 없다고 느껴질 때 하나님께 마음에 있는 모든 것들을 이야기하는 것이라 할 수 있다.

하나님과 이야기하다 보면 내 마음을 알게 되고, 나의 부족함도 알게 되고, 그리고 하나님이 내게 정말 들려주고 싶어 하는 음성을 내 영혼이 듣게 된다. 뭐라고 말씀하실까? 사람마다 꼭 듣고 싶어 하는 영혼의 갈증을 해결해 주실 것이다.

나는 사랑하는 교우들과 장병들에게 "내 마음이 이런 마음이었구나.", "내 성격이 이랬기 때문에 내가 많이 힘들었었구나.", "나는 이러한 방법으로 내 마음을 전달했었구나.", "나는 이렇게 소중한 존재이구나." 하는 것들, 즉 자신을 알아가는 기쁨을 갖기를 기대해 본다. 그리고 "연약하고 부족하지만 나는 상대방에게 존재의 기쁨을 높여줄 수 있는 축복의 사람이 될 수 있구나."라며 스스로 소중한 사람임을 꼭 알게 하고 싶다. 그래서 최근 「지선아 사랑해」의 저자 이지선의 두 번째 책 「나는 오늘도 행복합니다」의 고백처럼 '모든 환경을 뛰어 넘는 살아있음의 행복'을 고백하기를 바란다.

이야기를 포기했거나 서투른 방법으로 자신의 마음을 전달했던

20여 명의 젊은 장병들을 비전 캠프 기간 동안 만난다. 영혼을 돌보는 목사의 사역 중에 하나는 하나님이 보내주신 장병들이 마음 놓고 이야기할 수 있도록 안전한 공간이 되어 주는 것이다. 성령께서 마음을 열어주셔서 깨닫게 하시고 우리 가운데 친히 임재 하셔서 한 영혼을 치유하고 회복하게 하시기를 간절히 기도한다. 하루를 살아가도 내가 어쩔 수 없이 적응해야만 하는 생존이 내 목표가 아니라, 내가 살아있음과 사랑받을 만하고 중요한 존재임을 느끼며 살아가는 복된 삶이 되어지기를 소망한다.

적응한다는 것

초기 성인기에 있는 대한민국의 청년들은 군대라는 특수한 환경적 조건에 대처해야 하는 발달적 위기를 경험한다. 신세대 장병들은 급격한 환경 변화와 단체 생활에 익숙하게 대처하지 못해 자아의 혼란과 갈등을 겪으며 고민하곤 한다. 또한 군 조직의 특수성으로 인한 상 하급자간의 의사소통의 장애가 원인이 되어 근무 이탈, 자살, 구타, 불안, 집단 따돌림, 우울증, 스트레스 등의 우발적인 위기를 겪기도 한다. 이런 환경과 조건에서 적절하게 생산적인 삶을 살 수 있고, 군 생활에 대한 즐김이 있고, 정신적으로 여유로운 상태를 유지할 수 있다면 적응되었다고 말할 수 있다. 적응이란 적절하고 유익하게 환경에 대처할 수 있는 역량으로서 외부 세계의 현실에 적당히 맞추어 활동과 환경을 바꾸거나 더 적절하게 통제하기 위한 활동을 의미한다.

군복을 입은 목사인 나도 1-2년마다 임지를 옮기는 특수한 환경에 적응하기 위해 노력하여 왔다. 이곳으로 임지를 옮기던 날 처음 수요 예배 시간에 "새로운 환경이 부담스럽다"고 하면서 어린 아이가 엄마와 떨어지는 것이 싫어 치맛자락을 붙잡고 "엄마, 가지마!"라 했던 마음이었다고 고백했다. 지금은 내 사무실이 편하고, 사람들과의 만남도 부담스럽지 않고, 내 설교를 듣는 교우들과 병사들도 편안하게 듣는 것 같아 만족하며 생활하고 있다. 시간이 지나고 익숙해지면 솔직히 엄마도 생각이 안 나고 지금 내가 하고 있는 일과 놀이에 재미를 느끼며 살아가게 된다. 이것이 성장이다.

그러나 시간이 지나면 또 다른 새로운 환경, 새로운 업무, 새로운 사람을 만나는 것 때문에 또 다른 충격을 갖게 된다. 그러나 그것은 충격이 아니라 약간의 스트레스라 할 수 있다. 문제는 이 충격을 심리적으로 처리하지 못하면 늘 긴장과 사람들의 눈치만 보고 사는 사람이 된다. 그래서 한 번의 질적인 만남이 중요하다. 타인이 나를 조건 없이 받아주고 내 이야기를 평가하지 않고 들어주고 나를 있는 그대로 인정해 주는 편안함을 경험해 보면 사람들에 대한 긴장에 대해서 벗어날 수 있는 힘이 생기게 된다.

대부분 남들보다 적응이 느리고 힘들어하는 병사들을 보면 가정과 학교와 친구들과의 관계에서 진정한 만남의 경험이 없었던 사람이라는 것을 발견하게 된다. 몇 주 전에 분대장 교육 후에 다음과 같은 글을 써낸 병사가 있었다.

"목사님, 전 외국에서 살다온 병사입니다. 제 아버지께서 선교에 부름 받아 두 살에 한국을 떠나 미국으로 가게 되었습니다. 17년간 그곳에서 살다가 1999년에 한국에 왔습니다. 목표는 대학에 가는 것이었습니다. 2000년도에는 특별 전형으로 고려대 공학부에 입학을 했고, 2학년 1학기를 마치고 너무 힘들어서 그만 두었습니다. 군에 입대해서 다음 달 말에 말년 휴가를 나갑니다.

목사님을 만나 뵙게 되어서 하나님께 감사합니다. 아주 좋은 인연인 것 같습니다. 말년에 분교대에 와서 배울 만한 것을 찾은

것 같습니다. 군 생활이 많이 힘들었습니다. 이 자유가 없는 자리
만 떠나면 잘 살 것 같았습니다. 목사님께서 제 눈을 뜨게 하셨
습니다. 전 힘든 군 생활을 했고 내무 부조리도 참고 살다가 후
임들에게는 당했던 것을 시키지 않고 사는데 자기들 불편함만 보
고 참지 못하는 그들을 보면서 억울한 마음도 들었지만 다시 한
번 이야기하면서 이해해 보도록 노력하고자 합니다. 저희 대대에
한 번 와 주셨으면 좋겠습니다."

나는 이 병사의 얼굴을 기억하지 못한다. 그러나 이야기 속에서
건강한 자아의 힘이 느껴진다. 심리학자들은 환경에 대처하는 적응
능력과 적응을 하고자 하는 것은 건강한 자아 기능을 판별하는 기준
이 된다고 설명한다. 많은 사람들은 억울하면 다른 사람들에게 무조
건 책임을 돌리고, 내 탓으로 돌리고, 억울하지 않다고 감정을 억압
하고 숨기면서 갈등과 문제들을 회피하고자 한다. 그러나 이 병사가
다시금 이야기를 시작하고자 하는 것은 대단한 자아의 힘이 있기 때
문에 가능하다.

무엇보다 2년 동안 외국과 우리 민족의 문화 차이, 게다가 군대라
는 특수한 환경에서의 문화 차이, 각 사람마다 성격과 기대가 다르
다는 것을 경험하면서 사람과 사회와 자신에 대한 입체적인 이해의
폭이 넓어졌을 것이라 생각된다. 아마도 2년이라는 군 생활의 기간
이 이 병사에게는 "내가 가는 길을 오직 그가 아시나니 그가 나를 단
련하신 후에는 내가 정금같이 나오리라" 했던 욥의 고백처럼 또 다
른 시작에 대한 두려움을 극복할 수 있는 축복된 시간이었을 것이라
확신한다. 2년 동안 어떻게 자신의 이야기들을 써 나왔는지 궁금해

진다. 이 병사는 이번 주 수요일에 제대한다.

　이 병사의 이야기를 통해 해외에서 오랜 시간 거주했던 병사들의 이야기를 듣는 특별 프로그램을 계획하게 되었다. 아쉽게도 목요일에 시작하여 이 병사와 이야기를 나누지는 못했지만 자신의 마음을 열고 이야기를 써 준 솔직함에 대해 고마움을 전하고 제대 전에 하나님께서 준비하신 사랑하는 이 병사의 삶에 목사로서 축복하고 싶다.

　　P.S : 이 병사는 제대한 다음 날 해외 거주 장병들을 위한 집단 상
　　　　담에 참석하였다.

어머니는 나를 향해 외롭다고 비명을 질렀지만 나는 듣지 못했다

군에서 맞이하는 어버이날은 이제까지 부모에게 효를 다하지 못한 형제들에게는 무척 괴로운 날이 될 것이고, 효도할 부모님이 계시지 않는 친구들에게는 먼저 가신 부모님이 무척 보고 싶은 날이 될 것이다. 한편 부모님 이야기가 나오면 한 숨만 나오는 형제들도 있을 것이다. 그리움과 아쉬움과 미안함과 슬픔 등의 모든 감정이 함께 교차되는 날일 것이다. 그럼에도 이런 마음을 느낄 수 있고 고민할 수 있는 내가 아직 존재한다는 사실로 오히려 감사를 선택해 보자. 기분이 달라질 것이다.

어디에서 들어 본 내용인가 생각해 보자.

"힘들지?"

"뭘요, 아버지는 매일 하시는 일인 걸요."

피로회복제 음료인 '박카스'의 선전에 나오는 환경 미화원인 아버지와 아들과의 대화이다. 아버지는 원래 청평화시장에서 옷 장사를 했던 분인데 사업에 실패하면서 부산으로 내려가 공동어시장 중매인으로 10년을 일했지만 수입의 기복이 심해서 그만 두고 서울로 다시 돌아와 찾은 직업이 환경미화원이었다. 그러나 자식들에게는 구청에서 일한다고 말하고 작업복은 구청이나 작업 현장에서 갈아입었다. 작업 구역을 맡을 때도 자식들 등하교 길을 피했다고 한다. 그러기를 10년 1994년 고등학교 2학년이던 큰 아들 선호가 공부는 않고 놀기만 하자 아버지는 마음을 바꾸어 먹고 다음과 같이 말했다고 한다.

"사실 아버지는 환경미화원이다. 아버지 봐서 마음을 잡아라."

그날 밤 3남매와 아버지와 어머니는 밤새 울었고, 아들 선호는 책상 앞으로 돌아왔다. 선호는 이렇게 고백했다.

"어려운 형편이지만 어느 가정보다 행복합니다. 부모님의 부지런함이 언제나 나를 가르치셨고 단련시켰습니다. 맡은 일에 최선을 다하고 땀 흘려 정직하게 번 돈으로 저를 키워주신 아버지를 존경합니다."

내 아버지는 30여 년간 보따리 장사를 하시면서도 아직 가게 하나 얻지 못한 무능력한 아버지였다. 수십 년간 큰 짐자전거에 보따리를 싣고 여기 저기 장사하러 다니시는 아버지를 보면서 아이의 마음속에는 고생하시는 아버지에 대한 고마움과 아버지를 길거리에서 마주치고 싶지 않다는 수치심이 함께 있었던 것 같다. 제대로 아버지에게 내 마음을 표현한 기억이 나지 않는다. 있었다면 투정과 짜증뿐이었다. 그러나 내 마음이 하늘 아버지의 큰 사랑을 경험한 후에 성인이 된 지금 내 눈에는 아버지가 새롭게 보인다. 아버지를 다시 보니 아버지가 얼마나 피곤하셨을까? 어머니를 보니 얼마나 외로우셨을까? 하는 긍휼한 마음이 생겨난다.

부모님을 이해할 수 있다는 것은 그들의 연약함이 내 눈으로 보여지고 마음으로 느껴지는 것이라 할 수 있다. 이해하면 때로 연약한 부모님들의 허물들을 덮을 수 있는 사랑과 용서의 마음이 싹트게 된

다. 오히려 성장한 우리들이 부모님들을 안아주고 이제 그들의 외로
워하는 마음을 품고 살아야 한다. 이제 아버지 어머니에게 이렇게
말할 것이다.

"당신이 정말 자랑스럽구요, 너무 소중한 나를 낳으시고 길러주
셔서 정말 감사합니다."

최근 작가 최인호 씨가 쓴 「어머니는 죽지 않는다」라는 소설이 베
스트셀러로 읽혀지고 있다.

"어머니는 나를 향해 외롭다고 비명을 질렀지만 나는 듣지 못했
다."

이렇게 고백하면서 지난 날 사랑받아야 했던 어머니의 마음을 이
해하지 못한 자식의 무정함을 고백하는 가족 소설 이야기이다. 아마
도 철이 든다는 것은 그렇게 강해 보였던 어머니가 이제 연약한 여
인으로 보인다는 것이고, 내가 힘이 있다는 것은 내가 이제 부모님
을 품을 수 있을 만큼의 마음의 그릇이 커졌다는 것을 의미한다. 어
머니를 짐스러워하는 이 시대를 향해 토해 내는 소중한 이야기이다.

지금 우리는 멀리 떨어진 군대에서 부모님과 함께 있지 못하는 실
정이다. 하지만 이번 어버이 날 가슴으로 아버지와 어머니에게 '나
를 이 땅에 태어나게 하신 은혜 너무 고마워요!' 라고 조용히 외쳐 보
자. 효도해야 할 이유를 찾는 사람치고 제대로 효도하는 사람이 없
는 것 같다. 하나님이 우리에게 부모님을 통해서 준 가장 큰 선물인
"나"라는 생명의 존재 때문이라도 효도할 수 있기를 바란다.

2장

내가 너희와 함께 있단다

"그는 실로 우리의 질고를 지고 우리의 슬픔을 당하였거늘
우리는 생각하기를 그는 징벌을 받아서
하나님에게 맞으며 고난을 당한 다하였노라.
그가 찔림은 우리의 허물을 인함이요,
그가 상함은 우리의 죄악을 인함이라.
그가 징계를 받음으로 우리가 평화를 누리고
그가 채찍에 맞음으로 우리가 나음을 입었도다.
우리는 다 양 같아서 그릇 행하여 각기 제 길로 갔거늘
여호와께서는 우리 무리의 죄악을
그에게 담당시키셨도다."

(이사야 53:4-6)

복음은 함께 있어 주는 것이다

GP 총기 사고로 한 주간 군대와 국민이 치른 대가는 너무나 컸다. 그러나 고인이 된 8명의 부모들이 아들을 가슴에 묻고 살아야 할 고통의 시간들에 비교할 수 없을 것 같다. 한 주간 슬픔 당한 유족들과 함께 있었지만 나는 이들의 고통을 이해할 수가 없었다. 이들이 흘리는 눈물을 흘릴 수가 없었다. 아직 나는 아들을 잃어본 경험이 없기 때문이다. 하지만 사고를 수습하는 과정 속에 나를 통해서 하나님의 변함없는 사랑과 복음의 능력을 보여 줄 수 있는 통로가 될 수 있기를 기도했다.

이러한 고통과 슬픔을 당한 자들에게 복음이란 어떤 의미가 있는 것일까? 이들에게 복음은 함께 있어 주는 것이다. 이들의 슬픔을 들어 주는 것이다. 복음은 하나님이 나를 찾아오셨다는 것이다. 하나님은 하늘에 혼자 앉아 계셔서 고통스러운 인간의 크고 작은 일에 대해서 보고만 받으시고 지시만 하시는 분이 아니시다. 하나님은 고통당하는 우리 삶 가운데 찾아오셨다. 하나님은 당신의 아들 예수 그리스도를 우리 가운데 보내셨다.

예수님은 본질적으로 나와 다른 존재가 아니라, 인간이 경험할 수 있는 모든 것을 소유하신 온전한 인간이 되셨다. 예수님은 배고픔도, 서운함도, 두려움도, 외로움도, 사람을 잃은 슬픔도, 불쌍히 여기심도 소유하신 우리와 다를 바 없는 감정을 소유하신 분이시다.

그러기에 우리의 모든 마음을 온전히 아실 수 있는 분이시다. 예수님은 잃어버린 자를 찾아오셨다. 권력과 재물은 있었지만 열등감과 외로움에 있었던 삭개오에게, 남편을 여섯이나 경험하였지만 끝없는 갈증 속에 있는 여인에게, 38년이나 가난과 수치와 어찌할 수 없는 운명이라고 자포자기한 병자에게 네가 무엇을 원하는지를 물으셨다. 십자가에서 자신을 꾸짖고 저주하는 강도와 십자가 밑에 있는 사람들에게 마지막 사랑의 눈빛을 보내주시면서 "네가 오늘 나와 함께 낙원에 있으리라"는 말씀으로 찾아오셨다. 그리고 십자가에서 피 흘려 죽으시고 부활하시고 승천하셔서 우리에게 성령을 보내심으로 지금 여기에 찾아오셨다. 주님은 그 몸에 창과 못으로 피 흘리셔서 숨 막히는 죽음을 경험하셨기 때문에 우리의 고통을 체휼하신 분이시다.

나는 분명히 믿는다. 장병들이 사고 현장에서 쓰러진 그 순간 형제들의 마지막 하나님께 아뢰는 작은 신음 소리와 간절한 소원을 들으시고 그들에게 말씀하셨다. '너는 내 아들이라'고 말이다. 왜냐하면 주님도 십자가에 피 흘려 죽는 그 순간까지 하나님께 울부짖은 경험을 하셨기 때문이다. 그리고 그 아들들을 감싸 안아 품으신 것이다. 더 이상 고통과 눈물과 싸움과 죽음이 없는 아버지 하나님의 품으로 이들을 인도하신 것이다. 아들을 잃고 "왜 내 아들이 죽어야만 합니까?" 하며 억울함에 울부짖는 격한 감정 앞에서 "내가 지은 죄가 많아서 하나님이 내 아들을 거두어 가신 것은 아닌가?" 하며 죄책감에 빠져 있는 사람들에게 주님은 이들의 죽음이 너희들의 죄 값이라고 말씀하지 않으신다.

복음은 죄로 말미암은 우리의 죄 값은 주님이 십자가에서 이미 다 치르셨다는 선언이다. 그러기에 복음은 하나님은 나를 용서하셨다는 선언이다. 그 누구도 예외일 수 없는 용서하심, 그것이 복음이다. 주님은 십자가에서 너무 어의 없이, 너무 억울한 누명을 쓰시고, 너무나 가혹하게 십자가의 고통을 짊어지셔야 했다. 주님은 자신이 말씀하신 대로 한 알의 밀알이 되어 주셨다. 그래서 온 인류에게 생명을 주시고 영원한 소망을 허락해 주셨다. 아마 이들의 죽음이 너무 어찌할 수 없는 의미 없는 죽음이라고 하는 것이 더욱 힘들게 할 것 같다.

나는 분명 이들의 죽음이 우리 군대 문화에 질적인 변화를 가져오고 하나님의 복음을 확장하여 나갈 수 있는 의미 있는 밀알의 죽음이라 확신한다. 앞으로 우리의 부대와 교회가 감당해야 할 몫이 많을 것 같다. 이런 가운데에서도 한 가지 믿음의 사람들에게 하나님이 기대하시는 것이 분명이 있다. 우리가 무엇을 하든지 하나님께 영광이 되는 것이다. 합력하여 선을 이루시는 신실한 하나님을 신뢰하고 맡겨진 일들과 사람들을 잘 감당하는 한 주간이 되기를 소망한다.

나는 너를 여전히 사랑한다

사랑합니다. 나의 예수님
사랑합니다. 아주 많이요
사랑합니다. 나의 예수님
사랑합니다. 그것 뿐에요
사랑한다. 아들아
내가 너를 잘 아노라
사랑한다. 내 딸아
내게 축복 더하노라

영결식장에서 CD로 틀어놓고 기도한 복음성가이다. 죽음에 직면한 형제들이 마지막으로 주님에 대해 듣고 주님으로 한 마디라도 고백하였으면 하는 간절한 소망이 담긴 노래이다. 사고 이후 부대 안정화를 위한 활동들을 하면서도 틈틈이 이 찬양을 반복으로 틀어 놓고 시간이 날 때마다 듣고 마음으로 기도하고 있다. 지금도 이 글을 쓰면서 기도한다. 성령께서 주님이 사랑하는 모든 사람들의 영혼에 잠잠히 들려주는 영혼의 노래가 되기를 소망하면서 말이다.

총기 사고 이후 상처받은 영혼을 치유하고 돌보는 목사로서 정체성에 대해서 많은 생각을 하게 되었다. 가장 고통스러운 순간에 사람들은 마음 깊은 곳에서부터 질문을 한다. 하나님! 지금 어디에 있는 것입니까? 왜 나에게만 이러한 고통을 허락하시는 것입니까? 고통당하는 자에게 희망을 심어주고 하나님에 대한 믿음을 설교할 시간이 없다. 단지 말씀이 증거 하는 하나님에 대해서 목사인 나는 보여 주어야만 했다.

　이제 더 이상 표현하기도 힘든 슬픔을 안고 살아야 하는 유족들에게 복음이란 주님이 당신들의 눈물을 닦아주시는 분이시라는 것을 보여 주는 존재로서 말이다. 아들을 잃은 유족들에게는 마지막으로 육신의 얼굴을 바라보는 입관의 자리에서 함께 아들의 얼굴을 바라보는 자이고, 영결식장에서 유족들의 마음을 있는 그대로 하나님께 하소연하는 자이며, 한 줌의 흙으로 돌아가기 전 몸을 태우기 전 영정을 붙잡고 기도해 주면서 하나님은 우리를 기억하고 안아 주는 자이고, 한 줌의 재로 변한 육체를 땅에 묻는 안장의 자리에서 함께 울어 주고 붙들어 주면서 하나님은 지금 여기 당신과 함께 있는 자라고 하는 복음을 온 몸으로 증거 하는 자라고 말하고 싶다.
　고통스러운 순간에 목사를 찾고 바라보는 성도들의 눈빛 속에서 오히려 나는 '저들이 나를 예수님으로 바라보고 있구나' 하는 것을 느끼면서 주님의 사랑의 얼굴을 보여 주는 존재로서의 목사 됨을 새삼 경험하는 시간들이었다. 오히려 너무 고통스러운 순간이었지만 한 없이 부족하고 연약한 목사를 찾아 주는 믿음의 사람들 때문에 오히려 목사인 내가 하나님께 위로를 경험하는 은혜를 깨닫기도 했다. 그리고 이 모든 사건 가운데 성령께서 마음을 움직이시고 폭풍 가운데에서도 진리 가운데서 평안을 주시는 분이심을 온 몸으로 깨닫게 되었다.

쾅 소리가 나면 그 고통스러운 현장과 같은 두려움을 감당해야 하는 생존한 장병들에게 "내가 여기 있으니 두려워 말라." 하신 말씀이 최고의 위로요 소망이다. 그리고 다시 이러한 일이 일어나지 않을까 노심초사 초조함과 부담감을 안고 있는 지휘관 및 부대원들에게 '복음이란 주님께서 우리의 마음과 생각을 지켜 주실 것입니다.'라는 말씀을 전하고 싶다.

목사는 누구인가? 하나님이 지금 여기 가장 고통스러운 현장에 함께 계시다는 사실을 증거 하는 복음의 전달자이다. 물론 이것은 말로만 설명할 수 없다. 한 주간 함께 있어 주어야 할 사람들이 있다. 이제까지 인생에서 처음 경험한 충격적인 사건 앞에서, 사건 이후 계속된 수사 앞에서 피곤해 지쳐 있고 불안과 분노와 죄책감으로 고통당하고 있는 생존 장병들에게는 주님은 어떠한 모습으로 함께 하실까? 주님을 묵상하고 주님의 마음을 전하고 싶다. 사고자 00에게 복음이란 무엇일까? "내가 너의 죄를 사하노라." 하신 말씀일 것이다. 아직 유족들과 온 국민을 분노케 했던 마음이 병든 한 사람에 대해서 이해, 용서가 섣부른 이야기이지만 그럼에도 불구하고 "복음은 내가 너를 용서하노라." 하는 선언이다.

이 사건을 바라보았던 온 국민들에게 하나님은 우리의 마음을 헤아리시고 우리와 함께 하시는 분이시라는 것을 증거하고 싶다. 사고자를 만난다면 나는 그에게 어떠한 이미지를 보여줄 수 있을까? 분명한 단 한 가지 내 모습 가운데 나를 변함없이 용서하시고 사랑하시고 함께 하시는 주님이 드러나 보여 주시기를 소망한다. 모든 사

람에게 "나는 너를 여전히 사랑한다."라는 주님의 말씀이 들려지기
를 기도한다.

가슴 아픈 사람이 누릴 수 있는 행복

사고 후 생존 병사들에게 2주간의 정신 치유 프로그램을 상급 부대 계획으로 진행하였다. 몇 주간의 시간이 지났지만 지금도 검찰 조사를 또 받아야 하는 것에 대한 불편한 감정을 느낄 수 있었다. 이들은 슬픔을 표현하기도 힘들고, 다른 사람을 배려할 수 없는 마음에 대해서 스스로를 자책하기도 했다. 복음의 통로인 목사가 이들에게 보여줄 수 있는 복음이란 "나는 너희들과 함께 있다는 것이다."

한 병사의 고백이다.

"이번 일은 하늘이 저에게 준 불행이 아니라 가장 큰 선물이라는 생각이 듭니다. 저는 이번 일로 이 세상 누구도 가지지 못한 것들을 많이 얻고 깨달았습니다. 그 과정 속에는 목사님과 저희 소대원들이 있었습니다. 사건이 발생하고 불과 몇 시간 지난 뒤부터 목사님은 항상 저희들과 함께 하셨습니다. 목사님은 자신이 저희에게 도움을 주는 것이 아니라 하나님께서 저희를 보살펴 주신다고 하셨는데 저는 그때마다 목사님의 얼굴에서 그분의 모습을 보았던 것 같습니다. 이것이 바탕이 되어 앞으로의 군 생활이나 제 인생은 행복하고 밝은 삶이 될 것입니다."

이 사건이 일어나면서 장병들과 함께 했던 연대 목사님에 대한 고백이다. 그렇다. 복음은 가장 고통스러운 현장 속에서도 바로 거기에 "내가 너와 함께 있다"는 선언이다. 심지어 그곳이 사고 현장에서 쓰러진 순간에도 말이다. 나는 분명히 믿는다. 형제들이 마지막으로 하나님께 아뢰는 작은 신음 소리와 간절한 소원을 들으시고 그들에게 말씀하셨을 것이다.

"너는 내 아들이다."

부대 안정화 사역에 함께 동참하면서 사고 현장에 새로 투입된 장병들을 만나게 되었다. 처음에는 작전 명령에 의해 사고 현장에 투입되었지만 몇 주간 지나면서 이들의 마음에는 사고 현장을 보고 싶지 않은 두려움과 답답함과 현실적인 불편한 생활에 대한 애로를 느끼고 있었다. 이러한 감정은 너무나 자연스러운 것이다. 이들을 방문해서 내가 보여 줄 수 있는 복음은 정말 "여러분들이 자랑스럽다."고 하는 한 마디의 말과 눈빛일 것이다. 젊은 장병들이 정말 한 마디 듣고 싶어 하는 말이 있다면 "젊음의 한 조각을 나라를 위해 충성하고 있는 여러분들이 정말 자랑스럽다."는 말일 것이다. 나는 이들에게 가슴으로 다가가 한 사람 한 사람의 현재 여기에서 느끼는 감정의 이야기를 듣고자 했다. 몇 시간이 지난 후 한 병사는 이러한 메모를 남겼다.

"오늘은 특별한 날인 것 같다. 나 자신에 대해 자세히 알게 되어 이곳에서의 생활에 좋은 것들로 나타날 것 같다. 비록 내 개인적인 것이지만 크게는 우리 소대를 위해서 좋은 일이 일어날 것 같다."

또 한 병사의 고백이다.

"요즈음 심리적으로 불안한 것 같은데 잘 견딜 수 있을 것 같
습니다. 다음에 다시 한 번 와주시면 좋겠습니다."

여전히 주께서는 우리와 함께 계시는 분이시다. 사고가 난 후 한
달이 지나고 있다. 많은 사람들 속에서 벌써 잊혀져가고 있는 것 같
다. 하지만 주님은 여전히 가슴 아픈 사람들 속에 살아서 지금 여기
에 함께 계시는 분이시다. 분명 가슴 아픈 경험이 있는 사람들이 누
릴 수 있는 행복이 있음을 확신한다. 유족들에게도, 생존한 동료 병
사들에게도, 함께 이 사건을 경험하고 뼈아픈 힘든 시간을 보내고
있는 주변의 모든 사람들에게도 하나님만 주실 수 있는 행복함이 있
을 것이다. 주님은 여전히 우리를 사랑하시고 복음은 모든 사람에게
구원을 주시는 능력이 있기 때문이다. 한 주간도 복음의 통로로 아
름답게 쓰여지기를 기도한다.

믿는 대로 된다

무척 더운 한 주간이었지만 어느 주간보다도 뿌듯한 한 주간을 보냈다. 주로 중대장 상담기법을 마치고 피드백 해 준 자료들을 가지고 부대별로 순회하면서 지휘관들이 사랑하고 관심을 갖고 있는 병사들을 만나보고자 했다. 중대장, 소대장 상담 교육을 받으며 목사인 나에 대한 이미지를 새롭게 갖게 된 예하 부대 지휘관들이 나를 바라보는 눈빛이 상급부대에서 검열 나온 사람처럼 거리를 두고 긴장하는 것이 아니라 목사님은 나를 도우러 오신 분이라는 인식으로 반가워하고 기다렸다는 것을 가슴으로 느낄 수 있었다.

역시 내가 다른 사람들에게 받아들여지고 있다는 것은 그 어느 것보다도 가장 큰 즐거움이요 기쁨인 것 같다. 1년 전 부대와 사역지를 이곳으로 옮기면서 나를 긴장하며 바라보았던 교우들의 눈빛도 지금은 따스하여 마치 엄마 품에 안겨 있는 편안함을 느끼고 있다. 아마 이 편안함이 나로 말미암아 장병들의 이야기를 편안하게 들어줄 수 있는 마음의 여유를 주는 요소인 것 같다. 1년 전보다 내 설교도 편안해진 것 같고 시간 관리도 조금은 여유 있게 하고 있다.

비록 사고 이후 책상에 앉아 있는 시간은 적어졌지만 장병들을 만난 시간과 공간에서 즐거움과 보람을 경험하고 있다. 마치 이때를 위해 이제까지 내 삶을 준비하고 훈련한 것처럼 말이다. 나는 지금 행복하다. 나의 연약함을 통해서도 복음의 통로로 사용해 주시는 주님께 감사한다. 그리고 장병들을 만날 때마다 한 사람을 상담 사례 대상으로 바라보지 않고 여전히 주님의 마음을 갖고 섬기려고 노력하고 있다. 그들을 하나님의 형상으로 아름답게 지어진 소중한 존재로 대하고자 하는 마음이 아직 내 안에 살아 있다는 것을 고백한다. 하나님께서 나를 더욱 큰 축복의 통로로 사용하시기를 기대한다.

나는 솔직히 만나고 싶었던 사람들, 그리고 마음으로 해결되었으면 하는 생각들, 내 역할과 힘으로 할 수 없었던 많은 일들이 정말 우연히 일어나는 것을 경험한다. 아침에 눈을 떠 오늘 이러한 문제를 풀어야지 생각하면 그 사람에게 전화가 오기도 하고, 그 사람이 내 앞으로 찾아오기도 한다. 세상의 모든 사람과 환경이 나를 위해 움직이는 것 같다. 내가 환경을 지배하는 것과 같은 뿌듯함을 경험하기도 한다. 나는 이것을 나를 위한 은혜라고 고백할 것이다. 하나님이 나를 특별하게 대우해 주시고 때로 나를 위해 규정도 바꾸어 주시고 전에는 한 번도 하지 않았던 일들을 나를 위해 만들어 주시는 분이라고 확신한다.

믿음이란 내 마음 깊은 곳에서 하나님께서 나를 특별하게 대우해 주신다는 것을 고백하는 것이다. 분명 믿음대로 된다. 천지 만물을 창조하신 하나님께서 나를 위해 이 세상에 아들을 보내어 나를 용서하고 사랑하실 만큼 나는 소중한 존재이다. 아침에 눈을 뜨면서 오늘은 하나님의 축복이 특별히 임하는 날로 선포해 보자. 나를 위해 모든 환경이 만들어질 것이라는 확신을 가지고 하루를 임해 보자. 믿음으로 하루를 시작해 보자. 어쩔 수 없는 환경, 힘들게 지내왔던 불우한 인생의 1막 이야기는 이제 그만하자. 나를 묶고 있는 견고한 과거의 장벽들을 허물어 버리자. 20대에 내 인생의 이야기를 마무리할 수 없다.

　이제 시작이다. 이제 길을 떠날 때다. 이제 하나님의 은혜의 문으로 들어가자. 내 생각과 기대보다 하나님은 더 크게 나를 사용하시기를 원하신다. 우리 아버지보다 더 위대하게, 성경에 나오는 위인들보다도 더 하나님의 영광을 위해 사용하시기를 원하신다. '나는 이것밖에 할 수 없다'라고 말하는 것은 사단이 주는 궤계이다. 분명 나는 강하지 않다. 그러나 내 안에 계신 하나님은 강하시고 위대하신 분이시다. 그 분께 내 삶을 온전히 의탁해 보자. 그분이 이끄심에 순종해 보자. 하나님의 목적에 내 의지를 헌신해 보자. 이제부터 자신의 능력을 믿지 말고 하나님의 능력을 힘입어 보자.

　아! 한 주간 하나님이 나를 통해 하실 일을 기대해 보자. 지친 영혼에게 버팀목이 되어주는 자로, 자신의 마음을 이해해 주기를 바라는 한 사람을 찾는 사람에게 영혼의 친구가 되어 주는 자로, 두려움에서 벗어나기 힘들어하는 자에게 비판과 정죄가 아니라 사랑을 가지고 품어 주는 자로, 연약한 자에게 존재의 힘을 넣어 주는 자로, 예수를 구주로 믿는 모든 사람에게 구원의 능력을 주시는 복음의 사도로 아름답게 쓰여지는 높은 기대를 품어보도록 하자.

상처와 흔적

　주일 저녁 세례식을 마치고 복귀하면서 GP 사고 생존 병사에게서 전화가 왔다. 보충대에서 두 주간의 정신 치료를 마치고 휴가를 나갈 때의 모습과는 달리 너무나도 다급하고 당황스러운 이야기였다. 나는 최소한의 몇 날은 이 병사들이 견뎌주기를 기대하고 기도하고 한 주일이 지나면 군종 목사로서 이들을 순회하면서 돌보아야겠다고 보고서를 작성할 계획이었는데 사고 병사들이 느꼈던 심리적 충격은 우리 모두의 기대보다 훨씬 큰 상처로 남아 있었다. 다음 날 장병들의 얼굴 표정을 보면서 사고 후 며칠 동안 정신적인 충격을 표현할 겨를도 없이 사고 조사와 기자 회견 등을 겪으면서 아직도 답답하고 초조함에 빠져 있는 것을 확인할 수 있었다.

　이들에게 나타나고 있는 증상은 대부분 PTSD(Post Traumatic Stress Disorder), 즉 '외상 후 스트레스 장애' 라 불리는 신경증의 하나라 부른다. 정신분석 용어 사전에 의하면 심각한 신체적 혹은 심리적 외상을 경험한 결과로 생기는 신경증의 한 형태로, 스트레스와 관련된 불안 장애의 한 종류이고 종종 공황 상태라고 부를 수 있을 정도로 심각할 수 있으며, 급성적이거나 만성적일 수 있다고 기록하고 있다. 이들의 증상이 정신 치료와 휴가 이후 다시 자대 생활에 대한 극심한 적응 장애와 불안, 무기력, 두통, 불면, 구토, 총기에 대한 혐오, 대인 기피, 군대에 대한 강한 불신과 파괴적 생각 및 행동에 대한 위험을 안고 있음을 확인할 수 있었다.

늠름하고 명랑했던 내 아들이 이러한 증상에 빠진 것을 휴가 중에 부모님들이 보았을 때 아들을 낳은 부모의 마음은 더 아프고 가슴 저미는 슬픔을 느꼈으리라 생각된다. 당장 내 아들의 고통을 원상태대로 고쳐 달라고 아픔을 호소하는 마음은 충분히 이해가 된다.

나는 이들을 만나면서 두려움에 대해서 함께 나누었다. 분명 이들에게 하나님이 주신 마음, 즉 평안과 담대함이 있다. 불안과 공포가 마음에 100% 가득 찬 것 같지만 분명 내 안에 성령님이 주시는 마음이 존재하고 있다. 그러나 자신에게 밀려오는 두려움을 거부하고 생각과 기도로 물리치려 하지만 이미 사고의 충격이 몸에 배여 있는 깊은 놀람의 신경들이 내무실이나 총과 같은 비슷한 환경이 경험되어질 때마다 공포의 증상으로 나타나게 된다.

앞으로 사랑하는 병사들을 만나면서 이러한 수준에까지 치료가 되었으면 하는 목표가 있다. 가슴 아픈 이야기를 할수록 상처가 아물어질 것을 확신한다. 이번 사건뿐만 아니라, 지나 온 어린 시절의 상처도 함께 이야기하면서 서로 싸매어 주고 아파해 주면서 치료해 나가야 한다. 그러나 상처의 흔적은 남아 있을 것이다. 아마 평생 안고 가야 할 마음의 짐이라 생각된다. 그러나 상처가 완전히 아물면 아프지 않다. 결코 일어나서는 안 되는 사건이었지만 그 사건을 내가 경험하였고, 나는 그것을 믿음으로 극복하였다라고 말할 수 있어야 한다.

양주병원에서 신앙의 병사들을 만나면서 부탁한 것이 있다. 하나님을 알기에 이런 아픈 상황 가운데에서 너의 평안함과 담대함을 보고 네 주변에 하나님을 알지 못하는 동료들이 도대체 네 안에 있는 평안함의 비밀이 무엇이냐고 물을 수 있는 복음의 통로가 되어 주기를 바란다고 부탁하였다. 함께 이야기를 나누면서 움츠렸던 어깨가 펴지고, 어두웠던 얼굴에 미소가 깃드는 모습들을 바라보면서 역시 하나님의 사람들은 다르구나! 하는 것을 새삼 깨닫는 흐뭇한 경험을 하였다. 그리고 이렇게 함께 기도하였다.

"그래! 여전히 내 마음이 불안하다. 그리고 공포스럽다. 그러나 여전히 내 마음에 하나님이 주신 평안함이 있다. 내가 이제 선언한다. 나는 하나님의 자녀다. 나에게는 하나님이 계신다. 나를 더 이상 괴롭게 말라. 내가 예수님의 이름으로 명하노니 나를 괴롭히는 거짓되고 더러운 것들은 나에게서 떠나갈지어다. 나는 저주받은 자가 아니다. 나에게 일어난 사건은 공포스럽지만 누군가에도 일어날 수 있는 일이었다. 그렇다고 내가 하나님의 사랑의 대상에서 제외된 존재가 아니다. 여전히 하나님께서 나를 사랑하심을 나는 믿는다. 더 이상 나를 괴롭게 말라."

하나님께서 이들의 마음을 어루만지시고 이들의 몸 안에 있는 두려움에 배인 신경 세포까지 치료하시고 성령께서 이들의 온 몸을 지배해 주시기를 간절히 소망한다. 이들의 치료는 오직 하나님께서만 치료하실 수 있다고 확신한다.

내가 너희와 함께 있단다

    사고가 난 GP에 새로운 소대원이 투입되었다. 새로운 마음 다짐으로 부여된 임무를 완수하기 위해 많은 준비를 하고 투입된 소대였다. 하지만 사람이 죽은 장소라고 하는 이미지를 지우기는 오랜 시간이 걸릴 것이라 생각된다. 사단 군종부에서도 완전 작전을 위한 특별기도회를 GP 장병들과 함께 실시하였다. 나는 장소 선정에 있어서 사고 현장인 내무실을 주장하였다.

    어떤 이는 끔찍한 사고로 인한 병사들의 죽음이 너무 억울하고 서글퍼 그 혼이 떠나가지 못하고 공중을 떠돌아다닌다는 생각을 하기도 하고, 귀신의 형체로 사람들에게 나타나는 것처럼 말하는 사람도 있겠지만, 예수를 구주로 믿는 사람들은 하나님 아버지의 품안에 이들을 품으시고 이들을 맞이하셨다는 흔들릴 수 없는 구원을 허락하셨다는 것을 믿는다. 결코 포기할 수 없는 기독교 신앙의 핵심인 것이다. 나는 마지막 순간까지 주님은 그들과 함께 있으셨음을 확신한다. 그들의 고통의 신음 소리를 들으시고 그들의 마지막 절규를 주님은 외면치 않으시고 들으셨으리라 믿는다. 그곳은 억울하게 죽은 사람들의 혼이 떠돌아다니는 곳이 아니라 주님이 함께 그 고통 가운데 계셨던 장소인 것이다.

    하나님께서 지금 여기에 우리와 함께 하시는 것을 느낄 수 있도록 장병들의 마음을 움직여 주시기를 마음속으로 기원하며 예배를 시작하였다. 그리고 그곳이 더 이상 슬픔과 원통함과 비참함의 장소가 아니라 새로운 하나님의 사람들이 밝은 사랑과 힘이 있는 하나님의 임재를 경험하는 천국이 되기를 바라는 마음으로 찬송가 13장 '기뻐하며 경배하세'를 부르면서 하나님께 경배와 찬양으로 나아갔다. 하나님의 영광이 새롭게 드러나는 하나님의 임재의 장소가 되기를 소망하면서 말이다.

그리고 "참 좋은 소식"이란 제목으로 말씀을 증거 했다. 여러분들이 정말 듣고 싶어 하는 한 마디의 말이 무엇일까? 사단은 끊임없이 우리에게 속삭인다.

"이곳은 사람이 죽은 곳이다. 억울하게 죽은 사람들은 흐느껴 울게 될 것이다. 너는 두려워할 것이다. 마음이 두려워진다는 것은 곧 약한 사람에게 나타나는 증상이다."

그러나 두려움은 모든 사람에게 다가오는 너무나 자연스러운 감정이다. 두려움은 약한 사람에게만 나타나는 것이 아니다. 두려움의 감정은 죄가 아니다. 성경은 두려워질 때 주님을 믿지 못하고 자신의 의지와 결단만을 믿는 것에 대해서 오히려 어리석은 것임을 증거하고 있다. 주님은 "내가 여기 있다. 두려워말고 나를 바라보아라."고 말씀하셨다. 두려워하는 현장에서 두려운 마음이 있을 때 가장 듣고 싶어 하는 한 마디의 말은 "내가 지금 여기에 너와 함께 있다."는 선언일 것이다. 우리의 마음이 두려워질 때 하나님의 자녀 된 사람들에게는 분명 하나님이 주신 마음의 평안과 담대함이 있다. 사단은 두려움이 내 마음의 전부라고 속삭인다. 이것은 주님의 음성이 아니다. 분명 내 안에 두려움이 있지만 나에게는 주님께서 주시는 평안함과 무엇보다 주님이 내 곁에 계시기 때문에 나는 두려움을 이겨낼 수 있다고 말할 수 있어야 한다.

신앙이란 바로 이러한 두 마음이 있을 때 내 옆에 계신 주님을 바라보고 나에게 말씀하시는 음성을 듣는 것을 선택하는 것이다. 두려워질 때, 마음이 약해질 때, 내일이 없는 것처럼 느껴질 때, 여전히 주님께서 믿음의 사람들에게 하시는 말씀, 즉 "내가 여기 있단다. 그리고 지금 이 순간에도 너희와 함께 있단다."는 음성을 우리가 들어야 한다. 주님은 분명 한 사람 한 사람에게 말씀하신다. 그리고 나와 너와의 관계 속에서도 함께 있다. 그리고 너희들이 무서워하고 있는 바로 이 현장에도 함께 있을 것이다. 참 좋은 소식이란 "내가 너를 떠나지 아니할 것이다."라는 주님의 말씀이다. 나는 이들에게 마지막으로 목사로서의 내 마음을 전하였다.

"여러분들이 GP 이야기를 창조적으로 새롭게 써 나가게 되기를 바랍니다. 여러분들이 정말 자랑스럽습니다."

그리고 찬양이 있는 내무실을 기대하면서 기타와 미니 컴포넌트와 주님은 여러분을 기억하고 사랑한다는 마음이 담긴 '정' 초코파이와 콜라, 그리고 향이 좋은 맥심 모카 골드 등의 위문품을 남겨 놓았다. 그리고 GP 완전 작전을 위한 공동 기도문을 가슴에 넣고 다니면서 기도하기를 부탁하고 편안한 마음으로 부대로 발걸음을 향하였다.

"우리의 대장 되신 하나님! GP 장병들이 어떠한 상황에 처하더라도 강한 의지력과 굳건한 신앙으로 어렵고 힘든 일들을 수행해 낼 수 있게 하옵소서. 새롭게 투입된 GP 수색 중대원들이 빛나는 무적 태풍 부대원의 자긍심을 가지고 맡겨진 GP 경계 작전 임무를 성공적으로 수행할 수 있게 하옵소서. 하나님, 우리를 지켜주시고 보호하여 주옵소서!"

한 주간 새롭게 적응하고 수고해야 할 GP 장병들에게 온 마음으로 기도해 주고 화이팅이라 힘차게 응원하도록 하자.

김일병 이야기

"그는 실로 우리의 질고를 지고 우리의 슬픔을 당하였거늘 우리는 생각하기를 그는 징벌을 받아서 하나님에게 맞으며 고난을 당한다 하였노라. 그가 찔림은 우리의 허물을 인함이요, 그가 상함은 우리의 죄악을 인함이라. 그가 징계를 받음으로 우리가 평화를 누리고 그가 채찍에 맞음으로 우리가 나음을 입었도다. 우리는 다 양 같아서 그릇 행하여 각기 제 길로 갔거늘 여호와께서는 우리 무리의 죄악을 그에게 담당시키셨도다."(이사야 53: 4-6)

이 말씀은 유가족들이 두 번째 사고 현장 조사를 시작하기 전 그 현장에서 읽었던 말씀이다. 나는 이들에게 섣불리 이 사건에 대해서 하나님의 뜻과 섭리라고 해석할 수 없고 가해자를 용서해야 한다고 말할 수 없었다. 나는 솔직히 아들을 잃은 아버지 된 당신들의 마음을 온전히 이해할 수 없다고 고백하였다. 그럼에도 불구하고 나는 이 말씀을 가지고 피 흘림을 경험하신 주님께서 사랑하는 아들들을 마지막 죽는 순간에 이 아들들과 함께 하셨음을 선언하고 이 아들들의 마지막 신음 소리와 하나님께 향한 간절한 부르짖음을 하나님께서 들으셨음을 선언하였다.

다음 날 참석자 중 한 유가족은 내가 이 사고 현장에 올라오기 전 가해자에 대해서 분노의 감정이 끓어오르는 것을 참을 수 없었지만 이 말씀을 듣고 기도하는 가운데 가해자가 불쌍하게 보이고 마음이 편안해졌다고 고백을 하기도 하였다. 성령께서 말씀 가운데 역사하신 것이다.

한 주가 지난 후에 무작정 목사를 만나기 위해서 지방에서 찾아온 사고자 친척을 잠시 만났다. 이들의 마음에 살인한 아들이지만 어떠한 극형을 받을지라도 이 아들의 영혼의 구원을 위해 간절히 기도하고 있다는 이야기였다. 주님은 이러한 사람들의 이야기를 들으시고 무슨 말씀을 하실까? '다른 사람은 이해되고 용서가 되도 당신의 아들은 도저히 용서하지 않을 것이다.' 라고 말씀하실까? 한 평생 살인자의 부모와 친척으로 낙인 된 가족들에게 보여 줄 수 있는 복음이란 무엇일까? 아마 이 말일 것이다.

"주님은 여전히 나를 사랑하시고 용서하신다!"

나는 이들에게 여전히 주님께서 긍휼이 여기시고 한 아들을 기다리시는 주님의 눈빛을 전하고 싶었다. 목사를 바라보면서 우리를 용서하시는 주님의 마음을 전할 수 있었다면 나는 이들에게 복음의 통로로 사용되어진 것이다. 감사하게 이들은 마음을 놓고 돌아갔다. 그리고 문자 메시지를 보내왔다. "목사님을 만나고 나니 마음이 편했다."는 한 문장의 이야기였다.

사고자의 재판이 이루어지기까지 사고자 김 일병을 헌병대에서 만날 수 있었다. 나는 이 형제에게 사고에 대한 원인에 대해서 묻지 않았다. "지금 마음이 어떠한가?"를 물었다. 다른 병영 생활 속에 실수로 인해 잠시 영창에 들어와 있는 병사들과 똑같은 마음으로 대하고자 했다. 그리고 영화 "데드 맨 워킹"에 나오는 한 마디의 말을 되새겼다. 형장으로 들어가는 사형수에게 수녀가 남긴 한마디의 말을 내 마음 속에 깊게 새기면서 만나고자 했다.

"나는 당신이 이 땅에서 마지막으로 볼 수 있는 사랑의 얼굴이었으면 좋겠습니다."

초코파이와 음료수를 나누면서 주님이 한 영혼을 끝까지 사랑하신 사랑이 전달이 되기를 기도했다. 깊이 있는 이야기는 나누지 못하고, 김 일병은 현재 사단을 떠나 다른 곳으로 이송되었다. 앞으로 김 일병을 만나는 사람들을 통해서 하나님의 사랑이 보여지기를 기대한다. 아무쪼록 김 일병을 통해서도 하나님의 사랑과 살아계심이 증거 되기를 소망한다.

영결식 기도문

"내가 너를 복중에 짓기 전에 너를 알았고 네가 태에서 나오기 전에 너를 구별하였고 너를 열방의 선지자로 세웠노라."(예레미야 1:5)

"주께서 내 장부를 지으시며 나의 모태에서 나를 조직하셨나이다."(시편 139:13)

"내가 모태에서 적신이 나왔사온즉 또한 적신이 그리로 돌아갈지라. 주신 자도 여호와시오, 취하신 자도 여호와시오니 여호와의 이름이 찬송을 받으실지니이다."(욥기 1:21)

"내가 진실로 진실로 너희에게 이르노니 한 알의 밀이 땅에 떨어져 죽지 아니하면 한 알 그대로 있고 죽으면 많은 열매를 맺느니라."(요한복음 12:24)

"그는 실로 우리의 질고를 지고 우리의 슬픔을 당하였거늘 우리는 생각하기를 그는 징벌을 받아서 하나님에게 맞으며 고난을 당한다 하였노라. 그가 찔림은 우리의 허물을 인함이요, 그가 상함은 우리의 죄악을 인함이라. 그가 징계를 받음으로 우리가 평화를 누리고 그가 채찍에 맞음으로 우리가 나음을 입었도다."(이사야 53:4-5)

"그리스도의 고난이 우리에게 넘친 것 같이 우리의 위로도 그리스도로 말미암아 넘치는도다. 우리 마음에 사형 선고를 받은 줄 알았으니 이는 우리로 자기를 의뢰하지 말고 오직 죽은 자를 다시 살리시는 하나님만 의뢰하게 하심이라. 그가 이같이 큰 사망에서 우리를 건지셨고 또 건지시리라. 또한 이후에라도 건지시기를 그를 의지하여 바라노라."(고린도후서 1:5, 9-10)

하나님!

이 말씀이 정말 진실입니까? 하나님! 나를 지켜주신다고 말씀하셨는데 나와 함께 있겠다고 말씀하셨는데… 이 말씀이 이 시간에도 믿어지지가 않습니다.

하나님!

왜 하필이면 지금입니까? 하나님! 왜 하필이면 내 아들입니까? 하나님! 왜 이렇게 억울한 죽음입니까? 하나님! 총 맞아 피 흘려 쓰러지는 아들에게 한 마디라도 듣고 싶었는데, 한 마디라도 듣고 싶은 말을 듣지도 못하고 이렇게 이렇게 가슴 아프게…, 하나님! 이렇게 보냅니다.

하나님!

도대체 내가 무슨 잘못을 했습니까? 하나님! 내가 부모로서 무슨 잘못을 했길래 이러한 아픔과 고통을 당해야 합니까? 하나님! 제발 믿음 없다고 정죄하지 말아주십시오. 하나님! 아들을 잃은 슬픔을 아십니까? 하나님! 이 답답함과 고통을 아십니까? 나보고 어떻게 살란 말입니까?

하나님 아버지!

한 마디만 들려주십시오. 한 말씀만 들려주십시오. 이 아들들을 이 아들을 받아주시겠다고 말씀해 주십시오.

"사랑한다. 내 아들아! 사랑한다. 내 아들아! 내가 내가 너를 기뻐하노라. 내가 너를 사랑하노라."

하나님!

사랑하는 유족들에게 한 마디 들려주십시오. "걱정마라. 내 아들을 내가 품었다."고 말씀해 주십시오. 지금 슬퍼함에 힘들어하고 있는 유족들에게 사랑하는 우리 군장병들에게 한 마디만 말씀해 주십시오. 이들의 죽음은 헛된 죽음이 아니었다고 말입니다.

하나님!

분명히 믿습니다. 이들의 죽음은 한 알의 밀알이 될 줄로 믿습니다. 이들의 죽음이 결코 헛되지 않으며, 우리의 군대가 더욱더 막강하게 되고, 우리의 병영 생활이 더욱더 선진화되고, 서로 신뢰하고, 서로 좋아하고, 서로 위로하고, 격려하는 하나님의 사랑과 임재가 있는 축복된 우리의 군대가 될 줄로 분명히 믿습니다. 우리의 군대를 축복하시고, 남은 유족들을 위로하시며, 하나님의 사랑이 이 모임 가운데 머리 들고 이곳을 떠나기 전에 사람이 줄 수 없는 하나님의 위로와 평강이 우리와 함께 하여 주옵소서.

이제는 우리 주 예수 그리스도의 은혜와 하나님의 크신 사랑과 성령님의 감동하심이 이 사건을 바라보는 우리 모두에게 이제부터 영원토록 함께 하시기를 간절히 축원하옵나이다.

3장

기쁨의 눈물을 흘리고 싶다

"너의 하나님 여호와가 너의 가운데 계시니

그는 구원을 베푸실 전능자시라.

그가 너로 인하여 기쁨을 이기지 못하여 하시며

너를 잠잠히 사랑하시며

너로 인하여 즐거이 부르며

기뻐하시리라."

(스바냐 3:17)

기쁨의 눈물을 흘리고 싶다

   몇 주 전에 명령에 의해 부대를 이동하게 되었다. 부대를 옮길 때마다 내 것이 없다는 것, 그래서 아까워할 것도, 집착할 것도, 자랑할 것도 없다는 중요한 진리를 되새긴다. 그러나 아직도 내 안에 있는 어린아이는 엄마 치마 자락을 붙잡고 '엄마 가지마.' 라고 말하는 것처럼 나를 사랑해 주었던 따뜻함의 시간 속에 머물고 싶다. 새로운 곳에 혼자 떨어진다는 두려움이 있기 때문이다.

   매주 전입하는 신병들에게 물어보았다.

   "다른 사람이 알지 못하는 두려움이 무엇인가?"

   크게 세 가지로 나타났다. 미래에 대한 두려움, 자신에 대한 두려움, 그 중에서도 눈에 띄게 많은 것은 인정받지 못할 것 같은 두려움이었다. 즉 거절당할 것 같은 두려움, 환영받지 못할 것 같은 두려움이다. 그래서 사람들은 할리우드 액션과 같은 행동으로 위장하면서 두려움을 숨기고자 한다. 목사인 나는 목사의 옷을 입고 편안한 얼굴을 지어 보이면서 내 안에 있는 두려움을 숨기고자 했다. 어떤 사람은 계급장 속에 자기를 숨긴다. 내 안에 있는 두려움을 밖으로 드러내면 나를 우습게 여길 것이라는 생각 때문이다. 사람들과의 관계에서 나를 드러내 보여도 나를 이해해 주고 용납해 주고 오히려 격려해 주는 사람을 만나는 것은 하나님이 우리에게 주신 축복이라 믿는다.

어느 날 젊은 장병들의 겉모습은 웃고 자신 있어 보이지만 속사람이 두려워 떨고 있는 것을 볼 수 있었다. 나는 군종 활동의 대부분을 이러한 두려움을 듣고 함께 나누는 시간들을 보내기를 원했다. 이들은 아픔의 경험을 나눌 수 있는 단 한 사람을 원했다. 아무 말 하지 않아도 좋으니 나의 말을 거절하지 않고 끝까지 들어주는 사람, 함께 아픔을 공유할 수 있는 좋은 대상을 찾고 있었다.

나는 이전의 사역지에서 2년 동안 160여 통의 장병들의 눈물의 편지를 받았다. 이 편지들은 어린 시절 가장 사랑 받고 인정해 주어야 할 중요한 타인(significant other)으로부터 거절당한 슬픔에 대한 눈물의 고백이었다. 이 병사들은 남자이고 군인이라는 이유로 눈물 흘리는 권리도 빼앗긴 병사들이었다. 자기는 원래 눈물이 없는 사람이라고 스스로 위로해 온 것이다. 아니다. 아픈 사람들은 울 수 있어야 한다. 나에게 이러한 아픔과 상처가 있다고 고백할 수 있어야 한다. 나는 이들과 함께 모여 울었다. 그리고 두려움과 아픔을 고백했다. 자신의 아픔을 비슷한 환경 가운데서 성장한 장병들과 함께 드러내면서 두려움을 몰아낼 수 있었다. 그들은 자신을 받아줄 대상들에게 두려움을 고백하는 용기가 생겼다. 신앙이란 절대자 앞에서 나의 두려움을 고백하는 것이다. 이러한 고백과 서로를 향한 격려 후에 이들은 또 다른 눈물을 흘릴 수 있었다.

"그래, 인생은 아름다운 거야!"
"그래, 나는 사랑 받기 위해 태어난 사람이야!"
"그래, 인생에는 기쁨도 있고 슬픔도 있는 것이구나!"
"그래, 나와 함께 울어줄 수 있는 사람이 있구나!"

이런 평범한 진리를 발견한 것이다. 월드컵 승리보다 더 기쁜 자신의 존재인식 변화에 대한 기쁨의 눈물이었다.

또 다른 부대에서 새로운 장병들을 만나게 된다. 나는 한 젊은 영혼이 자신의 소중함을 깨닫고 진정으로 기쁨의 눈물을 흘릴 수 있도록 도와주는 자로 아름답게 쓰여지게 되기를 소망한다.

늘 푸른 교회를 꿈꾸는 청년 목사가 되고 싶다

젊은 영혼을 돌보는 군 사역 9년 차에 들어섰다. 아버지가 계신 고향 땅에서 목회한다는 기쁨을 안고 사령탑교회로 사역지를 옮긴 지 6개월이 지났다. 지난 6개월 동안 유난히 생각이 많았던 시간들을 보냈다. 내 안에 해결되어야 할 영적인 문제들, 특히 스스로 움츠러드는 낮은 자존감을 안고 씨름했던 시간들이다. 먼저 내 안에 들어왔던 부정적인 생각들을 발견했다. 내가 어떻게 이렇게 많은 장병들을 돌볼 수 있단 말인가?

'이 정도는 주님도 이해해 주실 거야!'

어떻게 보면 게으름을 정당화할 수 있는 구실을 찾아냈다.

그러나 한해를 새롭게 시작하면 하나님이 주신 생각은 나에게 '복음을 기다리고 있는 영혼이 있다. 그들을 찾아가라' 는 것이었다. 새로운 해를 기다리면서 여호수아와 갈렙의 고백처럼 "하나님이 이 땅을 너희에게 주셨다."는 고백이 새롭게 다가왔다. 내년도 목회 계획을 준비하면서 주님이 원하시는 교회는 예배와 진정한 만남의 공동체의 경험이 있는 균형 잡힌 교회임을 발견하였다. 즉 예배와 교제의 두 날개로 비상하는 교회의 모습이다. 한쪽 날개는 예배의 영광을 체험하고, 다른 한쪽 날개는 마음과 아픔과 기쁨을 나누는 작은 소그룹 모임을 통해 주님을 느끼는 것이다.

예배는 하나님과 주의 백성들이 만나는 장소요, 성령과 말씀의 임

재를 체험하는 시간이다. 그러나 예배에 참여하는 장병들은 그리스
도를 모르는 "복음을 듣지 못한 세대"이다. 마치 예배 현장이 예비
군 훈련장과 같은 느낌, 모노드라마를 하는 연극장과 같은 느낌을
지울 수 없다. 무엇보다도 예배 가운데 보고 느낄 수 있는 예배, 복
음의 능력을 체험하고 참여할 수 있는 예배가 이루어져야 할 필요를
느끼게 된다. 특히 군대교회에서는 새로운 스타일의 예배라고 부르
기보다는 불신자들에게 복음 전도를 위한 중요한 요소로서의 예배
가 될 수 있도록 하는 복음 전도를 위한 예배가 되어야 한다.

나는 감성이 살아나는 예배, 주제가 있는 예배, 헌신과 봉사가 있
는 예배가 드려지는 교회의 모습과 교회 안에서 역동적인 모임을 통
해 세포가 분열되듯이 번식하는 것을 기본 원칙으로 하면서 고전적
인 선교 방법인 1회성 초청 행사가 아니라 지속적인 만남과 교제를
통해 그리스도를 만나는 돌봄을 통한 선교 방법(evangelism
through relationship)을 선택할 것이다. 얼굴과 얼굴을 맞대고 장
병들의 마음의 이야기를 들어주고 그들을 위해 기도해 주고 그들을
구체적으로 도울 수 있는 신앙 공동체가 필요하다. 특히 부대 환경
과 여건이 분주하고 어렵지만 이러한 모임을 사모하는 형제들의 모
임의 공간을 준비할 것이다. 말씀을 읽고 나누는 모임, 문서 편집을
좋아하고 삶을 나누기를 원하는 모임, 상처를 치유 받고 성장하기를
원하는 성장 모임 등 여러분의 많은 참여를 기다릴 것이다. 여러분
들을 초대한다. 예배의 영광과 만남 가운데 주님의 임재가 있는 주
님이 그토록 원하셨던 그 교회로!

군종 목사의 행복

　　1-2년마다 이동하는 군종 목사에게 가장 행복하게 목회할 수 있는 중요한 한 가지의 핵심 조건은 내가 지금 목회하고 있는 사령탑 교회와 탄약사령부가 내 군 목회 임기 동안 가장 아름다운 사역지가 되기를 바라는 마음이라 생각한다.

　　그러나 사탄은 '너의 목회지는 여기가 아니야!' '어차피 이동할 텐데 대강 목회해도 괜찮지 않겠니?' 하면서 내 중심을 흩어 놓는다. 우리의 군 생활도 마찬가지라 생각된다. '군대는 어차피 인생의 정거장이야!' 하고 현재의 내 실존의 가치를 무시하고, 현재 나와 만나는 사람들과 참된 만남을 갖지 못하고, 현재 내게 주어진 일과 시간들을 무의미하게 보낸다면 분명한 것은 현재 진정한 기쁨을 누리지 못하고 있는 것이다.

　　목회자의 기쁨은 내가 사랑하는 형제들이 복음을 듣고 복음 안에서 기뻐하고 참된 행복을 경험하는 것이다. 이것이 행복이다. 그러나 진정한 기쁨은 결과를 가지고 말하지 않는 것이다. 내가 복음을 증거하고 목회와 선교 활동을 통해서 얼마나 많은 사람들이 교회로 모이고, 얼마나 열심을 내느냐 하는 보여지는 것으로 평가하지 않을 것이다. 내가 복음을 증거하고 설교를 준비하고 사람들을 만날 때 '하나님의 복음에 대한 확신과 영혼을 향한 뜨거운 사랑을 가지고 하였느냐?' 에 나의 기쁨이 충만해지고 싶다. 한 주간도 나의 사역과 형제들이 하루하루의 삶속에 이러한 진정한 기쁨이 샘솟듯 솟아나기를 소망한다.

내 마음 속에 웃고 있는 내가 있어요

　　1997년 말에 내 존재 의미를 발견하고 사역의 본질을 새롭게 확인한 좋은 책 한 권을 만날 수 있었다. 내적 치유 서적인「내 마음 속에 울고 있는 내가 있어요」라는 책이었다. 제목부터 마음을 움직이는 감성적인 한국적 표현이었다. 나는 이 책을 읽으면서 속사람을 볼 수 있었다. 겉으로 부드럽고 때로 강하고 여유 있게 보이지만 속사람이 긴장하고 두려워하는 연약한 아이와 어디로 가야 할 지 알지 못해 방황하는 내면의 아이(inner child)의 모습이었다. 이때부터 이상적 자아(ideal self)와 실제적 자아(actual self)가 일치되고자 하는 거룩한 소원을 갖게 되었다. 시간이 지나면서 목회가 편안해졌고, 주님이 나를 바라보았던 것처럼 장병들을 있는 그대로의 모습으로 바라보도록 노력했던 것 같다. 그리고 연약하고 여전히 죄악에 물든 마음을 품고 살아가고 있지만 여전히 나를 용서하시고 받아주시는 주님의 은혜를 더 크게 경험할 수 있게 되었다.

　　많은 사람들이 이 책을 읽고 2박 3일의 세미나에 참여하고 있다. 장병을 돌보는 과정 속에 이 책을 선물로 주었던 한 형제가 제대 후에 이 세미나에 참석을 하고 "군대에 저와 같이 아파하는 사람들이 너무 많아요."라고 하면서 내적 치유 사역과 자연스러운 만남을 가졌다. 1999년에는 150여 명의 장병들과 함께 3일 동안 세미나가 군대에서 이루어지기도 했다. 나는 이 은혜를 기억하면서 몇 년 동안 내적 치유 세미나가 진행될 때 가끔 상담과 진행을 위한 순장으로 섬기고 있다. 지금까지 60여 차의 세미나가 진행되었고, 20,000여 명의 성도들이 세미나에 참여하여 치유와 변화를 체험하는 것을 목격하고 있다.

세미나에 참여할 때마다 "정말 사람이 변하는 구나!" 하는 것을 확신하게 된다. 그리고 무엇보다 나를 거북하게 하는 죄악의 탄산가스를 내버리고, 여전히 나의 존재를 확인시켜 주시는 주님이 주시는 사랑의 산소를 마시는 것과 같은 영혼이 호흡하는 것을 느낀다. 나의 거짓된 동기를 발견하고, 내 죄를 자백하면서 주님의 은혜를 덧입고, 성령 안에서 바르게 선택하고 살아갈 수 있는 힘을 얻게 된다. 눈치 보는 연약한 존재가 아니라 아들의 특권으로 구하고 기대하고 때로 기다리면서 삶을 여유 있게 바라보는 힘을 얻게 된 것이다.

장병들을 돌보면서 내 돌봄의 경계선이 넘어설 때 성령께서 책을 읽는 동한 한 영혼을 만져주시기를 소망하며 이 책을 선물로 나누어 주었다. 아마도 수백 권이 되는 것 같다. 이 책이 한 사람의 손에 들려질 때마다 놀라운 치유와 회복과 변화의 역사가 일어나기를 기대한다. 주님은 성령으로 지금도 살아계심을 확신한다. "내 마음속에 정말 웃고 있는 내가 있어요."라는 영혼의 고백이 한 사람 한 사람 속에 들려지기를 소망한다.

특별한 날

매주 월요일은 하루를 쉬면서 한 주간 일을 계획하고 에너지를 충전할 수 있는 '군종 휴무일'이다. 이는 군복은 입었지만 성직자로서의 특성을 이해해 준 부대의 특별한 배려이다. 강원도 포병연대 초임 사역지에서는 주일에 5곳의 예배 처소에서 순회하며 예배를 드렸고, 경기도 GOP 부대에서는 오전에 2곳, 오후에 철책부대 예배를 마치고 들어오면 육체적으로 쉬어야만 했다. 방공부대에서 오전에 본부 예배를 드리고, 오후에는 중대 예배, 그리고 진지 예배를 드리면서 예배드리는 풍성함을 장병들과 함께 나눌 수 있었다.

그러나 사역지를 여러 번 옮기면서 내 안에 장병들에게 나누어 줄 생명의 에너지가 고갈되는 것을 느끼곤 했다. 돌이켜 보면 특별히 일 년 전 이곳으로 사역지를 옮길 때는 솔직히 영적으로 지쳐 있는 상태였다. 아마 여러분은 어떻게 보았는지는 모르지만 개인적으로 적응하는 기간이 타부대보다 오래 걸렸다는 고백을 하고 싶다.

그러나 이러한 상황 가운데서 사역자인 나에게 풍성한 삶을 위한 주님의 한 가지 배려가 있었다. 그것은 "역기능 장병들을 치유하는 목회 돌봄 프로그램 연구"라는 논문을 쓰면서 내 안에 채워지지 않는 사랑과 인정의 배고픔을 주님으로부터 채울 수 있었고, 또한 군대에서 군종 목사들에게 의사소통 훈련을 배울 수 있는 기회를 주어서 서울로 기차를 타고 다니면서 나를 돌아볼 수 있는 여유로움을 즐길 수 있었다. 매주 월요일, 몸은 피곤하지만 내 마음은 너무나 신묘막측한 창조물인 '나'를 새롭게 발견하고, 나의 존재 가치를 확인받고, 나의 약한 부분을 오히려 수용하면서 힘을 키울 수 있는 특별한 날이었다. 9월부터 또 다른 배움의 과정을 시작할 것이다. 배우고 익혀서 그것을 삶에서 아름답게 실천할 수 있는 사역자가 될 수 있도록 여러분의 많은 기도와 격려를 기대해 본다.

내가 가장 소중하게 생각하는 것

가끔 이러한 질문을 해 본다.

"내가 하고 있는 일 중에서 가장 맘에 드는 것이 무엇인가?"
"내가 가장 중요하다고 생각하는 것이 무엇인가?"
"언제 내가 가장 중요하다고 느끼는가?"

나는 젊은 장병들과 함께 집단을 이루어 대화를 나누는 '그 장소, 그 시간'을 가장 중요하게 생각하고 있다. 특별히 집단에서 실행한 프로그램은 몇 가지의 대화의 주제를 제시하고 들어준 것뿐인데 함께 집단 경험을 하고 난 후 형제들이 자신에 대해 새롭게 인식하고 느꼈던 피드백을 듣고 소감문을 살펴볼 때 '정말 나는 가장 가치 있는 일을 하고 있구나!' 하는 잔잔한 감동을 경험한다.

생각해 보면 군복을 입은 목사로 그 자리에 앉아서 들을 수 있는 합법적인 권위가 있었기에 가능했던 것이다. 뿐만 아니라 목사의 활동을 존중해 주고 믿어 주는 사람들이 있고, 그리고 무엇보다 나 스스로 무척이나 그들의 이야기를 듣고자 하는 마음이 있었기 때문이다. 나는 지금 내 위치와 역할까지 사랑한다. 그리고 현재의 나의 자리에 이르기까지 열심히 노력한 나 자신에 대해 칭찬을 아끼지 않는다. 지난주는 더욱 마음이 흐뭇했던 주간이 되었다. 화요일부터 금요일까지 형제들을 만날 수 있었다. 그리고 하나님께서 중요한 일을 하도록 이 땅에 보내신 날도 있었다. 나를 향하여 조용히 외쳐본다.
사랑받기 위해 태어난 그대!

"Happy Birthday!"

가장 좋은 기억만을 남기고 떠나고 싶다

　군대의 특징 가운데 하나는 정기적인 헤어짐이 있다는 것이다. 그래서 저마다 사람들은 가장 좋은 때 가장 좋은 기억만을 간직한 채 아름다운 뒷모습을 남기기 위해 지금 최선을 다하곤 한다. 한 존재를 따뜻하게 품어 주었던 환경, 자신의 존재 의미를 확인시켜 주었던 자리들, 험한 세상을 존재할 수 있는 용기를 갖도록 힘을 실어 주었던 소중한 사람들을 뒤로 하고 떠나는 것은 인생의 커다란 충격적 사건 중의 하나일 것이다.

　내일이면 사령관님께서 군 생활 35년 시간들의 종착지에 서게 된다. 에릭슨이 말하는 인생의 마지막 8단계를 맞이하게 된다. 이 시기는 자아를 통합하는 시기라 말한다. 유한한 삶이기 때문에 맞이하는 비극적인 실존인 죽음과 고통과 죄악 가운데 있는 연약함을 있는 그대로 수용하고 마음이 편안해지는 단계이다. 이 단계에서 자아가 통합되지 않는 어른들은 절망하고 삶의 허무함 속에 묻혀 마지막을 불행하게 살아가는 것을 보게 된다. 사령관님께서 "나는 어떠한 상황과 자리에 있어도 항상 편안한 삶을 살 수 있습니다."라고 하신 말씀대로 사령관님은 남은 인생을 주님과 함께 마음에 요동함이 없는 기쁨과 평안을 간직할 것이라 믿는다. 지난 사령관님의 모습들 속에서 "당신은 충분히 그럴 분이십니다." 라고 말씀드리고 싶다.

　나는 짧은 사령관님과의 1년 수개월의 기간 동안에 아버지가 아들을 바라보듯 믿어 주시고 격려해 주신 따뜻한 눈길이 마음속에 오랫동안 기억될 것 같다. 어릴 적부터 권위자 앞에 주눅 들어 긴장하고 소심하게 성장했던 나에게 "목사님은 인정받기에 충분한 사람이라"며 힘을 실어 주셨던 말씀들은 내 존재의 의미를 확인하게 했던 소중한 의미의 사건이었다. 탄약사 목회 활동 가운데 큰 기쁨 중 하나였다. 군인이셨고 한 부대를 지휘했던 지휘관이셨기에 더 많은 것을 남기고 싶어 하신 마음, 다정하게 부하들과 장병들을 진정 사랑하셨던 마음, 사령관님께서 교회를 사랑하고 부흥을 위해 애쓰셨던 마음은 사령관님이 군대를 떠나도 그 의미는 한 사람 한 사람의 가슴 속에 깊이 간직될 것이라 믿는다. 사령관님과 가정과 새롭게 전개될 인생의 후반전에 하나님의 은혜와 평강이 함께 하기를 소망한다. 사령관님, 안녕히 가십시오! 사령관님, 화이팅! 화이팅! 화이팅!

군복 입은 목사의 특권

군종부에서 연 1회 신앙요원 위로회라는 행사가 계획되어 있다. 각 부대에서 가정 형편이 어렵지만 열심히 군 생활하는 장병들을 위로하고 격려하는 군 예산으로 진행하는 연중행사 중에 하나이다.

작년 이맘 때 전국에 퍼져 있는 군수사 부대에서 각 부대마다 한 명씩 유성에 있는 군인휴양소에 모이는 행사가 있었다. 대전 지역에 있는 부대이기에 내가 이 행사를 맡아 진행하게 되었다. 행사 내용은 짧은 교육과 갈비탕 식사, 그리고 휴가 출발이었다. 참여한 장병들에게는 4박 5일의 휴가가 있어 들떠 있는 마음이었지만 영혼을 돌보는 목사로서 장병들을 그냥 집으로 보내야만 하는 것에 아쉬움을 듬뿍 가지고 돌아온 경험이 있었다.

올해도 나에게 같은 일이 맡겨졌다. 상급부대 군종과장(법사)님에게 정중히 부탁을 드렸다.

"과장님, 이번에는 최소한 1박 2일 장병들과 함께 하는 시간을 가졌으면 좋겠습니다."

이렇게 건의하면서 행사를 계획하고 진행하게 되었다. 짧은 자신의 인생 이야기를 나누고, 심리극을 해 보기도 하고, 간단한 성격 분석을 하면서 자신에 대한 이해와 새롭게 자신의 인생을 해석하는 시간을 가질 수 있었다. 어느 한 병사의 쪽지 소감문이다.

"이번 신앙요원 위로회 행사에 참여하면서 진정 내 안의 목소리를 듣고 싶었습니다. 군에 와서 '내 자신을 찾자'라는 좌우명으로 생활하고 있었는데 이번 계기가 구체적인 방법을 제시해 준 행사이었습니다. 1박 2일 동안 탄약지원사령부에 와서 교육을 받았는데 지금까지 겪어보지 못한 것을 배워서 마음이 달라졌고, 부대에 가서 부대원들에게 교육받은 내용을 전해주고 싶습니다."

그렇다. 누군가와 편안하게 내 마음을 서로 나눌 수 있는 자리를 마련해 주는 것이 바로 사역이다. 시간이 흐를수록 나에게 장병들과 공적으로 만날 수 있는 자리에 있다고 하는 사실이 감사의 조건으로 더욱 깊이 고백되어진다. 군대만큼 젊은 장병들을 이렇게 많이 만날 수 있는 현장이 없다. 특별히 목사의 작은 배려로 젊은 형제들이 자신감을 얻고 행복해 하는 모습을 볼 수 있는 것은 주님이 내게 주신 축복이라 믿는다. 내게 입혀주신 군복이 자랑스럽기만 하다.

군종 목사 화이팅

오늘은 군종병과 창설 기념 주일이다.

'군복 입은 대위 목사'

왠지 어색하고 부담스러울 때가 있었다. 사고 예방 장교인지? 성 직자인지? 한참 동안 군종 목사의 정체성을 찾느라고 어려운 기간 을 보내기도 했다. 인생은 끊임없이 세 가지 질문을 던지고 있는 것 같다.

"나는 누구인가?"에 대한 정체성에 대한 문제,

"나는 과연 중요한 존재인가?"에 대한 중요성의 문제,

"지금 여기의 삶의 자리에서 나의 위치는 무엇인가?"에 대한 영향 력의 문제.

그 누구보다도 이중적 신분을 갖고 있는 군목들에게는 이 세 가지 에 대한 분명한 대답이 없이는 군 사역은 기쁨의 오락이 아니라 수 고로이 꼭 해야만 하는 노동으로 느껴지게 될 것이다. 신분의 이중 성으로 인한 갈등, 지휘관과의 갈등, 타 종교와의 갈등, 진로에 대한 갈등뿐만 아니라, 과중한 참모 업무로 인한 스트레스와 더불어 예배 및 설교 준비, 심방, 교인 관리 등 목회 업무로 인한 스트레스, 계급 과 힘의 한계에서 오는 스트레스, 군복을 입었기에 진급에 대한 스 트레스, 게다가 군종병 및 교인들과의 의사소통의 문제, 잦은 이동 으로 인한 스트레스, 전임 사역자의 목회 방침과 다를 수밖에 없는 초기의 적응 스트레스 등 이제까지 이러한 갈등과 스트레스로부터

적절하게 대처하며 10년 가까이 생활하였지만, 내가 원치 않는 환경이 조성이 될 때 마음에서부터 정체성, 중요성, 영향력이 흔들리기도 한다.

그러나 하나님은 이러한 갈등과 스트레스로 힘들어하는 순간순간에 나에게 다가오셔서 "내가 너를 택하여 세웠고, 바로 네가 있는 그 현장에 내가 함께 있노라" 하시면서 섬세하게 말씀해 주시고 나의 힘이 되어 주셨다. 지난 주 선배 목사와 동기 목사로부터 받은 군 선교에 대한 논문 2권 「군목의 역할 속에 나타난 갈등 및 스트레스 연구(육군 군목을 중심으로)」와 「세례를 통한 군 선교 전략 연구(육군 훈련소를 중심으로)」를 읽으면서 이제 한 단계 업그레이드를 꿈꾸며 앞으로 십년 후의 청사진을 그리고 있는 나에게 하나님께서 새롭게 말씀하시는 음성으로 확신하게 되었다.

그렇다. 나는 지휘관의 종이 아니요 예수 그리스도의 종이며, 나는 어쩔 수 없이 군복을 입고 있는 것이 아니라 젊은 장병들의 구원을 위해 택함 받은 이 시대의 부름 받은 사도요, 나는 진급하기 위해서 일하는 것이 아니라 상처 입은 장병들과 성도들을 섬기고 사랑하는 상처 입은 치유자로서의 사명을 감당하는 하나님의 메신저인 것이다. 군대의 모든 조직과 환경이 나를 힘들게 하는 구속이 아니라, 나의 정체성을 더욱 분명하게 하고 오히려 열려진 선교적 대상이라는 것을 깨닫게 될 때 진정한 군목이 되지 않을까? 푸른 제복이 좋다. 젊음이 좋다. 군목이 자랑스럽다. 군종 장교라는 호칭도 불편하지 않다. 여기서 내가 해야 할 중요한 사명이 있으니까! 군종 목사 화이팅이라 불러주자.

10년 만에 다시 생각하는 목사 됨, 그리고 목회

1994년 4월 12일, 큰 형님과 같은 날 목사 안수를 받았다. 그리고 다음 해 군복을 입은 군종 목사로서의 사역을 시작하였다. 제도권 교회에서 교회 행정이나 성례 의식, 분주한 심방, 그리고 장년을 위한 설교의 기회들이 많지 않아서 그런지 마음 한 구석에는 군인교회 목사에 대한 무엇인가가 부족하다고 하는 느낌이 남아 있는 것 같다. 그럼에도 주님께서 나를 부르셨다는 내적인 확증과 그 일을 수행할 수 있는 학문과 훈련의 과정을 통하여 외적으로, 사회적으로, 그리고 전문적으로 준비하고 확증시켜 주셨다는 부르심에 대한 확신이 있다. 목회 경력 10년이 넘어서면서 '목사란 누구인가?', '나는 어떠한 목회를 하고 있는가?', '나는 지금 행복한가?', '내가 목회를 하지 않아도 내 삶에 대한 만족함이 있을까?'에 대한 질문을 요즈음 자주 하게 된다. 아마도 40대에 인생의 가장 영향력 있는 삶을 살고 싶어 하는 창조적 욕구라 생각이 된다.

목사의 어원적 의미는 소(牛)를 몰고 가는 모양(牧)에서 유래가 되었다고 한다. 내가 목사가 되어 설교를 하고 예배를 인도하고, 성례전을 집행할 때 내가 목회를 하고 있다는 느낌이 든다. 목회를 하면서도 궁금한 것이 있는데, '교우들은 나를 어떨 때 정말로 목사로 느끼고 있는가?' 하는 질문이다. 때로 교우들을 심방하면서 이야기를 듣고 위로하고 기도해 주고 격려할 때 교우들 자신이 목회의 대상으로 여기는 것 같다. 그럼에도 불구하고 특히 함께 군복을 입고 계급장을 달고 있는 군대 환경에서 참으로 예민해지는 문제이기도 하다.

이전의 목회자 상은 높은 권위의 스승으로, 복음을 외치는 선포자로, 고귀한 인품의 선한 목자로, 강단 위의 설교자로 제시되었다. 그러나 기독교가 자기들만의 이기적인 종교, 부담되는 종교, 제도적이고 율법적인 종교 등의 이미지로 편만한 오늘날의 사회에서 '목회란 과연 어떤 의미가 있을까?' 하는 질문을 갖는다. 단지 교회가 이 사회나 세계의 문제들에 대해 해답이나 해결을 제공해 주는 차원이 아닌 것 같다. 이미 한국교회 내에서도 사회 문제들에 대해서 한 목소리를 내지 못하는 현실은 더더욱 교회와 목회의 영향력은 점점 사라지는 듯한 인상을 갖게 된다.

지난 주 「이야기 목회, 이미지 영성」이란 책을 읽으면서 "목회란 상호 작용이다."라는 말을 되새기게 되었다. 모든 목회적 사고나 감정이나 행동은 사회적 의미 작용의 범주 내에서 이루어지고 소통되며 그 뜻이 밝혀진다는 것이다. 이러한 의미에서 군대에서의 목회는 군대라고 하는 범주 안에서 장병들과 간부들, 그리고 군인가족들에게 내가 보여지고 행해지는 이 상황(context) 안에서 이루어지는 의사소통 행위가 내 목회가 되는 것이다. 즉 군복 입은 참모장교요, 목사로서 내가 지금 여기에서 각 사람들에게 비추어지는 이미지가 목회라 할 수 있는 것이다. 10년의 군대 목회를 경험하면서 나름대로 나만의 목회를 "좋은 어머니 품"이라는 이미지를 남기고 떠나는 것이라 정의하고 싶다.

갓난 아이들은 충분한 엄마의 젖과 충분한 관심의 눈빛과 따스한 품을 경험하면서 자신의 요구와 생각과 감정이 최고라는 경험을 하게 되면 자신의 존재를 느끼고 자신의 이야기를 당당하게 두려움 없이 써 나갈 수 있게 되는 것이다. 대상관계 심리학자인 위니컷은 바로 "이것이 내가 원했던 것이다."라는 경험은 "내가 이것을 창조했다."는 경험으로 변한다고 말한다. 나는 20대 젊은 장병들에게서 왜곡된 자기 확신 속에 하루하루를 어쩔 수 없이 생존하고 있는 생의 음조가 어둡고 기가 죽은 인생 이야기들을 들었다. 그리고 간부들과 가족들 안에서도 성공과 성취 중심의 사고에서 헤어 나오지 못하는 모습들을 바라보면서 나는 이 군 공동체 안에서 "목사는 받아 주는 자요, 들어 주는 자요, 함께 이야기하고 싶은 이미지"로 상호작용을 하고 싶다.

무적 태풍부대와 교회에서 3개월이 지나갔다. 내가 누구인지, 내가 어떤 목회를 하고 싶어 하는지, 내가 어떤 프로그램을 진행하여 목회의 영향력을 보이고 싶은 욕구가 있다. 하지만 이것 자체가 보여지는 것으로 평가받고 싶어 하는 세상의 가치관이 아닐까 생각하면서 서두르지 말고 그렇다고 쉬지 않는 모습 그대로 보여주면서 나만의 창조적 목회 이야기를 써 나가고 싶다. 하나님께서 주시는 영감과 지혜를 신뢰하면서 말이다. 기대가 된다.

도움 주기

"아름다운 세상을 위하여"라는 영화가 있다. 지난 병영 카운슬러 교육 중에 군종병들과 함께 관람했던 휴먼 드라마이다. 열두 살 소년이 사회 선생님으로부터 "아름다운 세상을 위하여 할 수 있는 일이 무엇일까?" 하는 과제를 받고 '도움 주기'라는 방법을 소개한다. 소년의 도움 주기가 가정과 사회에 영향을 끼치는 희망과 잔잔한 감동이 있는 영화이다. 알코올 중독에 걸린 엄마. 엄마와 같은 병을 앓고 있는 할머니, 그리고 자신에게 과제를 내 준 선생님의 억눌렸던 과거의 상처들까지도 사랑으로 풀어가는 내용이다. 영화를 감상한 한 병사의 소감문이다.

"박노해 시인의 '사람만이 해답이다.'라는 말이 생각난다. 결국 세상을 바꾸는 것도 망치는 것도 사람이기에 우리는 사람에게서 해답을 얻어야 한다. 그 사람이 아주 보잘 것 없고, 능력이 없어 보일지라도 설사 가장 실패한 사람처럼 보여도 끝까지 믿어주고 받아 주는 사람이 있다면 그 한 사람으로 인해 어떤 일이 일어날지 모르는 것이다. 병영 카운슬러로 거창하게 생각할 필요 없이 상처 입지 않은 인생이 없기에 나는 우선 멀리서 찾지 않고, 내가 속한 내무실 후임병들부터 돌아보아야겠다. 힘들어하는 세 명의 모습이 떠오른다."

사람들은 진지한 대화를 나누기가 어려운 것 같다. 특별히 군 사회는 더더욱 어려운 것 같다. 목사이지만 군복을 입었기에 말하기 어려운 것들이 참 많다. 저 사람은 나보다 군 조직에 대해서는 더 많이 알고 있는데 그에게 무엇을 말해 줄 수 있을까? 이야기를 하고 싶어도 위축되어 분명한 자신의 이야기를 하기가 어렵다. 뿐만 아니라, 자신의 뜻대로 되지 않아 실의에 빠져 있는 사람들에게 내가 저 사람을 어떻게 위로해 줄 수 있단 말인가? 때로 다른 사람을 도울 수 있는 위치와 영향력에 있으면서도 내 문제만으로도 힘들어 죽겠는데 어떻게 다른 사람을 도울 수 있단 말인가? 이런 생각들이 우리의 깊이 있는 만남을 제한하는 것 같다.

생각해 보자. 우리의 삶 속에서 나에게 가장 많은 영향을 주었던 사람은 누구였는가? 나이 많은 사람이 아닐 것이다. 나보다 학식과 경험과 자신감을 소유한 사람도 아니었다. 신앙이 좋다고 하는 사람도 아니었다. 가만히 돌이켜 보면 나에게 가장 큰 도움이 되어 준 사람은 눈을 맞추고 내 이야기를 들어 주고 내 곁에 함께 있어 주었던 사람이었다. 도움을 준다는 것은 성급한 문제 해결이 아니다. 영향력을 발휘해 당장 필요한 조치를 해 주는 것만이 도움의 전부가 아니다. 그저 나에게는 이야기를 들어 주고 나와 함께 있어 주고 나와 함께 동행해 주는 사람이 필요했다. "내가 너의 마음을 안다."라고 하는 마음이 필요했던 것이다.

군종 목사로서의 특권이 무엇인가? 내가 군복을 입었기에 가까이 다가가서 장병들의 이야기를 들을 수 있다는 것이다. 선임병들과 간부들의 특권이 무엇인가? 내가 다른 사람의 이야기를 들어 줄 수 있는 자리에 있다는 것이다. 주님은 우리의 마음의 소리를 들으시는 분이시다. 사람들에게 하지 못하는 이야기를 주님은 아주 관심을 가지시고 끝까지 들어 주시는 분이시다. 이야기를 듣는 중에 "너는 왜 그랬니?" "너 참 이상한 아이구나" 하는 눈빛을 보내지 않고, 나의 연약함과 허전함을 함께 느끼시면서 내 이야기를 들어 주시는 분이시다.

주님은 나의 기도에 바로 응답을 해 주시는 분은 아니셨다. 때로 삶의 환경이 너무나 내 뜻대로 되지 않아 '정말 주님은 살아계신가?' 하는 의문을 갖게도 된다. 그러나 분명한 것은 주님은 내 마음을 아시는 분이시고, 나의 고통을 대신 짊어지시고, 내 슬픔을 있는 그대로 받아 주셨던 분이시다. 그러기에 신앙생활이란 주님과의 개인적, 인격적 만남을 전제로 한다. 주님과의 영적인 교제가 없이 신앙생활을 한다는 것은 우리를 공허하게 한다. 신앙생활은 나를 진정으로 사랑해 주는 대상과의 깊이 있는 만남이다. 주님은 자신을 문이라 말씀하셨다. 생명의 문이신 주님 안에 들어와야 보호하심과 함께 하심과 아버지의 품안에 거하는 자유함을 경험할 수 있다.

그렇다면 보이지 않는 주님을 우리가 어떻게 만날 수 있을까? 그것은 주님을 믿는 그리스도인들이 그리스도의 마음으로 슬픔과 답답함과 절망 가운데 있는 사람들의 이야기를 들어 주는 그 만남 속에 주님을 만날 수 있게 되는 것이다. "두 세 사람이 내 이름으로 모인 곳에 나도 그들 중에 있느니라." 하신 말씀처럼 말이다. 한 주간 주변의 형제들의 이야기에 귀를 기울여 보자. 혹한기 훈련을 준비하는 가운데 긴장과 두려움에 가득 차 있는 훈련 경험이 없는 이등병의 이야기를 귀 기울여 들어 보자. 나는 무슨 일을 해도 되는 일이 없다고 답답해하고 있는 병사들의 이야기를 들어 보자. 남들이 보기에 자그마한 부상이지만, 나에게는 내 인생이 좌우될 것 같은 너무 큰 문제라는 부담을 갖고 있는 환자들의 이야기를 들어 보자. 겉으로 항상 웃고 자신감 있어 보이지만, 마음속에 울고, 외로워하고 있는 사람들의 이야기를 들어 보자. 이야기를 들어 주는 것, 즉 내가 너에게 관심이 있다는 것을 보여 주는 것은 곧 주님께서 너에게 관심 있다는 것을 보여 주는 것이다. 한 주간 도움 주기를 실천해 보자.

4장

가슴이 따뜻한
상담자가 되고 싶다

"너희를 핍박하는 자를 축복하라.
축복하고 저주하지 말라.
즐거워하는 자들로 즐거워하고
우는 자들로 함께 울라."

(로마서 12:14-15)

안아 주기

군대 목회를 하면서 병사들이 겪는 번민을 피부로 느끼면서 이들에게 종교와 어떤 신념 이상의 무엇을 주고 싶은 마음이 생겼다. 청년기에 발달되어야 할 친밀감의 경험이었다. 어느 날 나의 군종 사역 가운데 '안아 주기'라는 너무 소중한 사랑의 표현을 깨닫게 되었다.

내가 근무하고 있는 부대는 서울 하늘을 지키는 부대이다. 수십여 곳에 흩어져 있는 장병들을 얼굴과 얼굴을 맞대고 만나기는 시간적으로 제한되어 있다. 그래서 '어떻게 하면 이들과 첫 번째 만남을 가슴으로 만날 수 있을까?' 고민하게 되었다. 매주 10여 명의 장병들이 자대 배치를 받아 대기하는 기간에 첫 만남이 이루어진다. 먼저 장병들을 앞으로 다 나오게 하여 이제까지 그 누구에게도 하기 힘들었던 마음속 이야기를 듣는다. 다음과 같은 몇 가지의 질문을 한다.

> 첫째, 다른 사람은 나를 어떻게 바라보는가? 그렇다면 나는 나를 어떤 사람이라 생각하고 있는가?
>
> 둘째, 이제까지 살아오면서 가장 행복했던 시간은 언제인가?
>
> 셋째, 가장 슬펐던 시간은 언제였고, 그때의 느낌은 어떠하였는가?
>
> 넷째, 다른 사람이 알지 못하는 나만의 두려움은 무엇인가?
>
> 다섯째, 아버지 하면 생각나는 것과 아버지 앞에 있다면 하고 싶은 말은 무엇인가?

이런 질문에 대해 한 사람씩 발표하게 한다. 짧은 대화와 발표의 내용이지만 이러한 이야기를 진지하게 해 본 경험이 없는 장병들이 대부분이다. 발표의 내용을 듣다 보면 역기능적인 가정환경으로 인해 형성된 낮은 자존감과 열등감, 두려움, 불안, 내재된 분노 등 해결되어야 할 정신적 문제를 가진 장병들을 보게 된다. 누군가에게 '나는 이런 사람이다.' 라고 말할 수 있는 관계가 형성이 안 되었던 것이다. 이들에게 나의 속마음을 누군가에게 보이고 싶다는 갈증이 있었다. 정말 나 자신의 모든 깊은 비밀과 나의 내면의 세계를 깊이 열어 보여 줄 수 있을 만큼 신뢰할 수 있는 사람이 있었으면 하는 강력한 욕구가 있었던 것이다.

발표가 끝난 후 "당신은 사랑 받기 위해 태어난 사람"이라는 문구가 쓰여진 작은 손수건과 볼펜, 메모지, 장병들에게 제일 친밀한 간식인 초코파이, 그리고 목사의 명함이 담긴 선물을 주면서 한 사람씩 안아 주고 있다. 그리고 목사에게 아버지에게 하고 싶은 말을 귓속말로 하게 한다.

"아버지 사랑합니다. 아버지 감사합니다. 아버지 죄송합니다. 아버지 건강하십시오."

이런 말을 장병들이 때로 눈물과 함께 고백한다. 참으로 마음이 따뜻해지는 시간이다. 안아 준다는 것은 우리가 사랑을 표현할 수 있는 가장 완전한 방법이라 믿고 있다. 안아 준다는 것은 누군가를 인정한다는 것이고, 있는 그대로의 너를 인정한다는 것을 의미한다. 안아 주는 것은 세상 어디서나 어떤 언어를 사용하던 그대로 이해되는 사랑의 표현이다. 게다가 누군가를 가만히 안아 주는 데는 특별한 장비나 건전지 혹은 부품이 필요하지 않다. 먼저 우리의 팔을 벌리고 당신의 마음만 열기만 하면 된다.

장병들에게 안아 주기를 마친 후에 "당신은 사랑 받기 위해 태어난 소중한 존재"라는 메시지를 전하고 있다. 또한 나누어 준 작은 메모지 안에 마음의 편지를 짧게 기록하게 하여 다음 만남을 준비한다. 사실 목사인 나에게도 정말 내 말을 들어 줄 대상이 필요하다. 있는 그대로의 나를 인정해 주고 받아 주고 용납해 주는 그런 존재말이다. 나도 사람들의 아픔을 듣는 일에 익숙했지만 정말 내 안에 있는 연약함을 받아주고 두려워 떨고 있는 내 안에 있는 작은아이를 안아 주는 그런 아버지가 더 필요하다.

젊은 병사들을 매주일 안아 주고 있지만 나도 진정한 아버지에게 더욱 안기고 싶었다. 나에게 변하지 않은 용서와 사랑을 베풀 수 있는 그러한 아버지, 내 속 사람을 변함없이 환영해 줄 그 따뜻한 품이 그립다. 진정한 아버지 품에 정말 따뜻하게 안기고 싶다. 내 영혼이 그 분의 사랑을 갈망한다. 목마른 사슴이 시냇물을 찾는 그 갈증으로 말이다. 진정한 아버지와의 만남으로 그 갈증은 해결되리라 믿는다.

선물 이야기(I)

　군목 사역의 시간들이 지나면서 장병들의 기억 속에 좋은 그림으로 남아 있을 만한 질적인 만남을 만들 수 없을까? 그때 나에게 다가온 번쩍이는 아이디어가 있었다. 선물이었다. 이 작은 선물에 "나는 여러분들을 기억합니다."라는 마음을 담고 싶었다. GOP 철책에서 밤과 낮이 바뀌어 근무하고 있는 장병들의 지친 모습들을 보면서 그들의 땀을 직접 닦아줄 수는 없지만 '당신은 사랑받기 위해 태어난 사람'이란 문구가 쓰여 있는 작은 수건, 서로에게 마음의 대화를 나눌 수 있는 메모지, 그리고 볼펜, 그리고 먹어도 먹어도 정답게만 느껴지는 초코파이를 목사의 명함을 넣어 함께 나누면서 장병들을 위로하고 싶었다.

　아마 5-6년 이상 이 선물 세트는 내 목회 사역에 친근한 마스코트가 되었다. 시간이 지난 지금도 이전에 사역했던 부대에서 이 선물 세트를 사용한다는 것을 들었을 때 흐뭇한 느낌을 숨길 수 없었다. 지금도 처음 들어오는 이등병들에게 변함없이 이 선물 세트를 한 송이의 장미꽃과 함께 나누어 주고 있다. 전방에서 소초 형제들에게 파리채, 쥐 잡는 끈끈이, 편지지, 과자 봉지(임관 후 부족한 나에게 과자를 후원하시는 동역자분의 도움으로 지금까지 후원을 받고 있음), 재봉틀을 들고 오버로크를 쳐 주었던 일, 서울 하늘을 지키는 형제(한 진지에 여러 명이 생활하고 있음)들에게 성탄 축하 케이크를 나누었던 일, 그리고 커피 잔, 그리고 2000여 개의 컵에 부활절 계란을 포장하며 부활의 기쁨을 나누었던 일, 그리고 목사가 장병들에게 정말 전하고 싶은 메시지가 담겨있는 책들을 보내었을 때 장병들이 보내온 감사와 눈물의 편지들, 이 모든 것이 나에게 너무나 소중한 기억들이다. 그 값진 시간들을 마음 깊숙이 간직할 것이다.

그러나 이 선물들은 내가 준 선물이 아니라 지금도 여러분을 위해 기도하고 후원하고 있는 한국 교회 모든 성도들의 사랑의 선물이다. 오늘 또 한 번의 안산제일교회 식구들과 질적인 시간들을 갖기를 기대해 본다. 장병들을 사랑하는 마음으로 찾아오는 귀한 손님들은 무엇을 가지고 오실까?

선물 이야기(2)

사랑하는 사람에게 줄 수 있는 최고의 선물은 "너는 정말 중요한 사람이야." 하는 느낌일 것이다. 갓난아이의 얼굴을 보면서 흐뭇해 하시는 어머니의 얼굴이 마음의 그림 속에 떠오를 수 있다면, 그리고 그것을 느낄 수 있다면 지금 더 행복한 순간을 경험할 것이다. 그 때 "네가 있음으로 인해 나는 기쁘다."고 하는 존재에 대한 받아들임을 경험한 것이다. 지난 주 안산제일교회의 위문으로 「해피 버스데이」라는 책을 이발기와 함께 선물로 받았다.

이 책은 "넌 태어나지 말았어야 했어."라는 말에서 "태어나길 잘 했어, 해피 버스 데이"란 말로 끝나는 가슴 뭉클한 동화이다. 소녀의 아픔은 존재가 받아들여지지 않는 상처였다. 어린이 주일을 맞이하면서 우리 아이들에게 줄 수 있는 최고의 선물이 무엇일까? 아마도 아이들의 존재를 받아 주는 것이다. 그들에게 받아들임이란 아이들의 이야기를 끝까지 들어 주는 것이다. 아이들이 오늘 서운했던 마음, 화가 난 마음, 슬픈 마음들을 그대로 들어 주고 또 읽어 주어 아이들에게 힘이 되는 말을 해 줄 수 있다면 그것이 바로 값진 선물일 것이다.

나는 몇 해 전부터 매주 수요일은 아들과 함께 자는 날로 약속하고 어김없이 5학년까지는 아들과 함께 잠자리를 같이 했다. 그러면서 마음 속 이야기를 나눈다. 학교에서 있었던 일, 아빠, 엄마에게 서운했던 일 등을 듣다 보면 아이의 마음이 부드러워지는 것을 느끼곤 한다. 지난 주 나는 참으로 가슴 벅찬 칭찬을 받았다.

" 목사님은 아이에게 지워지지 않는 최고의 선물을 주신 것입니다."

아이가 몇 년 후에 사춘기가 될 것이다. 그때 가면 하나님께서 필요한 생각과 마음과 적절한 말을 허락해 주실 것이다.

P.S : 현재 중학생이 된 아들은 사춘기를 쉽지 않게 보내고 있는 것 같다. 그러나 아빠와의 이야기의 시간을 통해서 풀어나 가고 있다. 하나님의 기쁨이 되는 아들이 되기를 기도한다.

상담자 교육을 마치고

지난주에 각 창 행정과장들과 함께 했던 시간 속에 느꼈던 소감문이다. 즐거움은 나눌수록 커지는 것 같다. 우리 모두의 기쁨이기를 원한다.

"흥미롭고, 적극적이고, 능동적으로… 많은 것들을 이해하고, 배우고, 나 자신과 남을 알아간다는 등… 행복과 성취감에 가슴을 적셨다."(3창)

"자기 소개하기부터 인생 그래프 등의 교육을 받았을 때에는 그동안 아무에게도 말하지 못했던 제 과거를 말할 수 있어서 쌓였던 무엇인가가 후련해지는 느낌도 받았고, 이런 기법 등을 통해 부대에서 생길 수도 있는 자살 사고도 막을 수 있겠구나 하는 생각이 들었습니다."(2창)

"비록 10명의 인원이었지만, 오히려 서로 간에 "마음속의 대화"를 이어가며, '아 이런 것이 우리 병사들에게 필요한 것이구나.' 라는 생각이 들었습니다."(6창)

"그동안 제 안에 쌓여 있던 응어리를 조금이나마 풀 수 있는 기회가 된 것 같습니다."(11창)

"이번 교육을 통해 '나' 자신을 다시 한 번 돌이켜 보는 계기가 되었고, 부대에 복귀해서 병사나 간부들과 대화와 면담 시에 어떻게 기법을 활용해야 하는 것을 조금이나마 알게 되어 기쁘고 교육 내용을 중대장들에게 접촉시킬 수 있도록 하겠습니다."(1창)

"금번 교육은 수많은 병사와 간부들의 관리에 최선두에 근무하는 행정과장으로서 상담 기법을 잘 몰라 상담하는 중 애로 사항이 많이 있었는데 이번 기회를 통해 말끔히 해소되었습니다. 예하 중대 간부들에게도 전파하여 부대 관리에 만전을 기하도록 하겠습니다."(5창)

"나 자신 스스로 되돌아보는 계기가 되었습니다."(8창)

"자신의 내면에 있는 지난 날 감추어진 기억과 현재의 위치를 보면서 나도 모르는 자신의 내면을 직시할 수 있는 소중한 기회가 되었고 내 기질을 또한 알 수 있었습니다."(9창)

한 사람을 깊이 있게 바라보면 너무나 소중하다는 것을 깨닫게 될 것이다. 누군가를 도울 수 있는 위치에 있다는 것은 더욱 우리 인생을 풍성하게 하는 하나님의 축복이라 믿는다. 서로에게 열린 마음으로 다가가 깊이 있는 만남의 시간들이 되기를 기대한다.

가슴이 따뜻한 상담자가 되고 싶다

지난주에 1박 2일 동안 고충 상담원 교육을 실시했다. 상담자에게 필요한 감수성 훈련, 의사소통 훈련, 상담자의 자기 인식을 위한 성격 검사, 치유와 성장을 위한 "아름다운 세상을 위하여" 영화 감상 등으로 프로그램을 진행하였다. 업무라 생각하지 않고, 병사들과의 좋은 만남이라 생각되었기에 편안한 마음으로 맞이할 수 있었다. 한 병사의 소감문이다.

> "내가 상담원으로 임명받았을 때 '내가 누구를 상담해야 하나?', '어떻게 상담하고 말해 주어야 하나?', '내가 정말 그 고충을 해결할 수 있을까?', '그들이 정말 나를 믿어줄까?' 하는 고민을 했다. 하지만 이곳에서 마음을 열고, 내가 무의식적으로 가지고 있던 생각과 마음을 토해 내는 시간들 속에서 내 자신부터 용서하는 시간이 되었다. 더 나아가 내가 누구인지, 사람은 얼마나 위대하고 존엄하고 가치 있는 존재인지 깨닫게 되어 너무 즐겁고 보람되었던 시간들이었다."

또 한 병사는 자신의 위치를 만능수리공으로 생각했다고 한다. 그러나 교육을 통해서 어색했던 만능수리공의 옷을 벗어도 될 것 같다는 말을 했다. 단지 고통당하고 있는 병사들의 마음을 함께 느껴 주고 함께 아파해 주는 가슴이 필요하다는 것을 깨닫게 되었던 것이다. 그렇다. 생각이 아니라 느낌이다. 이성이 아니라 가슴이다.

주님은 우리를 결코 이성적으로 대하지 않으셨다. 장이 끊어질 듯한 불쌍히 여기시는 사랑으로 우리를 대해 주셨다. 위장하고 포장된 모습을 벗어버리고 주님 앞에 나아가자. 그리고 주님 앞에서 내 모든 아픔과 상처를 토해내자. 그분 앞에서 자존심을 내려놓자. 그리고 다정하게 말씀하시는 온전한 치유자요 상담자 되신 주님의 음성에 귀기울여 보자. 주님의 음성을 들은 사람은 주님의 마음을 닮은 사람이 되고 싶은 소망을 품게 될 것이다.

아직도 내 안에 연약하고 부족함이 있지만 주님이 내 안에 계시기 때문에 내 이웃 형제의 마음을 함께 느낄 수 있게 된다. 마음의 소리를 들어주는 고충 상담원이 되도록 하자. 우리 모두가 서로의 마음을 읽어 주고 들어 주는 동료 상담자가 되기를 소망한다. 진심으로 부대원들을 가슴으로 품겠다고 다짐하며 복귀하는 형제들의 뒷모습을 바라보면서 느꼈던 뿌듯함이 잠자리에 드는 순간까지 계속되었다. 한 주간도 행복할 것 같다.

군종병 교육

"오늘 교육은 정말 '무엇무엇'을 했다고 딱 부러지게 설명하기 어렵다. 하지만, '아 ―오호!'라고 감탄을 수없이 연발하였다. 편안하고 차분한 가운데 교육을 받아서인지 교육이라기보다는 나 한 사람이 심리적으로 치료받은 기분이 들었다. 이 기분은 병원에서 의사와 하는 그런 딱딱한 검사가 아닌 어린아이가 엄마에게 혼이 나고 할머니 품에 안겨 울면서 어리광을 부릴 때 누리는 편안함 같은 것이었다. 교육 중에 많은 대화 그리고 이야기를 들으면서 자연스럽게 배울 수 있어 형식적인 틀에서 배웠다면 놓쳐 버렸을 법한 부분들로 빠지지 않고 배울 수 있었던 것 같다. 물론 오늘 하루의 교육이 고충 상담원으로서 가시적인 큰일을 해낼 것이란 생각은 하지 않지만 사람을 대할 때 자연스럽게 다가가고 포용한다는 것이 어떤 것이지 잘 알았기 때문에, 맡은 내 일은 물론이고 전역 후 사회생활에 있어서 친밀감 있는 사람이 될 수 있을 것 같다는 기대도 해보게 되었다."

이상은 불교 군종병의 소감문이다. 다음은 기독교 군종병의 소감문이다.

"우연이었는지 하나님의 계획하심이었는지 목사님의 교육을 받게 되었습니다. 사실 작년에 탄약창 성가대회 때 처음 뵙고는 '꼭 한 번 다시 뵈어서 말씀을 듣고 싶다.'라고 생각했는데 이러한 기회가 주어짐은 정말 하나님의 뜻이 아닐까 싶습니다. 사실 저는 스스로 생각하기에도 무척 자존감이 낮은 편인데요, 특히 군대에서 조직 생활을 하면서 더욱 뼈저리게 느끼곤 했습니다. 고참들의 표정이나 말투, 사소한 행동이나 태도에도 괜히 긴장하고 눈치를 살피게 되는 제 자신이 싫었음에도 바꿀 용기가 없었는지 의지가 없었는지 그저 순응된 삶을 살아온 것 같네요. 하지만 역시 중요한 것은 자기 사랑이라는 것을 느끼게 됩니다. 자신을 사랑하지 않는다면 아무도 나를 채울 수 없고, 따라서 나 자신이 누군가를 채울 수도 없겠지요. 자기부인이나 자기희생 역시 스스로의 소중한 존재 가치를 인식하고 난 후에 이루어져야 진정한 부인이고 희생이라 생각이 되네요. 하나님께서 인간을 불완전하고 연약한 존재로 만드셨지만 동시에 그 덕분에 우리 인간을 교만함과 자기중심성에서 벗어나 하나님의 사랑을 필요로 하게 되고, 자신의 약함을 깨달으며 하나님의 위대하심도 알게 되는 것 같습니다. 저 역시 자신의 소심한 성격을 수용하고 인정하여 오히려 그것을 겸손과 희생이라는 미덕으로 새롭게 전환시켜야겠다는 생각을 이번 교육을 통해서 해 보았습니다. 비록 짧은 시간이었지만 참으로 값진 교육이었다고 생각합니다. 가르침 감사하구요, 기회가 있으면 꼭 연락할 수 있으면 좋겠습니다."

다른 종교를 가지고 있는 병사들이 군대에서 이러한 공식적인 교육을 통해서 복음의 직접적인 전달은 듣지 못해도 '복음을 가슴으로 느끼는 좋은 기회'가 되었으리라 확신한다. 이러한 많은 장병들을 만날 수 있는 것은 군 선교 현장의 특권이요, 하나님이 이 시대에 이

민족에게 주신 은혜의 선물임에 틀림없다. 이러한 군 선교 현장에
우리를 중심에 세워 주신 하나님께 감사와 찬양을 올려드리자.

5분 이야기

새해부터 구역 및 중대별 주관으로 저녁 예배를 드리고 있다. 대표 기도와 찬양과 5분 이야기로 가족들과 신우들이 예배에 참여하고 있다. 특별히 영혼을 돌보는 목사로서 주님과의 만남으로 치유와 회복과 성장과 사명에 대한 짧지만 깊이 있는 5분 이야기를 들을 때 흐뭇한 마음을 갖게 된다. 사실 개인적인 삶속에서 주님과 관련된 이야기는 설교보다도 효과적인 것 같다. 왜냐하면 목사들은 월급 받고 일하는 세일즈맨이라는 인상을 갖게 되지만 이야기를 하는 사람은 그 제품을 써 보고 만족해하는 고객이 소개하는 것 같아 공감하기 쉽고 오래 기억에 남는 것 같다.

가끔 설교 시간이나 성장 클럽 모임에서 질문한 것이 있다.

'이제까지의 내 인생의 이야기를 가지고 영화나 책으로 만든다면 제목을 어떻게 붙일 수 있을까?'

그러나 이제까지 대부분의 우리들 이야기는 '아쉬움, 슬픔, 외로움, 억울함'으로 표현되는 아직 '못 다 핀 꽃 한 송이'와 같은 제목 같지만, 자신의 인생 가운데 주님을 만나 '향기 나는 꽃'으로 새롭게 이야기를 써 나가고 싶다고 하는 형제들의 제 2막 이야기를 듣고 싶다. 이제까지 내가 들은 이야기 중에 한 사람도 똑같은 이야기가 없었다. 각 사람마다 이야기의 내용이 다르다는 것은 곧 나만의 이야기가 존재한다는 것이다. 마찬가지로 앞으로 써 나가야 할 이야기도 나만의 이야기로 쓰여지게 될 것이다. 이제까지의 이야기를 바꿀 수도 잊어버릴 수도 없다. 그렇다. 이것이 내 이야기이다. 그렇다면 이제 새롭게 나 자신만의 이야기를 써 나가야 한다.

나는 여러분의 이야기를 새롭게 써 나갈 수 있도록 돕는 자의 역할을 하고 싶다. 여러분의 이야기를 듣고 싶다.

주님을 몰랐을 때, 주님을 만나지 못했을 때의 내 모습은 어떠했는가?

주님이 나를 어떻게 변화시키셨는가?

나는 주님을 위해 무엇을 하며 살아갈 것인지?

내 사명과 내 삶의 목적 그리고 의미는 무엇인지?

젊은 형제들의 꾸미지 않은 진솔한 고백을 듣고 싶다. 우리의 이야기를 통해서 사람들이 주님께 나아갈 수 있는 다리 역할을 할 수 있다면 우리는 분명 목적이 이끄는 삶을 살아가는 사람이 되는 것이다. 저녁 예배 시간이 기다려진다. 사령탑교회는 이야기할 내용이 풍성한 교회라 자랑하고 싶다.

단 한번의 만남

　최근 군종 활동의 영역이 공식화되는 프로그램들이 몇 가지 표면화되면서 바쁜 스케줄 속에 군종 목사의 사역이 전개되고 있다. 비전 캠프, 분대장 리더십 교육, 이등병 휴가 출발 전 교육, 전입 신병(보충병) 교육 등 이제는 선택이 아닌 필수로 해야 하는 군목 사역 중에 하나가 된 것이다. 군복을 입고 있는 목사로서 이제 적응될 때도 되었는데 지시와 명령에 의해서 내가 움직여야 된다는 것이 솔직히 아직도 부담스럽다. 목사로서 내가 누군가에게 영향을 주는 사람으로 살아야 한다는 얄팍한 자존심이라 할까? 하지만 나는 이것을 군대 명령에 의해서 해야 하는 의무라 생각하지 않을 것이다. 내가 좋아해서 선택한 일이라 생각할 것이다. 내가 젊은 장병들을 만날수 있는 공식적인 기회를 주신 하나님께 감사드린다. 종파를 넘어서 모든 장병들과의 만남이 내 입술로는 그리스도를 소개하지 않아도 내 안에 있는 그리스도를 보여 주고 느끼게 하는 내 사명의 가장 중요한 접촉점이라 생각한다. 복음의 삶이란 나를 통해서 그리스도가 읽혀지고 보이고 느껴지는 삶이라 믿는다.

　지난 한 주간 23명의 비전 캠프에 참여한 병사들, 그리고 보충대에서 37명의 병사들과의 짧지만 의미 있는 만남들을 가질 수 있도록 기회를 주신 하나님께 감사를 드린다. 보충대에서 한 시간 만난 병사의 짧은 고백이다.

"정말이지 오늘 말씀 너무 감사했습니다. 목사님의 말씀에 제 마음속에 어두웠던 무엇인가를 벗겨내는 듯한 그런 느낌을 받았습니다. 저도 이제 내 안의 나를 사랑하면서 그동안 저를 덮어두고 있었던 검은 천을 벗어던지고 밝은 태양만을 바라볼 수 있는 아름다운 제 자신을 만들어가겠습니다. 저는 무교라 왜 교회를 다니는지 이해를 못했는데 이제야 깨달은 것 같습니다. 교회에서 목사님들의 좋은 말씀을 듣고 기도를 드리며 아름다운 자기 자신의 모습을 만들어갈 수 있다는 것을 깨달았습니다. 그래서 제 군번줄에 걸려 있는, 무의미하게 달려 있던 십자가가 오늘 따라 다르게 보였습니다. 저를 이렇게 좋은 길로 인도해 주신 목사님께 감사하고 제가 앞으로 자대에 가서도 꼭 한 번 다시 보고 좋은 말씀 들을 수 있게 되기를 기도합니다."

가끔은 이런 생각을 한다. 한 시간 동안 보여진 나의 모습과 한 마디의 말을 통해서 젊은 형제들이 존재의 의미를 깨닫고 자신을 사랑해야겠다고 말하는 그들의 고백을 들을 때마다 "그래 단 한 번의 만남이 인생을 좌우할 수 있을 만큼의 중요한 것이구나!" 하는 것을 새삼 느끼게 된다. 군대의 특징 중에 하나는 짧은 만남이다. 만나자마자 헤어지는 이별 연습을 많이 해야 하는 군대이지만 우리에게 참으로 많은 만남을 허락해 주신 하나님께 감사하자.

그리고 단 몇 번의 짧은 만남이지만 서로의 존재에 힘을 실어 주고 저마다의 다양한 감정들을 함께 나눌 수 있는 질적인 만남을 기대해 보자. 무엇보다 우리를 행복하게 하는 것은 따뜻하고 만나면 즐거운 만남일 것이다. 가만히 성경에 나타난 주님의 사역을 보면 대부분 한 번의 만남으로 사람들이 삶의 기쁨을 회복하고 구원을 얻은 것을 알 수 있다. 분명 나는 예수님이 아니다. 그러나 내 안에 예수님이 계신다. 그리고 우리의 만남 속에서도 살아계심을 확신한다. 한 주간 살아계신 주님께서 한 번의 만남을 축복하시고 선하게 인도하실 줄로 믿는다. 한 주간이 기대가 된다.

숨 쉬는 공간이 되고 싶다

며칠 전 수감자 심성 교육을 실시하였다. 군복을 입은 목사이기에 가능한 일이다. 나는 철장 밖에서 그들은 안에서 일방적으로 내 이야기를 들어야 하는 위치에 있다는 것이 어색하기도 하고 불편하기도 했다. 나는 문을 열고 들어가 그들과 둥그렇게 앉아 이야기를 시작했다.

'이곳에 들어올 것이라고는 생각지도 못했을 텐데 지금 여기 앉아 있는 마음은 어떠한가?'

'인생을 살아오면서 가장 힘들고 어려웠던 시간들은 언제였는가?'

갇혀 있는 곳이지만 그 순간만큼은 숨을 쉴 수 있는 시간으로 경험되기를 바랐다. 만약 내가 원치 않는 실수로 언젠가 이곳에 앉아 있을 때 목사로서 이런 곳에 앉아 있는 슬픔과 이제 모든 것이 끝난 것이 아닌가? 나의 표현하기 힘든 좌절감을 함께 느껴 줄 수 있는 사람이 있을까 하는 생각도 해 보았다. 내 실수도 용납해 줄 수 있는 사람, 이해해 주고 "당신의 삶은 끝난 것이 아닙니다." 하고 끝까지 나를 믿어줄 사람이 있을까? 정말 있을까? 주님은 이러한 내 마음을 아실까? 억울한 마음, 답답한 마음, 자신을 살필 수 있어서 오히려 힘이 되었다는 마음 저마다의 이야기들을 풀어놓을 때 쌓였던 깊은 한숨을 내쉬는듯한 느낌을 받게 되는 것 같다.

그렇다. 누군가에게 하소연할 수 있다는 것은 심리적 산소를 마시는 것과 같은 것이다. 숨을 쉴 수 없을 때 우울해지고 피곤해지고 답답하여 밖으로 뛰쳐나가는 것이다. 답답하면 이야기할 대상을 찾는다. 많은 현대인들은 그 대상을 컴퓨터에서, 술에서, 도박에서, 사랑 없는 섹스에서, 권력과 재물에서 답답함을 풀어나가고 있는 것이다. 한 번 생각해 보자. 정말 내 속에 있는 이야기를 부끄러움 없이 말할 수 있는 사람이 있는가? 있다면 정말 행복할 것이다. 그런데 그 이야기할 수 있는 대상은 나와 비슷한 사람이어야 편하게 말할 수 있다. 나와는 질적으로 다른 사람이라 생각한다면 깊은 내적인 하나 됨의 경험이 어려울 것이다. 자신의 삶을 완벽하게 꾸며 나가는 사람들은 부러움의 대상이 되지만 마음을 나눌 수 있는 대상은 되지 못할 것 같다. 그 사람 앞에서면 그렇게 살지 못하는 자신의 모습을 바라보면서 "내 모습은 왜 이 모양이지?" 하면서 더 깊은 절망의 한숨을 남몰래 쉴 것이다. 오히려 그 사람을 피하게 될 것이다. 주님 앞에 서면 우리는 어떠한 생각을 하게 되는가? 너무 완벽한 분이시기에 두렵고 떨리는 마음이 앞서는가? 아니면 집 나가 몰골이 상하여 지치고 돌아오는 아들을 반가이 환영해 주고 안아 주시는 주님의 따스함이 느껴지는가? 주님은 온전한 사람이셨기에 나의 연약함과 슬픔과 아픔을 이해하실 수 있는 분이다. 그래서 나를 이해하시고 받아 주시는 분이시다.

사실 성직자인 나는 여러분들과 생각하는 것과 느끼는 것과 행동하는 것이 다를 바 없다. 매 순간 만 가지 생각들이 내 뇌리를 스쳐 지나간다. 그래서 한 가지 소망이 있다면 연약하기에 더욱 주님을 신뢰하고 주님을 사랑하는 존재로 살아가고 싶다. 그리고 순간순간 주님과 대화하는 삶을 살고 싶다.

"주님, 지금 내게 다가온 생각이 주님의 생각입니까?"

분명 내가 물어보면 주님은 말씀하실 것이다.

"네가 정말 원하는 것이 무엇이니?"

"그것은 내 생각이 아닌 것 같다."

이처럼 부드럽게 말씀하실 것이다. 주님은 우리를 사랑하셨기에 눈높이 교육을 하셨다. 우리가 하나님을 볼 수 있도록, 손으로 만질 수 있도록, 하나님과 대화할 수 있도록 친절하게 가르쳐 주시고, 십자가에서 죽으심으로 직접 보여 주셨다.

"내가 이 만큼 너희를 사랑한다."

우리는 한 존재를 세우는 위치에 있다. 나의 다정한 말 한마디가 한 사람으로 하여금 자신의 존재 가치를 새롭게 깨닫게 하는 복음의 도구로 사용되어질 수 있다고 믿는다. 한 주간 기도하자.

"주님! 우리 입술에 성령의 기름을 부으셔서 나로 생명을 살리는 자 되게 하소서."

세례식 이야기(1)

사단 군종 목사의 중요하지만 힘든 사역 중에 하나는 신병 교육대 세례 사역을 감당하는 것이다. 훈련 주간이 5주간으로 줄어들면서 네 번의 예배 경험(주일 저녁 예배를 포함하여 8회)을 통해서 저들이 복음을 듣고, 결단하게 하고 세례를 받을 수 있도록 해야 하는 거룩한 부담을 안고 있다. 따라서 한 번 한 번의 예배 시간은 긴장이 감도는 영적 전투의 시간이라 할 수 있다. 나는 이들에게 준비된 원고 설교를 할 수가 없다. 원고를 볼 시간이 없다. 이들의 눈빛을 놓치는 것은 곧 생명을 놓치는 것과 같은 마음이 든다. 특별히 느낌이 오지 않으면 그 어떤 진리도 받아들이지 않는 포스트모던 시대를 살아가고 있는 신세대 젊은이들에게 감성이 있는 설교는 필수적인 것이라 할 수 있다. 한 번의 예배를 통하여 저들의 마음의 문이 열려 예수님에 대한 관심을 갖게 하고, 내가 얼마나 하나님의 사랑받을 만한 존재인지를 알고 믿게 하는 것은 마치 군인이 최후에 목숨을 걸고 싸우는 치열한 전쟁터에 나가는 심정으로 강단에 서야 하는 것이다.

나는 지난 몇 년 동안 한 인간의 치유와 변화 그리고 성숙의 관점으로 목회를 해 오고 있었다. 장병들의 이야기를 들어 주고 기다려 주는 것이 내 목회의 패러다임으로 자리잡아가면서 솔직히 신병들에게 원색적으로 복음을 증거하고 이들에게 세례를 베푸는 사역에 대해서 영적 감각이 무뎌진 것은 사실이었다. 그래서 외부 교회와 협력하여 세례를 베푸는 세례식과 신병 교육대 예배 시간이 매우 힘들고 부담스러운 사역이었다. 뿐만 아니라 열악한 음향 시설은 보이지 않는 장애물이었다. 그럼에도 불구하고 지난 몇 달간 부대와 교회 생활에 적응하기 위해 분주한 시간들을 보내면서 "하나님 저에게 감당할 수 있는 힘을 주십시오."라고 기도하고 있었다.

그런데 지난 몇 주 전에 굳어진 마음을 촉촉이 적시는 하나님의 손길을 경험하게 되었다. 어느 주일, 군종병 형제가 아직 공식적으로 보이기에는 쑥스러운 주보를 보여주면서 나에게 한 가지 제안을 했다.

"신병들 가운데에서 성가대도 준비했구요, 신우회서 기도 순서도 넣었구요, 그리고 헌금 시간도 준비되었는데, 드릴 수 있는 현금이 없기 때문에 헌금은 한 주간 감사와 기도의 제목을 써서 하나님께 드리겠습니다."

신병교육대 사역 속에 '어떻게 하면 영적으로 깨어 있는 예배를 드릴 수 있겠나?' 하는 생각을 하고 있었는데, 이런 내 마음을 알고 먼저 병사들이 함께 참여하는 예배를 제안한 군종 형제의 창조적 생각이 나에게 큰 위로와 힘이 되었다. 한 주간 동안 저들이 진솔하게 하나님께 감사를 드린 것과 기도의 제목들을 살피면서 중보 하는 마음이 일어나고, 때로는 온전히 준비되지 못한 저들의 특송이지만 기쁨으로 찬양을 드리는 모습을 들으면서 하나님이 주시는 새로운 은혜를 체험할 수 있었다. 환경을 넘어서는 한 사람의 헌신이 영적인 예배의 현장으로 변화시키는 은혜의 통로가 되었다. 어느 새 내 마음이 가벼워졌고, 부담이 아닌 하나님께서 내일 예배 가운데 어떠한 역사를 이루실까 하는 기대감이 올라온다. 믿음은 들음에서 나며 들음은 그리스도의 말씀으로 말미암아 오는 것이라 성경은 증거하셨는데, 종의 혀와 심장을 통해서 전하고자 하는 하나님의 사랑이 사랑하는 장병들의 마음 밭에 깊게 새겨지게 되기를 소망한다. 나를 이러한 복음의 최전선에 세워 주신 하나님께 오늘은 특별히 감사하고 싶어진다.

세례식 이야기(2)

2005년 신교대 세례식을 13번째 시행을 하였다. 한 회 한 회 세례식을 할 때 마다 복음이 가장 원색적으로 긴장감 있게 증거 되는 현장을 집례하는 목사로서 온몸으로 복음의 능력을 경험하게 된다. 1년 이상 세례식을 집례할 정도면 어느 정도 의식의 패턴 속에 익숙해질 수 있는 시간이 되었지만 시간이 지날수록 내가 복음을 증거하는 장병들이 나에게는 처음이요 마지막이라는 긴장을 늦추기가 어렵다. 나의 영적인 상태에 따라 수십 명의 생명이 운명을 달리할 수 있기 때문이다.

> "그런즉 누구든지 그리스도 안에 있으면 새로운 피조물이라. 이전 것은 지나갔으니 보라 새것이 되었도다."(고린도후서 5:17)

세례식을 인도할 때 시작하는 말씀 선포이다. '새것이 될 것 같다'는 것도 아니고, '될까 말까 하노라'도 아니고, 누구든지 그리스도 안에 있으면 새것이 되었다는 선언이다.

신병 교육대 사역을 하면서 매주일 새롭게 변하는 젊은 장병들을 바라보면서 유난히 성경에 기록된 말씀 중에 눈에 크게 들어오는 단어가 있었다. "누구든지"(고후 5:17), "모든 믿는 자에게"(롬 1:17),

"많은 사람을 위하여"(막 14:24), "모든 사람이"(롬 3:23)란 단어들이다. 이는 그 누구도 하나님의 사랑과 용서와 구원의 대상에서 예외일 수 없다는 사실이다. 성경은 예수님이 이 땅에 오신 목적에 대해 분명히 말씀하셨다.

> "인자가 온 것은 섬김을 받으려 함이 아니라 도리어 섬기려 하고 자기 목숨을 많은 사람의 대속물로 주려 함이니라."(마가복음 10:45)

예수님은 이 땅에 잃어버린 자를 찾아 구원하기 위해서 오셨다. 주님은 우리를 존중하고 섬기셨다는 것을 마지막까지 십자가에서 보여 주셨다. 주님은 한 사람 한 사람을 존중해 주셨다. 정신병으로 불리는 한 청년을 살리시기 위해 돼지 2000마리를 죽이시면서까지 한 존재를 회복시키셨다. 돼지 2000마리는 지금의 돈으로 약 4억원의 가치가 있다. 솔직히 영혼을 살리는 목회를 하고 있지만, 이미 세속의 가치관 속에 물들어버린 목사인 내 생각에도 돼지 2000마리와 정신 나간 한 사람을 바꾸고 싶지는 않을 것 같다. 오히려 이런 사람이 내 눈 앞에서 사라져야 공동체 질서가 잡히고 군 전체가 안정될 것이라 말하기도 했다. 한 명에게 쏟아야 할 관심을 열 명의 사람들에게 나누어 주어야 한다는 논리이다. 나는 이 논리를 반박하고 싶지 않다. 그러나 분명한 주님의 마음은 이 사람들보다 상처받고 연약한 바로 그 한 사람에 대해 애끓는 심정으로 그들을 만나셨고 회복시키셨고 그들을 위해 죽기까지 하셨다.

나는 비록 세상 속에서 나의 경험의 잣대로 가치 판단의 기준을 갖고 한 사람의 값을 매기는 교만한 위치에 있지만, 주님은 하나님의 아름다운 형상을 닮은 한 인격적 존재를 세상의 어느 것도 바꿀 수 없는 소중한 아들로 대해 주신다. 세례식을 집례하고 "너는 내 아들이라. 오늘 날 내가 너를 나았도다.", "사랑한다. 아들아 내가 너를 잘 아노라"를 부르면서 하나님의 자녀가 된 저들을 축복하면서 가슴 벅찬 새 생명의 탄생의 순간들을 경험하고 있다. 천하보다 귀한 한 생명이 새롭게 탄생하는 영적인 산부인과인 신병교육대교회에 새 생명의 기쁨의 울음소리가 더 크게 들려지기를 소망한다.

해피 버스 데이

이런 이야기가 있다. 상처를 입은 젊은 독수리들이 벼랑으로 모여들기 시작했다. 날기 시험에서 낙방한 독수리, 짝으로부터 따돌림 받은 독수리, 다른 독수리로부터 할큄 당한 독수리 등 가지각색의 상처를 받은 독수리들이었다. 그들은 이 세상에서 자기들만큼 상처가 심한 독수리는 없을 것이라고 생각했다. 그들은 사는 것이 죽느니만 못하다는 데 의견이 일치했다. 이때 망루에서 파수를 보고 있던 독수리 중의 영웅이 쏜살같이 내려와서 이들 앞에 섰다.

"왜 자살하려고 하느냐?"

"괴로워서요. 차라리 죽어버리는 것이 낫겠어요."

영웅 독수리가 말했다.

"나는 어떤가? 상처 하나 없을 것 같아? 그러나 이 몸을 봐라."

영웅 독수리가 날개를 펴자 여기저기 상흔이 나타났다.

"이건 날기 시험 때 솔가지에 찢겨 생긴 것이고, 이건 다른 독수리에게 할퀸 자국이다."

영웅 독수리가 다시 말했다.

"일어나 날자꾸나. 상처 없는 새들이란 이 세상에 나자마자 죽은 새들뿐이다. 살아가는 우리 가운데 상처 없는 새가 어디 있으랴!"

2000년 수방사 방공단에서 성탄을 준비하면서 서점을 방문한 적이 있다. 당시 사역이 내적 치유에 집중되면서 기독교적 색채가 나지 않으면서 모든 장병들과 숨 쉴 수 있는 책이 무엇이 있을까? 생각하던 중에 우연히 한 권의 책을 발견하고, 그 날 밤 독서를 하면서 받은 감동을 다음 날 설교 시간에 함께 나눈 기억이 있다. 얼마 전에 추수감사주일 찬양발표회 참가상으로 모든 부대에게 준 네 권의 책 중에 한 권 「해피 버스 데이」이다. 이 책은 일본 마이니치신문이 감동했거나 인상에 남는 책 1위로 선정한 책이다. 책 처음을 열면 "넌 태어나지 말았어야 했어"로 시작한다. 열한 살 생일 날 엄마와 가족들로부터 상처를 입은 소녀가 목소리를 잃어버린다. 소녀는 요양하러 외갓집에 머물면서 할아버지와 할머니의 사랑과 자연의 신비함 속에서 생명의 소중함을 깨닫게 된다. 목소리를 되찾고 학교에 돌아와 따돌림을 당하고 있는 친구를 도와준다. 어릴 적 상처로 소녀를 사랑할 수 없는 엄마, 자신의 길을 찾기 시작한 오빠, 바쁘기만 한 아빠, 사랑하는 할아버지와 일급 지체장애자 친구(에구미)와의 영원한 이별을 겪으며 소녀의 마음이 아파오지만 꿋꿋하게 말한다.

"태어나길 잘했어."

이 책을 읽고 진지에서 보내온 장병의 독후감의 일부이다.

"자꾸만 뒤를 돌아보게 하는 소설이다. 소설의 이야기를 눈앞에 그릴수록 내 기억 깊은 곳에 묻혀있던 사건들과 눈앞에 그려진 그림들이 겹치면서 홀로그램을 만든다. 어지럽다. 눈이 아프다. 아니 어쩌면 울고 싶었는지도 모른다. 하지만 난 감정들을 누르며 계속 읽어갔다. 소설과 과거의 일들이 하나가 될 때마다 슬픔, 아픔, 묵인했던 일, 그리고 그 당시에 아무렇지도 않게 생각되었던 것들 다른 사람을 아프게 한 일까지도 떠오르며 깊은 수

령을 만들고 나는 이내 깊은 수렁 속으로 빠져 있었다. (중략) 사람은 누구나 사랑 받을 자격이 있고, 권리가 있다고 다시 한 번 온몸으로 느낄 수 있는 일이 있었다. 그리고 작은 목소리로 말해 본다. 나는 사랑한다.”

나는 장병들의 표현되지 못한 지난날 상처 이야기를 독후감(편지)을 받아볼 때 마다 형제들의 앞으로의 삶을 축복하면서 그들이 너무나 소중한 사람이라는 주님의 마음을 전하고 싶었다. 기독교 메시지의 가장 힘 있는 선언은 ‘당신도 변할 수 있다.’ 는 것이다. 이것이 복음이다. 만약 ‘당신 같은 사람만 변할 수 있다.’, ‘당신 같은 사람은 안 된다.’ 라고 한다면 이것은 인류를 위한 복음이 될 수 없다. 복음은 특정한 사람들만을 위한 것이 아니다.

예수님이 세상에 오신 것은 온 백성을 위한 구원의 기쁜 소식이었다. 이를 통해 나 자신을 용서받지 못할 사람으로 여겨 왔는데 용서받고 기뻐하는 사람이 되었고, 내 삶이 너무 힘들고 어려워 저주받은 인생이라 여겼었는데 나는 사랑 받기 위해 태어난 존재로 인식의 변화가되었으며, 나는 늘 거절당하여 나를 보고 기뻐하고 환영해 주는 사람이 없어 내가 존재하는 것이 미안한 사람으로 여겨왔는데 나를 기다리고 변함없는 기대를 가지고 갖고 계신 참된 하나님 아버지를 만나 환영받는 존재가 되었다. 또한 죄에 물들어 고통당하며 어둠에 있는 인생이 빛 되신 주님을 만나면서 남에게 생명과 복을 주는 사람으로 변화했다.

나의 어두운 마음, 상처받은 마음 깊숙이 예수님이 찾아오셔서 내 존재 의식에 대한 혁명이 일어나기를 소망한다. 나누어 준 책을 읽어보자. 두 시간이면 이제껏 느끼기 힘들었던 존재의 기쁨을 경험할 것이다. 책 읽는 여유로움을 가져보자.

교회는 따뜻한 어머니입니다

처음 군에 입대하는 대부분의 장병들은 새로운 환경과 새로운 일과 새로운 사람에 대한 막연한 긴장과 불안을 느끼게 된다. 군 생활 아무 문제없이 할 수 있다고 장담을 한 사람이라도 속에서 밀려오는 두려움과 사랑하는 사람과 헤어져야 한다는 슬픔을 부인해서는 안 된다. 이런 감정이 마음에서 느껴지지 않는 사람이 오히려 비정상적인 사람이라 할 수 있다. 306 보충대에서 버스를 타고 내가 훈련받아야 할 곳이 어디인지, 동두천을 지나 신병교육대로 가는 봉암리, 적암리의 고불고불한 길이 그렇게 길게만 느껴지는 순간이 있었을 것이다. 이러한 마음들이 너무나 자연스러운 감정이지만 유난히 두려움과 자신감이 결여된 병사들을 발견하게 된다. 이들의 이야기들을 가만히 들어보면 자신감이 없다는 이야기, 눈치 보는 착한 아이가 혼자 마음으로 화내는 이야기, 아무리 엄마를 찾아도 대답이 없는 절망의 이야기, 기독교에 대한 부정적 이미지 이야기들로 분석된다.

몇 기수 전부터 신병교육대에 들어온 신병들을 처음으로 만날 수 있는 시간이 주어지게 되었다. 목사와의 첫 만남, 이것은 한 존재가 세상에 태어났을 때 처음으로 맞이했던 순간의 경험과 유사하다고 할 수 있다. 목사는 젊은 장병들에게 하나님의 이미지를 대신 보여주는 하나님의 얼굴이라 말하고 싶다. 하나님은 우리 눈으로 보여지는 분이 아니다. 그래서 어린 아이에게는 엄마와 아버지를 통해서 하나님의 이미지를 상상하게 되고 결국 그러한 하나님의 이미지를 온전한 하나님을 만나기 전까지 갖고 살아가게 된다.

엄마 태속에 10개월 동안 편안하게 있다가 밖의 세상에 나가면 진정 나를 환영해 줄 사람이 있을까? 정말 엄마 태 밖의 세계는 존재하는 것일까를 고민했을 어린 아이가 울면 언제든지 다가와 안아주고 필요를 채워주었던 엄마와의 첫 만남을 통해 세상은 안전한 곳이라는 경험을 했던 것처럼, 자신을 사랑해 주고 품어 주었던 따뜻한 환경에서 혼자만의 세계로 떨어지는 듯한 박탈감을 느끼는 20대 초반의 장병들에게 그들을 이해해 주는 엄마와 같다는 이미지를 심어주고 싶다. 나는 이것을 '모성적 목회 돌봄'이라 부르고 싶다. 더 나아가 목사와의 첫 만남을 통해서 편안한 이야기, 자기 수용의 이야기, 솔직한 자기 노출의 이야기, 기독교와 하나님에 대한 긍정적으로 변화된 이야기를 쓸 수 있도록 돕고 싶다.

신병교육대 만남의 교회에서 예배를 드리면서 말씀을 선포할 때마다 장병들에게 다가갈 수 있는 친밀한 언어를 사용하고자 한다. 좋은 엄마와 예수님의 품에 대해서, 나를 여전히 기다리시고 환영하시는 하늘 아버지에 대해서, 그리고 정말 내 연약한 마음을 받아주시고 이해해 주시고 지금 여기에서 나와 함께 해 주시는 친구 되신 예수님에 대해서 장병들의 언어로 만나고자 노력하고 있다. 뿐만 아니라 예배 중 봉헌 시간에 훈련병들에게는 드릴 수 있는 현금이 없기 때문에 작은 쪽지를 나누어 준 후 하나님께 감사한 것, 마음의 소원, 교회에 참석하고 설교를 들은 후의 소감, 목사에게 바라는 힘들고 부탁하고 싶은 이야기들을 쓸 수 있도록 한다. 이는 젊은 형제들과 마음을 나누고자 하는 작은 목회 배려라 할 수 있을 것이다. 이야기 속에 자신의 이야기와 목사와 기독교에 대한 짧은 피드백들이 있다.

> "교회에 머리털 나고 첨 왔어요, 찬송가도 좋고 재미있네요. 훈련받으면서 내가 기계화 되어가는 것 같았는데 제가 사람인 걸 느끼게 됐습니다. 정말, 오랜만에…."

이와 같은 이야기를 읽을 때마다 하나님이 내게 군복 입혀 주신 목사로 불러주신 것에 대한 벅차고 감사한 마음을 갖게 된다. 긴장하고 군복이 어색한 신병들에게 복음은 따뜻함의 경험이다. 말할 수 없는 어린 아이에게 최고의 사랑의 표현은 엄마의 안아주기이듯이 처음 기독교를 접하는 젊은 장병들에게 품어주는 듯한 따뜻함은 복음이신 예수님을 경험하는 것이다. 교회에 나올 때마다 나를 안고 기뻐하시는 참 좋으신 예수님의 품에 안긴 포근한 마음이 느껴지게 되면 좋겠다. 내 눈빛이 복음이신 예수님을 눈으로 보여 주고 읽혀 주는 사랑의 편지가 될 수 있다면 너무 행복할 것 같다. 내가 한 존재를 있는 그대로 받아 주고 들어 주고 인정해 줄 때마다 '내가 너를 사랑하였노라.' 라고 하신 주님의 음성이 더욱 뚜렷하게, 그리고 부드럽게 들려지게 되기를 소망한다.

다른 사람들 속에 함께 거하는 것

"불교 군종병이 목사님의 교육을 받는 이색적인 일이 있었다. 사회에서는 있기 힘든 경우지만 군이라는 특수성 아래 이루어질 수 있지 않았을까? 처음에 다소 어색해도 우리가 추구하는 바가 같아 자연스러운 화합과 조화가 이루어져 강의가 끝을 냈을 때 아쉬움마저 들었다. 그렇다. 우리는 너무 고정적인 형식에 얽매여 있었다. 틀을 깨고 상대를 인정하고 배우고 받아들인다면 더 성장하는 원동력이 되지 않을까? 따뜻한 말투와 진심어린 이야기는 듣는 이로 하여금 마음을 열지 않을 수 없었다."

불교 군종병이 내 이야기를 듣고 기록한 소감문이다. 이러한 이야기는 내가 군복을 입었고, 현재 내 직책이 군종참모로서의 직책이 주어졌기 때문이기도 한 것 같다.

'법당 안에서 목사가 이야기한다?'

상식의 패러다임을 깨뜨린 사건임에 틀림없다. 어색함과 두려움의 벽을 깨고 나와 신념이 다른 사람들을 만나겠다고 하는 창조적 생각을 한 내가 자랑스럽다. 종교의 이름으로 사람들과의 만남이 제한된다는 것은 안타까운 일임에 틀림없다. 다른 종교인이라 할지라도 함께 만날 수 있는 공동의 언어가 있다고 믿는다. 나는 이들에게 종교를 이야기하지 않았다. 기독교를 선택한 이유도 말하지 않았다. 물론 내 구원의 감격에 대해서 간증한 것도 아니다. 군종병들은 다른 병사들과 달라야 한다는 정신 교육도 한 것이 아니다. 대신 이들이 생각하고 느끼는 마음들을 대신 표현해 보고자 노력했다. 아마도 이러한 접근이 종교적 이념과 사상의 벽들을 넘어서 서로에게 좋은 느낌으로 대할 수 있게 하는 것 같다.

사람은 자기 속에 있는 진실한 감정을 이야기할 때 존재의 기쁨과 의미를 발견하게 된다. 이성으로 옳고 그른 것을 따지면 따질수록 사람은 멀리 떠나게 되어 있다. 한 병사의 고백을 들어보자.

> "저는 불교 군종병이라지만 사회에서는 어느 종교도 믿지 않는 무교였습니다. 친구들 따라서 기독교도 몇 번 가 보았지만 항상 목사님이란 선입견 중에 하나는 말이 많고 나댄다는 표현이 맞을지 모르지만 그런 모습이 있어서 그냥 싫어서 차라리 조용한 불교를 택하게 되었습니다. 그런데 오늘 이야기를 듣고 나서 나의 편견은 항상 옳은 것만은 아니구나. 내 중심적인 사고에서 벗어나야겠다. 내 느낌대로 사람을 평가해온 것 같다는 생각이 들었습니다."

포스트모던을 살아가고 있는 병사들에게 종교 선택의 기준은 신념과 사상의 옳고 그른 것이 아니다. 이들은 느낌 즉 그 종교의 이미지로 종교를 선택하게 된다. 이런 의미에서 군에서는 한 사람의 이미지는 너무나 중요한 것이라 생각된다. 나를 만나는 사람들에게 편안한 어머니 품에 안긴 것과 같은 편안한 쉼터를 제공하고 싶다. 다종교 공동체의 군 조직 안에서 효과적인 선교 방법은 다른 사람들 속에 함께 거하는 것이라 말하고 싶다. 함께 만나서 느낌과 생각과 기대와 열망을 서로 이야기할 때 진정한 만남이 이루어지리라 믿는다. 즉 이야기를 들어 주는 것이 군 선교의 중요한 패러다임이 될 수 있어야 한다. 이것이 복음과의 만남이 될 수 있다.

결국 두려움 없이 자신의 죄를 고백하고 구원자 되신 예수 그리스도를 영접할 수 있도록 품어 주고 기다려 주고 버텨 주는 환경을 조성하는 것이 중요하다. 이러한 의미에서 마음의 언어를 서로 주고받는다는 것은 넓은 의미에서 하나님의 선교를 이루어 나가는 귀한 사명이라 여겨진다. 상담과 목회는 떨어진 사역이 아니다. 상담 사역은 이 시대에 영혼을 살리는 중요한 선교의 도구라 말하고 싶다. 불교 군종병들과의 한 시간의 짧은 만남이 내 군 선교 사역 속의 아름다운 이야기의 한 페이지가 될 것 같다. 행복한 주간이었다.

찬양과 이야기가 어우러진 태풍교회 마지막 이야기

　다음 주에 다시 명령에 의해 부대와 교회를 옮겨야 한다. 이동 소식이 들려지면서 영혼을 돌보는 사역과 내 중심이 많이 흐트러지고 지쳐 있었다는 것을 내 몸이 말해 주고 있었다. 새벽기도회가 힘들게 느껴지고 사람들을 만나는 것, 회의에 참석하는 것들이 부담스럽게 다가왔다. 기독교 군종병 교육이라는 프로그램도 솔직히 후임 목사님에게 인수인계하고 싶은 마음도 있었다. 그러나 함께 모인 군종병들을 통해서 이야기를 들어 줌의 사역이 얼마나 중요한 것인지 확인하면서 새 힘을 얻을 수 있는 시간이었다.

　무엇보다 오래간만에 찜질방 경험을 한 후에 둘째 날 저녁부터 시작하여 다음날 오전까지 짧은 시간이었지만 지나 온 인생의 이야기 속에 함께 했던 주님을 자랑하고 찬양하는 시간에 한 형제의 고백처럼 지친 영혼이 새로운 공기를 마시는 것과 같은 은혜를 경험할 수 있었다.

　"간증 및 찬양을 하는 시간에는 진솔한 믿음의 확신과 주님의 사랑을 온전히 느낄 수 있었고 사연이 담긴 찬양은 영화로움을 느끼는 우리의 호흡이었다."

　계속해서 먼 훗날 자신의 자서전을 출판했을 때 크레파스로 그린 표지의 제목들을 동료들 앞에서 소개하였고, 이야기를 듣고 서로에 대한 '리플' 과 같은 간단한 공감의 이야기를 나누었다. 그리고 이야기를 마친 후 자신의 신앙 고백이 담긴 찬양을 함께 부르면서 형제의 연합함의 행복을 맛볼 수 있었다. 비전 캠프를 진행하며 느꼈던 은혜와는 또 다른 신비한 영역의 느낌이었다. '주님께서 정말 우리와 함께 하시는구나.' 하는 임마누엘의 경험과 성령께서 우리를 연합하게 하시는 능력을 마음 깊이 느낄 수 있었다. 입대 전에 많은 동생을 잃어버린 상처로 인해 힘들어했던 군종병의 고백이다.

> "이곳에서 만난 지체들에게 나의 모든 것을 털어놓을 수 있었다. 나의 이야기를 내뱉은 후에 받았던 따뜻한 마음들…. 나 또한 이들을 나의 평생의 동역자로 섬기고 싶은 마음이 들었다. 단순한 동정의 눈빛이 아니었던…, 진정으로 내가 이야기하고 전하고 싶어 했던 하나님을 같이 공감해 주는 지체들이었기에 이번 군종병 집체교육은 나에게 너무나 소중한 시간들이었다. 이제 나는 말할 수 있다. 내 주변에 이런 지체들을 통하여서 나의 아픔들이 주님 안에서 참된 회복과 행복을 느낄 수 있다고."

사랑하는 이 형제는 자서전 제목을 "주님 안에서의 회복"으로 정했다. 주님께서 귀한 형제의 마음을 받으시고 주님께 더욱 귀하고 아름답게 상처 입은 치유자로 쓰임 받는 삶이 되기를 기대해 본다. 태풍교회에서의 마지막 이야기가 내 사역의 오른 팔과 같은 지체였던 군종병들과 함께 하면서 들어 줌의 사역에 대한 확신과 주님만이 주실 수 있는 샘솟는 기쁨을 경험하면서 뿌듯함으로 마무리할 수 있어서 참 행복한 주간이었다.

이제 무적 태풍부대 태풍교회에서의 이야기들의 펜을 놓고 새로운 이야기를 써 나가야 하는 시간이 다가왔다. 다음 사역지는 다른 사람들보다 나에게 할애되는 시간이 더 많은 사역지일 것 같다는 예감이 든다. 10여 년 동안 들었던 수많은 이야기들을 잘 정리하고 소화해서 군대 안의 영혼을 돌보는 사역에 조금이라도 도움이 되는 시간이 되기를 소망한다. "복음의 능력 안에 있는 교회"를 표어로 한 해 동안 함께 동역해 주었던 교우들, 형제들에게 주님이 주시는 은혜와 평강이 함께 하시기를 기도한다. 샬롬!

추천하고 싶은 영화들

목사에게 가장 편안한 시간은 주일 저녁 예배가 끝난 시간이다. 편안한 사람과 차를 마시면서 이런 저런 대화를 나누고 싶고, 차를 타고 어디론가 나가고 싶기도 하고, 때로는 정말 진한 감동이 있는 영화도 보고 싶을 때가 있다. 의미 있고 좋은 일을 했음에도 해방감을 맛보고 싶은 마음이 든다.

며칠 전에 군종 목사 사무실에 좋은 TV가 생겼다.(VTR은 정훈실에서 빌려오고) 어떻게 들여왔는지는 묻지 마라.(다치니까) 지난 사역지에서 군종 목사 사무실이 내무실 바로 옆방이었다. 부대에서 배려해 주어서 훌륭한 사무실에서 책도 읽고, '아버지 학교' 프로그램도 진행하고, 가끔 비디오를 보면서 행복을 느꼈던 값진 시간들로 기억된다. 가끔은 야간에 옆 내무실 장병들의 잠자리를 방해하기도 했다. 영화를 보고 밀려오는 감동을 신우들과 함께 나누기를 원했던 마음이 그때 생겼던 것 같다.

함께 형제들과 본 영화는 "인생은 아름다워", "아름다운 세상을 위하여", "파인딩 포레스터", "홀랜드 오퍼스", "앤트원 피셔", "뷰티플 마인드", "아이 엠 샘", "그들만의 계절", "굿 윌 헌팅", "트루먼 쇼", "아버지", "쉘 위 댄스", "맨 오브 오너" 등이 있다. 앞으로 보고 싶은 영화는 "처음 만나는 자유", "샤인", "죽은 시인의 사회", "에이미", "어 퓨 굿맨", "이보다 더 좋을 수 없다", "집으로", "대드 맨 워킹", "어바웃 스미스" 등이 있다. 대부분 사람의 심리를 다루는 영화들이다.

한국의 유명한 청년 사역자이면서 꿈이 있는 교회 하정완 목사님(몇 주 전 조선일보 종교난에 영화를 통해 열린 예배를 드린다고 보도됨)은 복음을 강단에서 설명만하고 귀로만 듣게 하는 문자적 설교 방식에 그치지 않고, 청중이 눈으로 가슴으로 느낄 수 있도록 설교 시간에도 스킷 드라마나 영화 비디오 등을 다채롭게 활용하고 있다.

요즈음 젊은이들은 '하나님을 보여주세요!', '느끼게 해주세요!' 라고 요구한다. 나의 목회적 소신은 우리에게 주신 좋은 문화들(영화, 음악, 컴퓨터)을 통해서 주님을 만날 수 있도록 활용할 수 있다고 본다. 우리 교회에서는 한 달에 한 번 영화를 통하여 하나님의 음성을 듣고 느끼는 열린 예배의 시간을 드리고 있다. 젊은 목사이기 때문에 가능한 것이라 말하지 말자. 이것은 젊은 형제들을 정말 사랑하여 찾아오시는 이 시대를 향한 주님의 마음이라 생각을 하자. 그리고 마음을 열고 적극적으로 참여하자. 비록 허술한 광목으로 스크린을 설치하지만 군대에서 누릴 수 있는 유일한 감동의 자리임에 틀림없다. 목사가 가끔 비디오를 볼 때는 시간을 버리는 것으로 생각하지 말고, 목사님이 좋은 일을 하고 있구나! '허허' 하면서 웃어주는 교인들이 되어 주기를 바란다.(^^) 그리고 여러분이 본 영화 중에서 감동 있는 영화를 추천해 주면 더 좋을 것 같다. 다음 달 영화를 기대해 보자.

5장

어서 돌아오라 내 아들아

"내가 일어나 아버지께 가서 이르기를
아버지여 내가 하늘과 아버지께 죄를 얻었사오니
지금부터는 아버지의 아들이라 일컬음을 감당치 못하겠나이다.
나를 품꾼의 하나로 보소서 하리라 하고
이에 일어나서 아버지께로 돌아가니라.
아직도 상거가 먼데 아버지가 저를 보고 측은히 여겨
달려가 목을 안고 입을 맞추니"

(누가복음15:18-20)

EMPOWERING WORD

누군가가 나를 기억해 준다는 것은 자신의 존재 가치를 확인케 하는 참 좋은 선물인 것 같다. 지난 수요일, 전 부대에서 한 형제가 전역하는 날 나를 찾아왔다. 유난히 눈이 크고 감성이 풍부한 병사였다.

"목사님의 격려가 군 생활 가운데 큰 힘이 되었습니다."

감사의 마음을 충분히 느낄 수 있었다. 영혼을 돌보는 목사의 마음속에서 "아직까지 나를 기억해 주다니." 하는 감격이 솟아오르는 것을 느끼면서 내가 누군가를 도와주고 격려하면서 오히려 위로받을 수 있다는 평범한 진리를 깨닫게 되었다.

사랑받고 인정받고 싶어 하는 마음에서 예외인 사람은 아무도 없다는 것을 말하고 싶다. 부모님들과 멀리 떨어져 있지만 나를 위해 기도하고 계신 부모님을 생각하면 마음이 따뜻해지고 흐뭇해진다. 때로 이 기억은 내가 집 나가 방황할 때, 지쳐 쓰러져 있을 때, 다시금 일어나 돌아오게 하는 힘이 되기도 한다. 우리들의 부모님도 아들들에게서 "나는 당신들을 기억합니다." 하는 그 한 마디의 말을 듣고 싶어 하실 것이다. 왜냐하면 부모님도 사랑을 받으셔야 하는 분이시기 때문이다. 우리는 이러한 한 마디의 말을 'empowering word'라 말한다.

"나는 당신을 기억하고 있습니다. 당신은 나에게 내가 소중하다는 진리를 알게 해 주셨습니다."

우리는 더 이상 어린아이가 아니다. 어느새 다른 사람들, 심지어 부모님들에게 사랑하고 섬기고 돌보면서 힘을 줄 수 있는 사람으로 성장한 것이다. 이제까지 내가 존재하는 것만으로도 우리의 부모님은 존경받을 만한 가치가 있는 분들이다. 마음 한 구석에서 슬퍼하며 힘들어하는 동료들에게 다가가 정말 존재가치를 인정해 주는 한마디의 말을 건네 보자.

"하나님은 여전히 너를 기억하고 사랑하신단다."

군종 활동은 감성 활동이다

몇 년 전 모 사단에서 사역할 때 일이다. 당시 부대는 전군에서 사망 사고가 가장 많은 부대였다. 전 부대의 사고 예방을 위한 다각적인 활동을 전개하는 중 군종 활동이 유난히 강조되었다. 군사령관 지시로 '자살 예방을 위한 특별 군종 활동'에 의해 전방 소초 및 사단 전 대대급 이상 특별 교육을 실시한 바 있다. 지금 기억으로 2개월 동안 30회 이상을 한 것 같다. 그리고 월 1회 신앙 선도 요원 상담 활동으로 사단에 있는 전체 군종 장교들이 하루 종일 특별 교육 및 상담을 연합하여 실시하기도 했다. 수십 명의 병사들과 공동체 훈련, 성격 검사, 영화 상영, 개별 상담, 교회에서 기른 닭과 오리를 잡아 함께 식사하면서 질적인 하루를 가질 수 있었다.

나는 병사들과 함께 했던 따뜻한 경험들과 자신에 대한 생각과 감정이 달라진 장병들의 소감문을 지휘관에게 보고하곤 하였다. 지금도 기억나는 것은 수십 명의 병사들이 기록한 자신에 대한 새로운 이해와 오늘 하루 느낀 소감문을 줄쳐 가며 읽으시면서 공감해 주셨던 사단장님을 잊을 수 없다. 내 마음이 흐뭇했던 것은 '장병들을 인격체로 받아 주시고 있구나.' 하는 마음과 또 하나는 사단장님이 '군종 활동을 보이는 성과에 연연해하지 않고, 목사의 활동을 인정해 주시는구나.' 하는 뿌듯한 경험이었던 것 같다.

나는 솔직히 「성과 분석」, 「대책 회의」란 단어가 편하지 않다. (오해는 말자) 인간 마음의 변화와 느낌을 어떻게 분석할 수 있단 말인가? 우리가 공동체에서 받아들여지고 있다는 그 감정을 말로 표현하는 순간 그 감동은 쉽게 달아나 버린다. 있는 그대로의 자신의 존재가 받아들여지는 경험과 지난 날 아파했고 행복했던 그 마음을 함께 느끼는 공감의 경험은 그 시간 그 현장 가운데에서만(Here and now) 느낄 수 있는 것이다.

"너는 정말 힘들었지만 특별한 인생을 살아왔구나. 이제까지 삶을 포기하지 않고 살아있는 네가 정말 자랑스럽구나!"

눈빛을 서로에게 전하며 격려하면서 힘을 실어 주는 값진 시간들이었다.

군종 활동을 감성 활동이라 말하고 싶다. 자신이 사랑받고 존중받고 있다는 것을 목사의 표정과 존재에 힘을 실어 주는 언어와 자그마한 사랑의 몸짓을 통해서 전달하는 것이다. 그래서 나는 수백 명을 모아놓고 교육하는 것보다 소수의 인원이지만 장병들의 이야기를 듣기를 원한다. 마찬가지다. 신앙생활은 우리의 마음이 지속적으로 예수님의 마음을 닮아가는 여정이다. 신앙생활을 성과로 분석하는 것은 율법이다. 시간이 지날수록 자신에 대해서 편해지고, 주변의 사람들이 사랑스러워 보이고, 하나님께 더 가까이 친밀하게 나아가고 싶다면 그것이 바로 은혜요 성장이다. 은혜 가운데 서로를 용납하는 너그러운 신앙인의 모습이 되기를 간절히 기도한다.

만원의 기쁨

최근 '만 원의 가치'를 가슴으로 느낄 수 있는 기회가 있었다. 멀리서 면회 온 부모님에게 정비부대 중대장이 자신도 모르게 받은 30만 원과 만 원을 더하여 내려가시는 길에 우동 한 그릇을 사 드시라고 쪽지와 함께 전달된 사례가 언론에 보도되었다. 이 중대장은 전에 사역하던 교회의 회계집사로서 성실하고, 부드럽고, 청렴한 중대장이었다. 목사로서 뿌듯함이 드는 이유가 무엇일까?

몇 개월 전의 일이다. 예하부대에서 장병들을 만나는 가운데 감정을 표현하기에 매우 어려워하는 병사가 있었다. 나는 집단 상담을 마치고 그 형제에게 다가가서 살며시 물어보았다.

"왜 그렇게 말하기 힘들었느냐?"

형제는 그때부터 자신의 인생의 슬프고 아픈 이야기를 짧은 시간에 털어놓았다. 아버지를 군대 와서 여읜 슬픔, 휴가 나가도 반가이 맞아주지 않는 새 어머니, 고참이 되었으면서도 어려운 군 생활…. 이야기를 들은 후 나는 그 형제의 지갑에 만 원 짜리 한 장을 살짝 넣어 주었다. 작은 돈이지만 형제의 마음을 위로하는 작은 표현이라 생각했다.

마침 그 날 창을 지원해 주시는 목사님을 찾아 방문했는데 갑자기 설교를 부탁하는 바람에 "내가 누구인지 이제 알았습니다"라는 제목으로 원고 없이 열심히 설교하였다. 설교를 마친 후 어느 여집사님께서 나에게 차 안에서 보라고 접은 쪽지를 건네주었다. 거기에 한 문장이 적혀있었다.

"김새치미가 김기쁨으로 변했습니다."

그리고 거기에 만 원 짜리 한 장이 예쁘게 접혀 있었다. 아침 일찍이 나와 교육과 상담과 예배를 마치고 부대를 향하는 차안이 그렇게 따뜻할 수가 없었다. 이왕이면 만 원 더 줄걸! 작은 것이지만 마음을 나눌 때 '인생은 정말 살 만한 곳이구나!' 하는 풍요로움을 경험하게 될 것이다.

사랑과 우정의 테마 여행
첫 번째 이야기

지난 주 군 입대 1년이 되었지만 적응하지 못하여 아직 이등병인 친구와 가정형편으로 6년 동안 만나지 못한 친형과의 만남을 위해 2박 3일 동안 강원도 화천과 철원으로 사랑과 우정의 테마 여행을 다녀왔다.

첫 번째 테마는 '이보다 더 아름다울 수 없는 친구의 우정'을 그린 내용으로 전개된다.

친구를 자기의 생명처럼 귀하게 여긴 한 병사의 편지에서 시작되었다. 정말 사랑하는 사람이 다음과 같은 글을 자신에게 보냈다고 생각해보자.

"사방이 어두움으로 둘러싸여 있어. 내 눈은 더 이상 아름다운 것을 볼 수가 없어, 사랑, 믿음, 꿈…. 이런 것들은 이제 내 이야기가 아니구나, 나하고는 거리가 먼 이야기가 되어 버렸어. 난 이제 너의 좋은 친구가 아닌 짐만 되었구나. 나 같은 정신병 환자는 짐만 될 뿐이야"

어떤 마음이 들까? 몇 번의 정신과 치료, 휴가 미복귀로 인한 영창과 구치소, 자살을 시도할 만큼의 삶에 대한 압박감, 사람들의 비웃는 눈초리와 비아냥거림에 대한 분노에 차 있는 병사에 대하여 주위의 사람들은 중얼거렸다.

"저 아이가 왜 그럴까?"

하지만 친구 영준은 달랐다.

"얼마나 힘들었을까?"

"내가 친구의 고통과 아픔을 대신할 수 없을까?"

함께 아파해 줄 수 없는 자신의 형편을 안타깝게 생각하며 군종 목사에게 도움을 구했다. 친구의 얼굴을 보면서도 지난 1년 동안 친구가 아파했던 일들을 '과연 내가 온전히 그 마음을 느끼고 같이 할 수 있을까?' 하며 걱정하는 영준의 모습을 바라보며 메마르고 황폐한 사막과 같은 이 세대에서 오아시스와 같은 진정한 우정과 사랑이 무엇인지를 옆에서 보고 느낄 수 있는 소중한 경험이었다. 영준은 다음과 같은 글을 남겼다.

> "태영이는 내 눈을 바로 보지 못했다. 어깨는 축 쳐져 있었고 많이 좋아하면서도 미안한 기색을 하고 있었다. 내가 아직은 좀 힘든 존재일까? 아니면 부모 형제의 정과는 다른 사람의 관계에서 생기는 어쩔 수 없는 공백 때문일까? 아쉬웠다. 적어도 나에게만은 미안함을 안 느꼈으면 좋겠건만…. 내가 너에게 미안함을 안 느끼듯이 그리 대해 주면 좋으련만…. 그래도 태영이는 내 친구이자 내 존재이자 내 자신을 들여다 볼 수 있도록 해 주는 내 존재의 중요한 이유이다."

영준은 친구를 받아들인 것이다. 평가와 비판과 꾸지람이 아니라 사랑으로 이해한 것이다. 만약 이런 친구가 있었다면 나는 그렇게 사랑받는 것에 대해서 집착하지 않았을 것이다. 진정 나를 무조건 받아 주고 사랑해 준 친구가 있다는 것은 온 천하를 얻는 것보다 더 큰 기쁨이 될 것이다. 이런 의미에서 분명 태영은 복이 있는 사람이다. 예수님께서 말씀하셨다.

> **"사람이 친구를 위하여 자기 목숨을 버리면 이에서 더 큰 사랑이 없나니"**(요한복음 15:13)

태영은 자신을 진정으로 사랑하는 친구를 가졌기 때문이다.

이번 여행을 통해서 태영은 친구의 사랑을 조금은 느낀 것 같다. 글로써 쓴 편지가 아니라 가슴과 눈빛과 몸으로 쓴 친구의 편지를 통해 닫혀진 마음의 문이 살짝 열려진 것 같다. 태영이 쓴 글이다.

"영준이와 여기까지 와 주신 목사님. 난 많은 정신과 군의관과 여러 간부들과 면담해 보았지만 목사님께서 내 마음을 가장 잘 아시는 것 같다. 신기하고 부럽고 왠지 내 마음이 들킨 것 같아서 창피하기도 했다. 나의 억눌린 무엇인가를 잘 지적해주시고, 항시 내 편에 서서 이야기를 해 주셨다. 나같이 어리석은 녀석에게 이렇게까지 해 주시다니…. 너무 고마웠다. 나같이 약하고 어리석은 놈에게…, 난 항상 이런 말을 하고 싶었다. 예수님께서 하신 말씀인지(태영은 천주교신자임) 가장 보잘 것 없는 사람에게 해 준 것이 나에게 해 준 것이라는 말씀을 목사님에게 하고 싶었다. 그리고 영준이를 만나서 너무 좋았다. 이렇게 보면 난 정말 축복받은 사람인 것 같다. 아직은 내 자신을 사랑할 수 있을지…. 그리고 다른 이들을 사랑할 수 있을지 잘 모르겠다. 하지만 조금은 노력해야 할 것 같다는 느낌이 들었다. 안개 같은 마음속의 슬픈 응어리를 다 토해내고 싶다. 할 수 없을 것이라는 생각도 들고 두렵기도 하고 불안하다. 노력한다는 말조차도 힘들다. 하지만 내 주위의 사람들이 날 위해 애써 주는 분들에게 아주 조금이라도 보답하고 싶다."

그러나 태영에게 아직은 깨뜨려야 할 마음의 벽이 두꺼운 것 같다. 그 벽에서 나올 수 있는 것은 진정한 사랑밖에 없다. 주님은 "온전한 사랑이 두려움을 내어 쫓는다."고 하셨다. 앞으로 진정한 사랑을 볼 수 있는 기회들이 더 많이 생기기를 소망한다.

너무 착한 태영이었기에 다른 사람의 무거운 짐까지 짊어져 너무 힘들고 지친 삶을 살아 왔던 것이다. 지금의 상태는 도저히 혼자 내려놓기에는 너무 지쳐있고 힘든 상태이다. 손을 올릴 수 있는 힘도 잃어버렸다. 그러나 분명히 확신하는 것은 주님의 사랑의 편지인 친구 영준을 통해서 손을 잡아 주고 연약한 무릎을 세워 주면서 수고하고 무거운 짐을 져 주시는 주님의 어깨에 모든 인생의 짐을 맡겨 드린다면 태영은 다시금 일어설 수 있을 것이다. 새 생명의 기운이 깃든 화려한 봄날의 햇살처럼 태영이 기지개를 피고 새롭게 돋아나기를 소망하며 기도한다. 태영의 편지가 기다려진다.

사랑과 우정의 테마 여행
두 번째 이야기

두 번째 테마는 6년 동안 그리움과 아쉬움의 감정을 안고 살아 왔던 형제와의 만남이다.

동생 이동준은 햄버거에 대한 안 좋은 기억이 있다. 어느 날 저녁 10시쯤 햄버거 가게에서 즐겁게 먹었지만 "먼저 집에 들어가 있어라."라는 마지막 말을 남기고 떠난 엄마, 나쁜 성적표를 애써 감춰 주시던 엄마, 저녁이면 같이 시장을 보러 다니던 엄마, 아침마다 응석 받아 주시던 엄마가 그날 그의 곁을 떠난 것이다. 엄마가 떠난 후 마치 축구장에서 퇴장을 외치는 심판과 같이 빨간 딱지를 이곳저곳에 붙이고 사라진 사람들…. 그날 이후로 그 집에 돌아올 수 없었던 시간들….

어느 날 아버지는 형과 동생을 불러놓고 이제 죽을 각오로 살아야한다고 하셨다 한다. 중학교 생활 새벽 4시에 일어나서 도시락을 싸주시는 아버지, 라면을 먹고 새벽 4시 30분에 세 시간이 걸리는 등교 길은 정말 힘들었다. 그럼에도 불구하고 아버지는 열심히 공부해서 성공해야 한다고 말씀하셨다. 그러나 이런 상황 가운데에서 공부는 아이들에게 너무 힘든 강요로 느껴지게 되었다. 형과 동생의 성적표를 보시며 비관하시며 위험한 생각도 했었지만 희망의 끈을 놓지 않으셨다. 다행이다. 아버지가 포기하셨다면…. 형은 고등학교 1학년 때 아버지의 강요에 못 이겨 그만 집을 뛰쳐나가버렸다. 그 후로 5-6년이 지난 후 형은 군에 입대를 하여 현재 상병으로 근무하고 있다.

동준의 만남은 순회 상담 시간에 시작되었다. '자신의 인생 이야기를 드라마로 만든다면 어떤 제목으로 할까?'라는 질문에 동준은 "나 홀로 집에"라는 제목으로 말하기 시작했다. 자신의 감정을 애써 감춰온 삶을 살았기 때문에 말하기 어렵다고 하였지만, 동준은 자신의 이야기를 경청하는 친구들 앞에서 편안하게 이야기를 할 수 있었다.

나는 이야기를 들으면서 동준의 마음속에 있는 그리움, 슬픔의 감정을 읽어보고자 했다. 어느 날 갑자기 사랑해 주던 엄마가 떠난 당황스러움, 아버지의 지나친 기대와 때로 강요에 눌린 답답함, 그리고 이런 상황 가운데에서 자신과 함께 있어 주기를 바랐지만 자신을 혼자 두고 떠나 버린 형에 대한 아쉬움, 그러면서도 함께 있어 주기를 바라는 동생의 마음, 이러한 감정을 억누르며 혼자 담당해야 했던 청소년기의 힘든 시간들을 함께 느껴보고자 했다.

나는 동준의 인생 이야기를 들으면서 동준이가 주인공이 되어서 써 나아가야 할 이야기에 조연이 되고 싶었다. 지금 내게 주어진 군복 입은 목사로서의 역할과 직책, 이것은 또한 내 이야기를 써나가는 데 있어서 중요한 테마가 되고 있다. 나는 가슴앓이를 하는 형제들에게 참 사랑을 보여 주고 인생의 진정한 주인공 되시는 하나님을 느끼게 하는데 사용되는 사랑의 편지요 사랑의 선물이 되고 싶다. 동준은 나와 형과의 대화를 마친 후에 다음과 같은 글을 보내왔다.

"제 인생에서 두 번 다시 올 수 없는 가치 있고 중요한 선물을 목사님이 주셨고, 앞으로 살아가는 데 있어 닥칠 수 있는 문제를 쉽게 풀 수 있는 참고서를 주셨습니다. 이 점 두 손 모아 감사드립니다. 이제 그 어떤 힘든 상황이 와도 즐길 수 있을 것 같고, 가슴 앓으며 지내지만은 않을 것입니다. 가슴 속에 앓던 기억들을 하나 둘씩 다른 기억들로 채워가며 추억도 먼 훗날에 정말 행복했던 시간이었다고 되새길 수 있을 것입니다. 짐작은 했었지만 확신하지 못했던 형의 마음을 오늘 기회로 와 닿을 수 있었고 뜨거운 형제애를 느낄 수 있었습니다.(중략)"

형에게 동생은 정말 듣고 싶었던 한 마디의 말을 들을 수 있었다. 무엇이었을까?

"미안하다."

그 한 마디였다. 형으로서 동생과 함께 하지 못했던 것에 대한 미안함이었다. 형도 많이 힘들어하고 방황했었다. 그리고 사랑하는 어머니와 애인에게 버림받은 아픔을 안고 있었다. 하지만 형은 힘이 있었다. 어머니가 자신을 두고 떠난 것에 대한 풀지 못한 분노와 아버지의 무서운 폭력 앞에서 떨고 있는 두려움이 남아 있었지만, 어린 시절 자신을 아끼고 사랑해 주었던 따뜻한 엄마의 품에 대한 기억이 이 두 형제가 버티어 나올 수 있는 힘이 되었다. 그리고 무엇보다 이들은 주님의 사랑의 품속에 안긴 축복을 받았다. 형은 군에 와서 교회에 나가면서 현재 성가대를 하고 있었고, 동생은 고등학교 시절에 교회를 다니면서 주님을 믿고 의지하면서 사람이 주지 못하는 하나님의 사랑을 깨달은 것이다. 비록 어머니는 알 수 없는 곳으로 멀리 떠나 있지만 하나님께서 이사야 선지자를 통해 하신 말씀을 붙잡고 참 사랑 속에 행복하게 남은 인생 이야기를 써 나가기를 기대해 본다.

> "이스라엘 집의 남은 모든 자여, 나를 들을지어다. 배에서 남으로부터 내게 안겼고 태에서 남으로부터 내게 품기운 너희여 너희가 노년에 이르기까지 내가 그리하겠고 백발이 되기까지 내가 너희를 품을 것이라. 내가 지었은즉 안을 것이요, 품을 것이요, 구하여 내리라."(이사야 46:3-4)

이 두 형제는 자신들을 두고 떠난 엄마에 대한 미움과 원망이 있었지만 아마도 엄마 품에 안겨 마음껏 울고 싶었을 것이다. 그렇다. 마음껏 울어야 한다. 슬퍼해야 하는 것도 사람의 권리이다. 하지만 이 두 형제에게 거는 목사의 마음은 엄마의 품보다 더 넓고 따뜻한 주님의 품속에 안겨 참 평안함을 얻게 되는 것이다. 참 사랑을 받은 기쁨으로 환한 미소가 띤 두 형제의 얼굴을 그려본다. 행복한 여행이었다.

사랑의 선물

"목사님께 감사드립니다. 제 인생에서 두 번 다시 올 수 없는 가치 있고 중요한 선물을 목사님이 주셨고 살아가는 데 있어 닥칠 수 있는 문제를 풀어나갈 수 있는 참고서를 주셨습니다."

지난 주 사랑과 우정의 테마 여행을 마치고 돌아온 형제의 편지를 읽고 '사랑의 선물' 이란 설교 제목이 떠올랐다. 설교를 준비하면서 「누가 내 치즈를 옮겼을까」의 저자 스펜서 존스가 쓴 책 「선물」을 읽어 보기도 했고, 이정재와 이영애가 주연한 "선물" 비디오를 시청하기도 하였다.

사실 나는 어릴 적에 받은 따뜻한 선물에 대한 기억이 나지 않는다. 명절에 떼를 써서 옷 한 벌 입은 것, 참고서 사 달라고 떼 쓴 것, 배고프다고 떼 쓴 것 등 그렇게 달콤한 기억이 아니다. 그러나 나는 어린 시절에 받지 못한 사랑에 대해서 내적 치유를 경험한 후에 내 사역의 현장에서 많은 선물을 받았던 것 같다.

지난 사역지에서 2년의 사역을 마치고 환송 예배를 드리는 주일에 성가대에서 불러 주었던 찬양 "감사해요, 깨닫지 못했었는데. 내가 얼마나 소중한 존재라는 걸"의 찬양을 병사의 편지와 함께 읽었을 때 참 감격스러웠고, 작년에 매주 월요일에 서울로 상담 훈련을 받으면서 교수님께서 "목사님은 아이에게 최고의 선물을 주셨습니다." 하는 말을 들었을 때 참 마음이 기쁘고 흐뭇했었다. 어느 새 나의 존재가 사랑의 선물을 주는 자로 살아가고 있다. 나를 통해서 하나님의 사랑의 선물이신 예수 그리스도를 보여 주는 자로, 세상 사람들에게 그리스도를 읽게 하는 편지로 살아가는 것, 이것이 내 삶을 가치 있게 살게 하는 소중한 존재의 의미가 되었다.

갓난아이에게 줄 수 있는 최고의 선물은 안아 주고 만져 주고 웃어 주는 것이라 한다. 부부에게 줄 수 있는 최고의 선물은 인정해 주고, 함께 눈을 바라보며 있어 주는 것, 선물을 나누는 것, 서로 섬기는 것, 그리고 서로 접촉하는 것이라 한다. 그렇다면 가장 힘들어하고 삶의 위기 가운데 있는 사람에게 줄 수 있는 최고의 선물은 무엇일까? 함께해 주는 것이다. 나도 너의 마음을 알고 있다는 친밀함이다. '내 인생의 마지막은 어떻게 될까?' 하며 늘 죽음 앞에서 두려워하고 있는 인생, 죄의 권세 앞에서 쓰러져 신음하고 있는 연약한 인생, 그렇기 때문에 아프고 슬픈 고통을, 경험을 당할 수밖에 없는 인생에게 하나님이 주신 최고의 선물이 무엇일까? 하나님은 눈이 어두워 하나님을 볼 수도 깨닫지도 못한 우리에게 눈으로 볼 수 있도록 하나님 자신을 보여 주셨다. 바로 하나님의 아들 예수 그리스도를 우리 가운데 보내주셔서 말씀의 선물을 주셨다.

"나는 너를 사랑한다. 나는 너를 기억한다. 나는 너를 포기하지 않는다. 나는 너에게 기대하고 있다. 나는 너를 용서한다."

선물 중에서 특별한 날에 주는 선물은 받아도 그렇게 큰 기쁨이 안 되는 것 같다. 또한 의무감에서 선물은 주어도 주는 큰 기쁨을 느끼기가 어려운 것 같다.

하나님께서 우리에게 주신 선물이신 예수님은 우리가 의롭고, 특별히 받아야 하는 자격이 있기 때문에 우리에게 주신 것이 아니라, 너무나 배은망덕한 죄악 된 존재임에도 불구하고, 아무 자격이 없음에도 불구하고 하나님이 우리에게 자신의 아들을 화목 제물로 주신 것이다.

> "사랑은 여기 있으니 우리가 하나님을 사랑한 것이 아니요, 오직 하나님이 우리를 사랑하사 우리 죄를 위하여 화목제로 그 아들을 보내셨음이니라."(요한1서 4:10)

사랑의 선물을 받은 자는 다른 사람의 시선에 두려워하지 않는다. 그리고 사람들에게 인정받기 위해 집착하지 않는다. 한 사람에 대해 집착과 두려움이 아니라 정말 한 존재를 사랑하게 된다. 만일 사람이 황홀한 감정을 그대로 지속하고 산다면 심각한 문제가 일어나게 된다. 그 감정의 여파가 직장이나 학교나 교회 구석구석에서 부작용을 일으킬 것이다. 왜냐하면 사랑에 빠진 사람은 다른 것에 도무지 흥미를 지니지 못하기 때문이다. 사랑에 빠지는 경험은 자신의 성장이나 상대방의 발전에 별 관심이 없게 된다. 반면 별로 성장할 필요가 없다는 생각을 가져다준다.

하나님이 정말 나를 사랑하셨음을 기억하자. 느낌으로 다가가지 말고 나를 사랑하신다는 진리에 근거한 힘 있는 사랑이 필요할 때다. 사랑이 정말 위대하고 강하다는 것을 보여 주는 자로 살아가는 것, 바로 그것이 우리의 그리스도인의 사명이라 믿는다.

일주일 더한 군대 이야기

얼마 전 1995년에 동해 바다와 설악산과 일출이 어우러진 최전방이지만 너무나 아름다운 곳에서 초임 군종 목사 시절 함께 사역을 했던 군종병 형제와 통화를 했다. 모든 것이 처음이었던 나에게 큰 힘이 되었던 형제로 기억되고 있다. 만약 지금과 같이 한 주간의 이야기를 글로 남겼다면 '처음 군종병과 관련된 아주 의미 있는 이야기들' 을 많이 남길 수 있었을 것이다. 통화하는 중에 나는 그에게 '일주일 더한 군대 이야기' 의 조연으로 등장하고 있음을 확인할 수 있었다. 지금 같으면 "성탄절 행사를 마치고 제대하면 어떻겠니?" 하는 간 큰 이야기를 할 수 없겠지만, 일주일 제대를 연기하며 성탄절 행사를 예비역으로 섬겼던 시간이 지금도 자신의 인생 이야기에 있어서 의미 있는 사건으로 기록할 수 있는 사건이었음을 자랑하였다. 그리고 아내가 전역 전에 시장에서 사준 빨간 티셔츠를 지금까지 간직하고 있다는 이야기를 하는 것을 보니 아내도 중요한 조연으로 등장하고 있는 것 같다. 나와 아내는 그 형제의 이야기 속에 중요한 타인의 한 사람으로 등장하고 있다. 그렇다고 그 형제의 인생을 대신 써 준 것은 아니다. 대부분 문제는 부모나 교사나 지도자들이 한 사람의 이야기를 대신 써 주어야 한다는 잘못된 생각 때문에 발생하는 것이다.

상처 입은 사람들은 다른 사람들에 의해 만들어진 한두 마디의 이야기들을 가지고 너무나 빈약한 자신의 이야기를 써 나가고 있는 사람들이다. 그리고 이 이야기를 확인하기 위해서 자신에게 일어났던 수많은 사건들 중에서 빈약한 이야기를 쓰기 위한 사건들만을 기억해 내는 것 같다. 내가 실패했던 일, 내가 수치 당했던 일, 내가 노력해도 안 되었던 일 등의 사건으로 말이다.

예하부대에서 병사들과 내가 이들과 나누는 이야기 주제는 '이제까지 자신의 이야기를 한 편의 드라마로 만든다면 어떤 제목을 달 수 있을까?' 하는 내용이다. 중학교 때 공에 맞아 이가 부러진 경험을 하고 야구를 포기해야 했던 첫 번째 경험, 고등학교 레슬링을 시도했지만 공동체 생활에서 오는 답답함으로 훈련을 중도에 포기했던 두 번째 실패, 학창 시절 힘든 시간과 공간을 피해서 들어온 군대에서도 죽고 싶을 정도의 답답함으로 탈영을 시도했던 군대에서의 세 번째 경험. 아마 이 형제의 이야기의 주제는 "난 해도 안 되는 존재"라는 이야기만을 선택한 것이라 할 수 있다. 이 형제는 자신보다 더 어려웠던 인생 드라마를 가지고 있는 다른 사람들의 이야기를 들으면서 "세 번째는 잘 되었으면 좋겠다"라는 이야기를 쓰고 싶다는 말을 남기기도 하였다. 정말 잘 되었으면 좋겠다. 군대에서 잘 되고 있는 이야기를 선택했으면 좋겠다. 그리고 군 생활하는 가운데 자신의 존재에 힘을 실어 주는 한 사람을 만나는 축복을 경험했으면 좋겠다.

"넌 결코 꼬인 인생이 아니야!"

"너는 그럭저럭 살아가는 존재가 아니야!"

이렇게 말할 수 있는 사람은 목사만의 특권이 아니다. 바로 여러분이다. 여러분이 왕 같은 제사장이다. 여러분이 한 사람에게 중요한 의미 있는 한 사람이 될 수 있는 것이다. 이것이 하나님이 우리에게 주신 축복이다. 선임병의 자리에서 후임병들에게 "너는 잘 할 수 있을 거야." 하는 힘을 실어 주는 한 마디의 말, 후임이지만 선임을 높여 주고 존중해 주고 사랑의 눈빛으로 바라보면서 건네는 "당신은 나에게 힘을 준 사람입니다."라는 말 한 마디는 한 사람의 인생 이야기 속에 소중하게 간직하게 될 것이다. 여러분의 한 마디의 말이 기억되는 것이 아니라, 여러분의 존재가 한 사람의 마음속에 깊이 간직될 것이다. 힘들고 외로울 때 그와 함께 있었던 중요한 한 사람으로 남게 될 수 있다면 그것은 군 생활이 우리에게 준 가장 큰 축복임에 틀림없다.

"너는 문제아가 아니야!"

며칠 전, 한 달 동안 열심히 교육한 것에 대한 질적인 보상이 있었다. 무엇보다도 내가 사람을 도울 수 있는 위치에 있다는 것과 사람들이 나를 필요로 한다는 강한 힘에 대한 욕구가 채워진 경험이었다. 예하 직할 중대 소대장에게 소대원 중에 전입오자마자 보직 문제로 신경성 아토피 증상이 나타나는 병사와 상담을 부탁하는 전화가 왔다. 지난 주 초임 장교 집체 교육 시간에 "목사는 여러분의 이야기를 들어 주는 사람으로 기억되기를 바란다."는 내용으로 교육한 바가 있다. 소대장은 처음 본 목사에 대해서 이야기를 들어줄 것 같은 이미지를 강하게 경험한 것 같다. 소대장과 함께 온 병사는 보충 중대에서 다음과 같은 쪽지를 적어 내기도 하였다.

> "현재 저는 후반기 교육 때부터 보직에 대한 생소함과 이질감으로 보직 변경을 희망하고 있었습니다. 그래서 자대 배치를 하루 앞둔 이 시점에서 제 마음은 흥분보다는 복잡하고 답답한 마음만 들뿐입니다."

이 병사는 지난 주 전입을 한 후에 소대장에게 또 다시 자신의 마음을 이야기한 것이다. 그 병사는 군 생활을 하기 싫어서 보직을 변경해 달라는 것이 아니라, 나에게 맞지 않는 옷을 입은 것처럼 어색하게 시작하는 것보다 나에게 맞는 군 생활을 하고 싶다는 정말 순수한 바람을 나는 비판하지 않고자 노력했다. 나는 이 병사의 이야기를 들으면서 자신의 옷이 유난히 크고 어울리지 않은 것 같고, 그래서 어색하고 빨리 이 옷을 벗고 다른 옷을 입고 싶은 마음을 있는 그대로 읽어주고 느껴보려고 노력했다.

군에서 10년 가까이 사역을 하고 있지만, 지금도 군복을 입고 있는 모습이 가끔 부담스러울 때도 있는 것이 사실이다. 그리고 "너는 특별한 문제가 있는 사람이 아니다."라는 것을 느끼게 하고 싶었다. 뿐만 아니라 다른 중대에서는 보직 문제를 건의했을 때 이등병이면 누구나 가질 수 있는 문제라고 일반화시키는 경우가 대부분이지만 너는 특별히 너의 현재의 감정을 무시하지 않고 이야기를 충분히 할 수 있도록 상급 부대이지만 목사와 정신과 의사를 만날 수 있도록 배려를 해 준 부대 지휘관의 특별한 사랑과 관심을 받은 사람이라는 것을 알게 하고 싶었다. 너의 현재의 감정이 무시되지 않았다고 하는 것, 누구나 자신이 다른 사람과 다른 옷을 입고 있다는 것이 유난히 문제가 있는 사람으로 비추어질 수 있지만, 오히려 너는 자신의 마음을 솔직하게 말할 수 있는 내면적 힘이 강한 사람이라고 격려하기도 했다. 함께 이야기하는 동안 병사는 눈물을 흘리면서 말했다.

"목사님, 한 번 해 보겠습니다."
"저는 문제아가 아닙니다."

짧은 몇 마디의 말을 남기고 부대로 복귀하였다. 며칠 뒤 소대장에게 e-메일로 소식이 전해져 왔다.

"어제는 OO 이등병과 목사님을 찾아뵙기 정말 잘했다는 생각을 했답니다. 정말 감사드립니다. 오늘 대장님의 결심은 OO이의 의견을 다시 들어보고 부대에 남기로 결정을 했습니다. 열심히 해 보겠다는 말을 전했습니다. 소대장님이 신경 써 주셔서 고맙다는 말을 하구요, 목사님 기도해 주세요, 그 병사가 부대 생활을 잘 할 수 있도록 말이에요. 목사님께서 계시기에 정말 든든합니다. 다음 카페에 가입했습니다. 항상 영혼 살리시는 목사님이 되기를 기도합니다."

목사는 영혼이 새롭게 힘을 얻을 때 가장 큰 위로와 보람을 느끼는 기쁨을 누리게 된다. 오히려 목사 개인이 무엇인가를 성취함에서 오는 기쁨보다 더 큰 기쁨이라 할 수 있다. 무적 태풍부대에서 아름다운 이야기가 많이 쓰여지면 좋겠다. 나를 만나는 사람들이 그리스도를 만나 행복해 하는 모습을 더 많이 보고 싶다.

어서 돌아오라 내 아들아!

　군대라는 특수한 현장에서 목회하는 목사들에게 선교사라는 명칭을 붙여 준다. 총회에서는 군선교부라는 기구도 만들어져 있다. 왜냐하면 사회와 다른 문화적 환경이기 때문이다. 군은 전쟁의 특수한 상황을 전제로 한 운명 공동체이며, 종적인 엄격한 위계질서가 있고, 명령을 최우선으로 강조하는 계급 사회이다.

　군종 목사는 군 공동체만이 가지고 있는 환경의 특수성을 이해하지 않으면 스스로 겪는 스트레스로 인해 마음이 병들 수가 있다. 계급과 명령의 존중, 그리고 인원과 장비와 차량의 안전과 질서 등 부대와 장병들을 위한 활동들이 되어야 한다. 10년 가까이 군을 경험하면서 나는 "군 공동체를 편안하게 하는 군종 활동"이 군에 파송받은 선교사로서의 군종 목사의 역할과 사명이라고 확신한다. 군이라고 하는 특수 상황과 문화를 존중하지 않는 군 선교 전략은 브레이크가 파열된 상태로 질주하는 차와 같다고 하겠다. 그러면서도 군종 목사는 어머니와 같은 마음으로 장병들을 품고 그들의 이야기를 들어 주는 성직자로서의 고매한 성품이 그 어느 공동체보다도 요구되어진다. 결코 쉽지 않는 자리에 있는 것 같다.

　무더운 여름을 보내고 선선한 바람이 불면서 부대가 분주해진다. 양개 부대의 월드컵 행사, 호국 훈련 준비, 진지 공사, 이런 상황 속에서 가슴 아파하면 신음하고 있는 소외된 한 병사의 소리를 들어 주는 사역이 요구되는 것 같다. 지난 주 비전 캠프에 참석한 병사가 아직 부대로 복귀하지 않고 있다. 그 병사는 자신의 인생이야기의 제목을 "내 삶의 반"이라고 기록한 바 있다.

> "지금 현재 나의 모습은 텅 빈 공간에 서 있다. 아무것도 보이지 않는…, 아무도 볼 수 없는…, 내 모습을 스스로 보았을 때 혼자만의 공간에 갇혀 있는 것 같다. 너무 비판적일 수도 있어 보인다. 나 스스로에 대하여 마치 큐브에 갇혀 그 공간 속에서 빠져 나오려고 애쓰는 내 모습이 눈에 선하게 비춰진다. 나의 삶이 파란만장 할 수도 있다.(중략) 내 자아에 대하여 회의에 빠지곤 한다. 제목을 '내 삶의 반'이라고 적었듯이 아직 삶의 나머지 반을 채우지 못하고 있다. 아직 많은 미련이 남아서일까? 그게 아니면 자아에 대해서 충분한 시간을 갖지 못해서일까? 이 궁금증들이 나에게 질문을 던진다. 다시 한 번 내 삶의 반을 찾고 싶다."

군종 목사로서 삶의 반을 찾아가는 데 도와 주고 싶은데 자기 나름대로의 반을 찾아 고민하고 갈등하고 헤매고 있는 모습을 생각하니 가슴이 아려진다. 좀 더 가슴 속에 묻어 두었던 이야기를 들을 수 있었다면 하는 아쉬움이 남는다. 빨리 들어오면 좋겠다. 그리고 '우리는 너를 기다렸고 너를 기뻐하고 사랑한다.'고 말하고 싶다. 성경에 나오는 집 나간 둘째 아들이 돌아왔을 때 오히려 정죄하고 불평했던 큰 형처럼 너 때문에 "우리가 얼마나 피해를 보았는데…" 하는 자신의 관점에서 바라보는 것이 아니라, '이제 돌아왔구나. 내 아

들아! 너는 내가 포기할 수 없는 내 아들이야!' 하는 심정으로 우리
를 변함없이 기다려 주시는 아버지의 심정으로 기다리고 돌아오도
록 기도해야 하겠다.

영혼의 탈출구가 되고 싶다

지난 6월 비전 캠프에 참석했던 병사로부터 전화가 왔다. 개인적
종교적인 신념으로 집총 거부를 했다가 영창에 다녀온 후 다시 부대
에 적응하면서 겪고 있는 어려움에 대한 내용이었다. 몸이 매우 외
소하고 열악하여 보는 이로 하여금 안타까움을 갖게 하는 병사였다.
이제까지 사회에서의 삶은 자신의 신념으로 버티어 나올 수 있었지
만 힘든 육체의 훈련이 요구되는 군대에서는 신념보다도 감당하기
힘든 육체의 연약함 앞에 쓰러지는 자신의 실존을 바라보게 된 것이
다.

더불어 휴가 중에 직면한 현실, 아버지가 기독교 목사(새 아버지
임)로서 30여 명 되었던 성도들이 지금은 한 명도 남지 않고 모두 교
회를 떠났다는 이야기, 계속되는 집안 형편의 악순환과 여러 가지
문제로 순간적으로 정신을 잃어버린 어머니를 본 아들의 당황스러
움, 무엇보다 동서남북 어디에도 숨을 쉴 수 있는 곳이 없는 것 같은
꽉 막혀 있는 감옥과 같은 환경, 즉 지금 여기에서 그 누구도 자신의
답답한 마음을 알아주지 못한다고 하는 절대적인 고독감이 이 병사
가 가장 힘들어한 이유라 할 수 있다. 그는 목사와의 만남 후에 다음
과 같은 심정을 전하였다.

"목사님, 저는 상당히 어려운 상황에 놓여 있습니다. 저의 대
대에는 많은 간부님들이 기독교 신자입니다. 그러다 보니 저의

신앙을 알아 주지를 못합니다. 그리고 중대장님도 제가 집총 거부한 것 때문에 안식일 교회와 접촉하는 것을 매우 싫어하시고 계십니다. 또한 고참들도 제가 집총을 거부한 것 때문에 저를 상당히 이상하게 보고 있습니다. 그래서 제가 보고 싶은 책도 볼 수 없고, 제가 만나고 싶은 사람도 만나지 못하고, 제가 편지 쓰고 싶은 사람에게 편지도 쓸 수 없습니다. 꼭 제가 교도소보다 더 심한 곳에 감금되어 있다는 생각이 듭니다. 상황이 이러다 보니 내무 생활도 제가 생각해도 엉망으로 하게 되고, 고참들도 무시하게 되고, 자꾸 구타를 유발하게 되어 상당히 마음이 힘듭니다. 이 상황에서 어떻게든 탈출하고 싶은데 탈출구가 전혀 보이지 않습니다. 훈련도 많이 남아 있는데 훈련을 잘 받을 자신이 없습니다."

나는 이 병사를 바라보는 주변의 사람들을 정죄하는 것이 아니다. 하지만 영혼을 돌보는 목사로서 이 병사를 어떻게 바라보아야 할까? 예수님이라면 이러한 고통과 억눌려 있는 한 사람을 어떻게 바라보실까? 종교가 다르고, 교리가 다르다고 외면하실까? 아니면 정죄하실까? 나 스스로에게 물어보는 것이다. 내가 알고 믿고 있는 예수님은 이러한 한 사람도 여전히 변함없는 사랑으로 답답한 형제의 마음의 소리를 들어주시고 "아들아, 너무 정말 힘들어하고 있구나!" 끌어안고 품에 안아주실 것 같다.

주변의 사람들은 자신의 종교적 신념을 확신하기 위해 친구와 편지를 주고받고 있으며, 소위 믿음이 좋은 기독교인들은 "너는 지금 잘못된 신앙을 가지고 있어." 하면서 이 병사를 도와주고 싶어 하지만, 이 병사의 간절한 소망은 종교도 아니고, 신념도 아니고, 멋있는 군 생활이 아닌 자신의 연약함과 답답함을 함께 나눌 수 있는 사람을 찾고 있는 것이다. 안식일에 율법에 명시된 일을 하고, 사람을 고치고 있느냐! 묻고 있는 바리새인들에게 "안식일은 사람을 위하여 있는 것이요 사람이 안식일을 위하여 있는 것이 아니다."라고 말씀하시고 "내가 안식일의 주인이다"라고 말씀하시는 예수님의 분명한 말씀이 내 영혼에 깊숙이 파고들어 온다. 나는 예수님이 아니지만 나를 통해서 한 사람을 진정으로 사랑하시는 예수님을 느끼면 좋겠다.

생애 최고의 선물

우리 교회 신우 중에 교회 청년회에서 태국으로 단기 선교 여행을 갔다가 형이 보는 앞에서 물에 빠져 죽는 동생을 보면서 그 앞에서 아무 것도 할 수 없었던 죄책감과 무기력함으로 고통당하는 형제가 있다. 주일을 준비하면서 그 형제가 다녔던 교회 홈페이지를 방문해서 선교 여행지에서의 동영상을 보면서 사랑하는 부모와 형제 친구들의 마음이 어떠했을까를 함께 느껴보고자 했다. 들의 풀과 같이 너무 갑작스런 죽음을 맞이한 안타까움이 있기에 죽음에 대한 깊은 조명을 하고 싶다는 마음으로 설교를 준비하였다.

설교를 시작하면서 몇 년 전 전 세계를 감동시켰던 영화 "타이타닉"의 마지막 장면을 영상으로 띄웠다. 잭과 로즈의 사랑도 인상적으로 전개되었지만 더욱 인상 깊게 남은 것은 죽음을 앞둔 사람들의 반응이었다. 죽음 앞에서 자신의 목숨을 부지하기 위하여 비열하고 구차하게 행동하는 사람들이 있었고, 죽음 앞에서 의연하게 삶의 마지막을 맞이한 사람들도 있었다. 솔직히 나는 이러한 죽음 앞에서 어떻게 반응을 보일지는 모르겠지만 내 속사람에게 물어보면 어떻게 반응할 것인지 알고 있다. 배의 선장은 선장실에서 키를 붙들고 최후를 맞이하고, 배의 설계자는 탈출하라는 로즈의 청을 거절하고 자신의 구명조끼를 내주면서 "더 튼튼한 배를 만들지 못해서 미안합니다."라고 말한다. 어린아이를 침대에 눕히고 잠자리의 동화를 들려주는 어머니의 장면, 노부부의 마지막 사랑의 안아줌, 또한 사람들이 질서 있게 피신하는 것을 도우려 하는 것처럼 보이는 악사들이 찬송가 364장 "숨질 때 되도록 늘 찬송하면서 주께 더 나가기 원합니다."로 연주하는 모습은 보는 이로 하여금 죽음 앞에서 우리의 모습을 돌아보게 한다.

어느 때까지 우리는 나와 죽음은 전혀 관계없는 것으로 죽음을 부인하며 살아간다. 그러나 너무 갑작스런 죽음 앞에서 죽음을 부인할 기회를 얻지 못하고 이별하는 사람들이 참으로 많은 것 같다. 이들이 마지막으로 불렀던 한 마디의 말이 무엇이었을까? 표현하기 힘든 안타까움이 있을 뿐이다. 끈질기게 부인하지만 다가오는 죽음의 그림자 앞에서 왜 내가 죽어야 하는가? 왜 하필 나인가? 왜 지금인가? 너무 절망스럽다 못해 화가 날 것 같다. 분노 후에는 타협할 것 같다.

"하나님 저를 살려주신다면……."

이 단계에서 하나님의 특별한 은혜를 입은 사람들이 새롭게 부여된 시간을 하나님 앞에서 아름답게 살아가는 모습을 가끔 목격하게 된다. '우리의 하루하루의 삶이 이러한 하나님의 특별한 은총임을 기억할 수만 있다면, 오늘 하루를 그럭저럭 살아가지 않을 텐데.' 하는 생각을 해 본다. 그러나 하나님은 우리가 타협을 원했지만, 우리의 타협을 거절하시고 하나님의 질서 앞에 우리를 맞서게 하신다. 타협이 되지 않으면 한동안 깊은 우울과 체념의 시간을 경험한다고 한다. 대부분의 하나님이 없는 인생들은 이 단계에서 죽음을 맞이하게 되는 것 같다.

'인생이란 무대를 정말 이렇게 아무 말 없이 떠나야 하는가?'

'도대체 삶과 죽음이란 무엇인가?'

이렇게 생각하면서 사색과 철학이 생겨나는 것 같다. 그러기에 철학은 우리에게 이렇게 말한다.

"죽기 전에 잘 살아! 죽기 전에 의미 있는 일을 많이 하고 살아!"

이것은 틀린 말은 아니지만 삶에 대한 압박감이 느껴진다.

그러나 성경은 죽음은 자연스러운 것이고, 보편적인 것임을 말한다. 그리고 우리가 왜 죽는지에 대한 분명한 대답도 주고 있다. 그리고 죽음은 마지막이 아니라고 말한다. 죽음은 영원으로 가는 문이라고 증거 한다. 그런데 생각해 보자. 죽음이 왜 두려운 것일까? 이런 두려움이 아닐까? 내가 아무 것도 남겨 놓은 것 없이 나의 존재가 영원히 사라진다는 두려움, 내가 죽고 난 후에 사람들이 나의 숨겨진 죄를 알면 나를 정죄하지 않을까 하는 두려움, 정말 내가 죽으면 하나님께서 나를 환영하고 두 팔 벌려 기다려 주실까 하는 두려움, 그리고 그 견디기 힘든 죽음의 순간의 고통을 누가 함께 할 수 있단 말인가 하는 절대적인 고독감, 즉 우리의 과거와 현재와 미래의 통전적인 존재에 대한 두려움이 몰려올 것 같다.

그렇다면 예수님이 우리의 영원한 구원자란 의미가 무엇일까? 예수님은 십자가에서 우리가 지은 모든 죄를 용서하셨다고 말씀하셨다. 예수님은 우리 존재의 더러워진 타락한 본성을 단번에 깨끗이 용서하셨다. 예수님은 "나를 믿는 자는 영원토록 영생하리라."고 말씀하셨다. 십자가에서 조롱과 비웃음과 온몸이 뒤틀려지는 숨 막히는 고통을 경험해 보셨기에 병들어 죽음을 기다리는 자의 고통을 이해해 주시는 분이시다. 그러나 때로 우리의 양심을 향해 사탄은 속삭인다.

"예수님이 정말 너를 용서하실까? 너는 예외일 텐데."

"예수님이 정말 너를 사랑하실까? 너는 사랑받을 만한 일을 못했지 않니?"

"예수님이 정말 너의 고통과 죽음의 순간의 절대적 고독을 아실까? 정말 아실까?"

사탄은 교묘하게 우리의 믿음을 흩어 놓으려 한다. 그러나 복음은 '내가 너를 용서하고, 내가 너를 사랑하고, 내가 너와 함께 있다.'는 선언이다. 우리의 양심도, 노력도, 의지도, 행위도 아니라, 우리가 예수 그리스도를 믿음으로써 새로운 피조물인 하나님의 자녀가 되었다는 선언이다. "내가 너를 사랑하노라"고 끊임없이 십자가에서 불려지는 영원한 말씀이다. 우리가 예수님을 지식으로 아는 것이 아니라 우리의 온몸과 영혼이 우리를 온전히 구원하실 수 있는 구주 예수 그리스도를 알고 믿을 수 있다면 우리가 맞이 하는 죽음을 기대와 소망으로 맞이할 수 있을 것이다. 죽음의 고통도 알지 못하는 젊은 목사의 개인적인 말이라고 비아냥거리지 말자. 이것은 영원히 변함없는 하나님의 말씀이고 유한하고 연약한 인생들에게 주신 축복이요, 생애 최고의 선물임을 기억하자.

6장

인생은 아름다워라

"그러므로 이제 그리스도 예수 안에 있는 자에게는

결코 정죄함이 없나니

이는 그리스도 예수 안에 있는

생명의 성령의 법이 죄와 사망의 법에서

너를 해방하였음이라"

(로마서 8:1-2)

인생은 아름다워라

　필자는 장병들을 교회로 초청하여 영화를 관람한다. 최근에는 "인생은 아름다워"라는 영화를 상영했다. 허름한 하얀 천으로 스크린을 만들고, 프로젝트를 이용하여 만들어진 영화관이지만 목사가 말로 표현하지 못하는 메시지를 영상을 통해 대신 전하고 싶었다.

　이탈리아에서 극악한 파시즘이 맹위를 떨치던 1930년대 말, 주인공 유태인인 술집 웨이터를 하던 귀도는 운명처럼 초등학교 교사인 도라를 만난다. 그녀에겐 약혼자가 있지만 운명이라고 생각한 귀도는 그녀의 마음을 끌기 위해 모든 방법을 동원해서 결국 도라의 마음을 사로잡는다. 귀도의 순수하고 맑은 인생관과 꾸밈없는 유머에 이끌렸던 도라는 그와 결혼하여 아들 조슈아를 얻게 된다. 그러나 평화롭기 그지없던 이들 가족에게 닥쳐온 불행이 있었다. 독일의 유태인 말살 정책에 따라 귀도와 조슈아는 강제 수용소로 끌려간다. 남편과 아들을 사랑하는 도라는 유태인이 아니면서도 자원하여 그들의 뒤를 따른다. 귀도는 수용소에 도착한 순간부터, 조슈아에게 자신들이 처한 현실이 하나의 신나는 게임이라고 속인다. 귀도는 자신들이 특별히 선발된 사람이라며 1,000점을 제일 먼저 따는 사람이 1등상으로 진짜 탱크를 받게 된다고 설명한다. 어릴 때부터 장난감 탱크를 좋아했던 조슈아는 귀가 솔깃하여 아버지의 얘기를 사실로 믿는다. 두 사람은 아슬아슬한 위기를 셀 수도 없이 넘

기며 끝까지 살아남는다. 마침내 독일이 패망하였다. 그러나 혼란의 와중에서 탈출을 시도하던 귀도는 독일군에게 발각되어 사살 당한다. 1,000점을 채우기 위해서는 마지막 숨바꼭질 게임에서 독일군에게 들키지만 않으면 된다고 믿는 아들은 하루를 꼬박 나무 궤짝에 숨어서 날이 밝은 후 정말 탱크가 아들 앞에 나타난다. 영화의 마지막은 남겨진 아들과 어머니가 풀밭에서 껴안고 뒹구는 장면으로 마무리된다.

2002년 노벨 문학상 수상자인 헝가리 태생 유태인 작가 임레 케르테스(Imre Kertesz)는 아우슈비츠 강제수용소의 참혹한 경험을 유년시절에 겪어야 했던 홀로코스트(Holocoast)의 생존자였다. 그는 청소년 시절에 겪어야 했던 참혹한 수용소 경험은 그의 영혼에 지울 수 없는 상처를 남겼다고 하였다. 그는 소설을 쓸 때마다 아우슈비츠를 떠올렸다고 하였다. 무엇을 떠올렸을까? 궁금하다. 번역되면 읽어 보아야겠다.

그런데 이 영화에 나타나는 조슈아는 생존한 후에 무엇을 기억했을까? 수용소에서 안타깝게 죽은 아버지가 너무 억울하게 죽은 기억보다도, 아버지가 보여 주었던 그 사랑을 생각할 때마다 '인생은 아름다운 곳이구나!' 를 떠올렸을 것이다. 마치 신앙은 우리를 향한 변함없는 사랑을 기억하는 것처럼 말이다.

사람은 인생의 단계를 거치는 동안 중요한 만남을 경험하게 된다. 어린 시절에는 좋은 부모, 교사, 친구들을 만나 바른 변화와 성장을 위한 촉매 역할을 하게 된다. 그런데 그 좋은 대상과의 만남이 이루어지지 못하여 겉으로는 웃고 있지만 속으로는 울고 있는 장병들이 너무나 많다. 군대는 이들의 아픈 마음을 만져 주고 싸매어 주고 힘을 북돋아 주는 치유와 변화를 위한 좋은 현장임을 확신한다. 신앙은 내가 비록 가정과 사회에서 사랑을 받지 못하며 살아왔을지라도 나의 존재를 기뻐하고 환영해 주고 나를 진정으로 사랑했던 진정한 대상과의 만남인 것이다. 그 사랑이 있기에 "인생은 정말 아름답다"고 말하는 것이 아닌가?

영성과 감성이 어우러진 교회를 소망하며

목사에게 행복한 고민이 있다면 "하나님은 당신을 정말 사랑하십니다."라는 기독교의 가장 위대한 메시지를 어떻게 보여 주느냐 하는 것이다.

'절대 느낌을 요구하는 포스트모던 시대의 젊은 형제들에게 복음을 어떻게 느끼게 하느냐?

'복음을 듣지 못한 세대에게 저들의 단어와 이미지를 가지고 어떻게 이해하고 받아들이게 할 것인가?

이와 같은 거룩한 부담을 안고 있다. 교회는 성도들의 예배처소인 동시에 복음을 듣지 못한 사람들을 초대하여 복음의 메시지를 보여 주는 처소이기도 하다. 성도들에게 교회에서 예배를 드릴 수 있는 권리가 있듯이 불신자들도 교회에 자유롭게 찾아갈 수 있는 길이 활짝 열려 있어야 한다. 나는 우리 교회의 문턱이 낮았으면 좋겠다. 어떤 사람도 편하게 다가올 수 있는 곳, 기분 좋게 커피 한 잔을 함께 나눌 수 있는 분위기 있는 항상 열려진 공간이 되기를 바란다.

지난 주 100% 준비된 것은 아니지만 영상 장치를 설치하고 예배를 드렸다. 형제들과 교우들이 설교자의 눈과 표정을 가까이에 볼 수 있어 좋았다는 피드백을 주셨다. 목사로서 복음을 증거 하는 자의 마음까지 바라볼 수 있다면 좋겠다하는 기대도 해 본다. 무엇보다도 목사의 설교를 통해서 "나는 이미 사랑받은 존재(pre-loved being)"라는 사실을 받아 주기를 바란다. 이것은 목사의 기대를 넘어서는 나를 아름답고 가치 있게 지으신 하나님의 마음이다.

나의 꿈이 있다면 하나님의 사랑, 즉 복음을 쉬운 용어로 매우 설득력 있게 전할 수 있는 사람이 되고 싶다. 아직 복음을 확신하지 못하고 믿지 못하는 젊은이들이 들으면서, 보면서, 초코파이와 같은 '정'을 음미하면서, 교인들의 향기 사랑과 섬김의 냄새를 맡으면서, 언제든지 한 존재를 환영해 주고 안아 주는 따뜻한 감촉이 있는 예배를 통하여 영성과 감성이 하나로 엮어지는 총체적인 경험을 갖게 하고 싶다. 정보를 주거나 설득하는 합리적인 이성에 호소하지 않고, 사랑받고 있다는 느낌, 참 편하고 좋다고 하는 느낌, 내가 존재하고 있다는 느낌, 이렇게 살아서는 안 되겠다고 하는 마음의 움직임, 나는 하나님 때문에 두렵지 않다는 확신을 예배 가운데 경험되어질 수 있는 예배가 있다면 바로 여기가 사도행전적 교회인 것이다.

변화의 물결에 휩싸여 어쩔 수 없이 영상 장치를 설치한 것이 아니다. 복음을 더 가까이에서 전하고 느끼게 하는 성물로 하나님께 드린 것이다. 하나님께 예배하고 불신자들을 초대하여 복음을 보여 주는 도구로 아름답게 사용되어지기를 소망한다. 아름다운 예배를 위하여 예배위원회가 만들어져야 할 것 같다. 하나님께 드려진 이 장치가 어떻게 하면 복음을 위하여 사용되어야 할 것인지 함께 고민해 보자.

이것이 사랑이다

지난 주 예배 후에 녹화된 설교하는 내 모습을 정말 오래간만에 볼 수 있었다. 신학대학원에서 설교학 교수님과 동료들 앞에서 설교하면서 평가받은 이후 처음으로 설교자로서의 내 얼굴과 목소리(잘 들리지는 않았다.), 그리고 설교의 내용을 객관적으로 바라본 것이다. 쑥스럽기도 하고 어색하기도 하였다. 10여 년 동안 매주일 설교를 해서 나름대로는 여유로움과 설교 전달 기술이 세련된 모습을 갖추고 있는 것 같지만, 화면 안에 있는 한 존재가 긴장하고 머뭇거리는 속사람을 마음의 눈으로 읽을 수 있었다. 그리고 조용히 마음속으로 주님의 따뜻한 음성을 화면 속에 비친 그 사람에게 전해 주었다.

"남기야, 그만 긴장해라"
"내가 너에게 할 말을 기록된 성경을 통해서 이미 주지 않았니?"
"남기야! 너는 내 마음을 전달하려고 노력하고 있구나, 참 네가 자랑스럽다."

주님께서 인정하고 사랑하고 칭찬해 준 그 존재를 나도 품고 이해하고 존중하기로 다짐해 보았다. 한국 교회 최고의 설교자를 한 명 뽑는다면 소망교회를 담임하시고 얼마 전에 은퇴하신 곽선희 목사님이시다. 스펄전 목사님이 한 생애 동안 6000회의 설교를 했다고 하는데 곽 목사님은 3만 번 이상을 하셨다고 한다. 곽 목사님의 설교나 강의를 들을 때마다 그분의 설교적 감각과 확신, 그리고 말씀을 전하실 때 강력하게 움직이시는 성령님의 역사를 느끼곤 한다. 70세가 넘어 은퇴하신 나이에도 넘쳐흐르는 생명력과 힘이 느껴진다. 젊은 목사로서 부러울 뿐이다. 이번 군종 목사 수련회 때 그분의 특강을 들으면서 한 가지 마음으로 깨달은 것이 있어 함께 나누고 싶다. '하나님께서 당신의 사랑을 보여 주는 설교자로 나를 선택하여 불러주셨다.'는 사실에 대한 감사이다. 지금은 부족하고 여린 설교자이지만, 이 모습 그대로 하나님께서 사용해 주심에 감사한 마음이다.

하나님의 마음을 드러내는 존재인 목사로서 나는 '이웃을 네 몸같이 사랑하라'고 하는 또 하나의 율법을 전하고 싶지 않다. 형제들과 교우들에게 사랑하는 마음이 생겨나는 은혜를 전하고 싶다. 주님께서 '사랑하라' 말씀하셨는데 사랑하지 못하고 있는 자신의 모습을 보면서 자신을 정죄하고 자신과 다른 사람들을 비판하는 것이 아니라, 나는 이미 사랑받은 자, 하나님의 자녀임을 확신케 하고 싶다. 우리는 이미 그리스도의 십자가의 피로 말미암아 용서받고 사랑받은 존재임을 가슴으로 보여 주고 느끼게 하고 싶다. 형제들에게 내 설교의 내용을 기억해 달라고 하지 않을 것이다. 오늘 "이것이 사랑이다"라는 제목으로 설교를 할 것이다. 말이 아니라 설교를 통해서 한 사람 한 사람에게 다가가시는 하나님 아버지의 마음을 느끼고 깨닫는 은혜의 시간이 되기를 소망한다.

사랑의 얼굴을 보여 주는 자

지난 몇 주 "이것이 사랑이다"라는 제목으로 사순절 설교를 선포하고 있다. 설교자로서 나는 사랑받을 자격이 없는 사람이라고 자신을 정죄하는 사람들에게 몸으로 보여 주진 못하지만 십자가에서 강도에게 보여 주신 그 사랑을 말씀으로 전하고 싶다.

지난주는 설교 중에 영화 "데드 맨 워킹"의 마지막 부분 사형수의 회개의 순간을 보여 주면서 십자가에서 강도를 향한 구원과 사람의 이성으로 헤아릴 수 없는 참 사랑을 전하였다. 1996년 아카데미 여우주연상을 수상한 수잔 서랜든이 수녀 역을 맡고, 1996년 베를린 영화제 남우주연상을 수상하고, 2004년 아카데미 남우주연상을 받은 사형수 숀 팬이 나오는 영화이다. 감옥 생활의 외로움과 고통을 달래줄 상대가 필요하다고 호소하며 면회가 불가능하면 편지라도 써달라고 애원하는 사형수와 그의 부탁을 듣고 교도소에 처음으로 방문하여 끝까지 포기하지 않고 인간에 대한 깊은 사랑을 보여 준 수녀와의 만남을 묘사한 휴먼 드라마이다. 이 영화를 보기 위해서 비디오 가게를 많이 돌아다녔지만 찾지 못하다가 지난 주 대형 비디오 가게에서 시간이 오래되어서 처분된 영화를 단번에 구입해 왔다.

사형수 메튜라는 인물은 데이트 중이던 연인을 강간하고 잔혹하게 살해한 후 사형 선고를 받았고, 거기다 아주 비열하게 자신의 죄를 조금도 인정하지 않는 짐승과 쓰레기 같은 인간이라고 사람들은 말한다. 그럼에도 불구하고 헬렌 수녀는 변호사를 선임하여 사형을

면하게 하고자 노력하지만 결국 사형장으로 끌려가는 사형수 메튜에 대한 고귀한 사랑을 포기하지 않는다. 사형장으로 들어가 죽는 그 마지막 순간에 보는 얼굴이 "당신을 끝까지 사랑한 얼굴이 되었으면 좋겠다."는 말을 건넨다. 그렇다. 예수님의 피 묻은 얼굴은 십자가에 달린 강도에게 마지막 보여 주신 얼굴이었다.

십자가에서 "내가 너를 사랑하노라."고 하신 하나님의 진실을 살이 찢겨지고 피를 흘리시는 모습으로 보여 주신 것이다. 헬렌 수녀가 이 사형수와 함께 있어 그의 말을 들어줄 수 있었던 것은 사형수도 한 인간이라는 것이다. 사형수가 마지막 순간에 자신의 죄를 고백하고 자신이 죽은 연인들의 부모에게 죄 용서를 고백할 수 있었던 마음의 변화를 일으킨 것은 헬렌 수녀의 조건 없는 사랑이었다. 모든 인간은 용서받을 수 있는 존재라는 것, 모든 인간은 사랑을 받을 수 있는 존재라는 것, 즉 이미 십자가에서 흘리신 예수 그리스도의 구속으로 말미암아 사랑함을 받은 존재라는 것이다. 사형수가 이렇게 고백한다.

> "나 같은 쓰레기에게 하나님의 자녀라는 말을 건네준 사람이 없었습니다. 그 누구도 나에게 사랑의 눈빛을 보내 준 사람이 없었습니다. 당신은 나에게 진정한 사랑을 알려 주고 보여 준 사람입니다."

가슴에 전율이 느껴지는 순간이었다. 죽으면서 진정한 구원이 일어나는 감격적인 순간이었다.

　나는 지난주 비전 캠프를 준비하면서 시작하기 전날 이 영화를 보면서 캠프에 참여할 20여 명의 형제들을 환대함으로 맞이할 수 있는 마음이 준비되었던 것 같다. 한 주간 이들에게 당신은 이미 사랑받은 존재로서 소중하고 가치 있는 이 세상에 하나밖에 없는 '꽃보다 아름다운 당신' 이라 보여 주고 싶었다.

　한 주간 동안 캠프에 참석한 형제들이 기록한 자신에게 보내는 편지, 자신의 인생 1막과 앞으로 전개될 2막 이야기, 현재와 미래의 자화상의 그림들, 마지막 참가한 모든 사람들과 함께 한 롤링 페이퍼의 내용을 다시 살피며 정리하면서 하나님께서 나를 당신의 사랑을 보여 주는 자로 세워 주신 것에 대해 감사의 시간들을 갖기도 하였다. 지난 날 우리의 한 맺힌 자신을 비우고 우리 마음을 하나님의 말씀과 사랑으로 채우면 인생이 달라지게 될 것이다. 우리 안에 있는 세상이 변화될 때 즉 나는 사랑함을 입은 존재임을 발견할 때 우리 인생의 2막 이야기는 더욱 아름답게 지어져 나갈 것이다.

사랑은 들어 주는 것이다

나는 TV 드라마를 잘 보지 않지만, 예하부대를 순회하면서 병사들의 이야기를 듣다 보면 정말 드라마 같은 이야기를 듣게 된다. 그 드라마의 주인공들인 살아있는 인간 문서를 만나는 특권을 갖게 된다. 나는 그들의 이야기를 들으면서 내가 경험하지 못한 심오한 삶의 길을 경험하게 되고, 참가자들은 자신의 내면에 있는 이야기를 말할 수 있는 용기를 가지고, 내부 깊숙이 숨겨 왔던 아픈 이야기를 하게 된다.

지난 주 예하부대에서 날라 온 한 형제의 편지이다.

> "훈련소 때부터 지금까지 아무 말 안 하다 목사님과 다른 중대 아저씨들에게만 말을 한 것입니다. 목사님의 토론 방식이 참 편하고, 가슴에 묻어두었던 것들을 조심스럽게 이야기하게 되었습니다. 저 지금 웃으면서 편지 써요. 자대 와서 혼자 있어도 안 웃었는데 목사님 만나고, 이제 조금씩 미소를 찾아갑니다. 천주교에 몸담고 있는 내가 목사님께 편지를 쓴다는 것도 사실 저는 웃깁니다.^^ 다음 달에 다시 뵐 목사님이 벌써부터 보고 싶습니다. 사실 목사님 가시고 저희들끼리 담배피면서 이야기를 했는데 다음 달에 다시 오자는 말이었습니다.(중략)"

이러한 편지를 받을 때마다 '나는 그들의 이야기를 들어 준 것 밖에 없는데…' 하는 생각을 하게 된다. 그러면서도 나에게 이러한 치유와 변화의 현장에 세워 주신 주님께 감사를 돌려드린다. 누군가에게 편안하게 자신의 이야기를 할 수 있다는 것은 심리적 산소를 마시는 것과 같다고 한다. 그렇다. 들어 주는 것은 가장 강력한 사랑의 표현임에 틀림없다. 들어 주는 것은 건강하고 성숙하다는 것을 의미한다. 몸과 마음이 건강하지 못하면 결코 들어 줄 수 없다. 건강하지 못한 부부, 가정, 교회, 사회는 서로 자기 이야기만 하게 된다. 그래서 지역과 문화의 편협적인 대립과 갈등으로 나타나게 된다.

월 6회 정도 예하부대 병사들의 이야기를 듣기 위해 차를 타고 전국으로 순회하면서 들어 주는 일들을 감당하고 있지만 때로 몸과 마음이 피곤하여 병사들의 이야기를 깊이 듣기가 어렵다는 것을 경험한다. 단순하게 인격 지도 교육으로 몇 백 명 모아 놓고 1시간 교육하고 오면 성과 위주의 군대 사회 속에서는 더욱 효과적인 것이 아닌가 하는 생각도 갖게 된다. 하지만 몇 명이지만 "내 이야기를 들어 주세요." 하는 형제들의 소리를 외면할 수 없기에 어렵지만 들어 주는 사역을 고집스럽게 하고 있다. 들어 주는 것은 그 사람의 삶의 이야기에 내가 그의 이야기 속에 빠져 들어가야만 하는 깊은 사랑이 필요하다. 그래서 들어 주는 것은 사랑이요, 희생이다.

우리는 사랑하며 살기를 원하고 있다. 그러면서 아이러니하게 나도 모르는 사이에 남편과 아내를 정죄하는 자리에 앉게 된다. 그리고 일방적으로 나만의 이야기를 하게 된다. 신앙의 이름으로 말이다. 사랑이란 자기를 비워 종의 모습을 취하시고, 사람과 같이 되신 주님처럼 상대방의 마음속으로 함께 들어가 보는 것이다. 그리고 그 편에서 이야기해 주고 표현해 주는 것이다. 상대방이 틀렸어도 말이다. 주님은 우리가 틀렸기 때문에 우리가 이해하고 볼 수 있는 방법으로 십자가에서 사랑을 보여 주신 것이다. 진정으로 사랑해 보자. 가만히 앉아 서로의 눈을 바라보면서 내 이야기가 아니라 상대방의 이야기를 먼저 들어 주는 사랑이 가득한 한 주간이 되기를 소망한다.

나는 당신을 모르기 때문에
당신을 알고 싶어요

　심리학은 주로 기억을 더듬으며 내 지금의 문제가 어디에서 시작되었는지를 파헤치면서 과거의 문제를 결정론적으로 다룬다. 내가 기억할 수 있건, 기억하지 못하건 간에 과거의 경험들은 현재 나의 성격, 대인 관계, 자존감, 존재감 형성에 영향을 준 것은 이미 심리학의 주된 경향이다. 영혼을 치유하는 기독교의 중심 사상에서도 예외일 수 없는 분명한 사실이다. 하나님을 아버지라 부르고 있지만 마음속에 고아와 같은 마음을 지울 수 없는 것, 다른 사람들이 보기에 사랑받을 만하고 인정받기에 충분한 능력을 가진 사람이지만 자신 안에 '나는 별 거 아니야.' 하는 거짓된 음성을 버리지 못하고 살아가는 이유는 분명 어린 시절 내가 만났던 사람들과의 관계와 분위기, 그리고 내가 기억하지 못하는 크고 작은 상처들이 자신에 대한 자화상을 그리게 되는 것이다.

　그러나 아무리 수많은 사람을 만나 본 심리분석전문가라 할지라도 한 사람을 온전하게 이해한다는 것은 결코 쉬운 일이 아니다. 인간은 몇 부류의 사람으로 쉽게 나눌 수 있는 단순한 존재가 아니기 때문이다. 그러기에 우리는 사람을 만나고 사람을 알고자 할 때에는 겸손히 '나는 당신을 모르기 때문에 당신을 알고 싶어요.' 라는 마음으로 다가서야 한다. 그래서 너무 쉽게 내가 네 마음을 안다고 말하기가 어려운 것이다. 몇 마디의 대화와 성격 검사 도구로 한 사람을 분석한다는 것은 그 사람의 빙산의 일각만 보는 것이다. 그런데 우리의 모습을 돌아보자. 우리는 한 두 마디의 말과 몇 번의 만남을 통해서 "그 사람은 …한 사람이다."라고 평가한다. 지금 드러난 모습을 가지고 한 사람의 존재 가치에 대해서 말하는 것은 분명 복음이 아니고 '율법'이다.

예수님을 묵상해 보자. 예수님께서 한 존재를 어떻게 바라보셨는지, 그 한 사람에게 어떠한 마음을 가지고 다가가셨는지, 그리고 어떠한 말씀을 하셨는가? 주님은 우리가 진정 무엇을 원하는지를 아셨다. 진정한 사랑에 대한 목마름, 죄로 말미암아 고통스러워하고 있을 영혼의 신음 소리를 들으시고 주님은 "내가 너를 사랑한다. 내가 너를 용서한다."고 말씀하셨다. 자신은 하나님으로부터 버림받고 있는 처절한 고통스러운 그 순간에 말이다. 그리고 십자가에서의 깊은 사랑을 경험했지만, 다시금 연약한 인간이기에 사랑해 주신 예수님을 볼 수 없어 외로워하고 있는 사람들에게 "내가 영으로 너희와 세상 끝날까지 함께 있으리라."는 약속도 해 주셨다.

주님을 만났다고 고백할 수 있는 것은 십자가에서 보여 주신 진실한 사랑을 경험한 것이다. 마음의 병은 "나는 사랑받지 못했고, 내가 왜 사는지 모르겠다."고 하는 의미 없는 것처럼 여기는 것으로 출발한다. 이에 대해 복음은 하나님이 우리를 사랑하시고, 우리가 하나님의 목적에 의해 지어진 존재란 사실을 선포한다. 깨어지기 쉽고 이미 전적으로 회복 불가능할 것은 우리 안에 보배 되신 예수님이 계시니 우리는 세상에서 가장 귀하고 소중한 사람이라 할 수 있는 것이다. 예수님은 십자가에서 자신의 전부를 우리에게 주셨다. 생명까지도…. 그 받은 사랑과 자격 없는 자에게 무조건 호의를 베푸신 은혜를 기억하고 감사하는 자가 되기를 소망한다.

진정한 존중과 배려란
들어 주는 것이다

함께 비슷한 처지의 사람들이 모여 이야기를 들을 수 있도록 배려해 주는 소그룹 모임이 나의 군 목회 사역의 중요한 뼈대가 되고 있다. 연대 군종 목사로 사역을 하면서 GOP 경계 작전에 투입되지 못한 장병들의 상실감의 이야기부터 지난 주 해외에서 수년간 거주했던 장병들의 이야기를 듣기까지 이야기를 할 수 있도록 들어 주는 환경과 이야기하고 싶은 대상이 될 수 있도록 노력하여 왔다.

바쁜 현대인들에게 3박 4일의 시간을 함께 숙식을 하면서 이야기를 들을 수 있는 기회란 결코 쉬운 일이 아닐 것이다. 대부분의 병사들은 이야기의 대상을 찾아 건강한 자신의 마음을 전달해 왔지만, 너무 슬퍼 말하지도 못하고 느끼려 하지 않던 조용하고 착한 장병들이 의외로 많이 있는 것을 발견한다. 장병들의 이야기를 듣다 보면 너무 일찍 닥쳐온 슬픈 이야기들, 존경과 사랑과 의지의 대상에게 오히려 눈치를 보며 주눅이 든 이야기, 심지어 자신의 마음을 그 누구에게도 표현하지 못하고 감추어 둔 이야기, 가슴이 뻥 뚫린 공허와 우울의 이야기들을 만나게 된다.

몇 년 전부터 군에 이러한 가슴 아픈 이야기들을 간직한 병사들이 함께 모여 빛바랬던 과거와 고통스러운 현재와 미래의 이야기를 함께 나누는 비전 캠프 프로그램이 적용되어 지금까지 시행하고 있다. 이 프로그램을 통해 생명을 존중하고 한 인격을 배려하는 성숙하고 치유적인 건강한 공동체가 되어 가고 있다고 평가하고 싶다. 이런 의미에서 20대의 젊은 형제들이 있는 군대는 치유와 회복과 사랑이 있는 희망의 땅이라 말하고 싶다.

지난주에는 군 공동체 안에 있지만 왠지 모를 이방인처럼 느끼고 살아가고 있는 장병들을 만날 수 있었다. 이들은 해외에서 오랜 시간 동안 생활했던 장병들이다. 대부분의 병사들은 건강한 자아와 신앙을 소유한 병사들이었기에 두 번의 큰 충격이 있었지만 버티고 자신의 소리를 소신껏 말할 수 있는 힘이 있음을 확인할 수 있었다.

하지만 아무리 겉으로 적응을 하고 부족함이 없는 이야기를 갖고 있지만 새롭게 적응해야 하는 충격적 시기에 누군가 스펀지와 같이 함께 그 충격을 몸과 마음으로 맞아 줄 수 있는 대상이 필요하다는 것을 새삼 깨닫게 되었다. 엊그제 해외에서 생활한 장병들에게 나는 내가 하고 싶은 말(교육, 설교, 강요)을 멈추고 이들의 눈에 맞추고 들어주고자 했다. 진정한 존중과 배려가 있는 선진 병영 문화는 이야기를 끝까지 들어 주는 것이라 말하고 싶다. 이야기를 평가하지 않고, 중간에 끊지 않고, 네 감정은 틀린 것이 아니라는 마음과 눈빛으로 한 사람의 이야기를 들어 주는 것은 그 존재를 온 몸으로 끌어안는 것이라 할 수 있다.

한 병사의 소감문으로 받은 은혜를 나누고 싶다.

"이등병 시절 가장 힘들었던 것은 나를 이해해 주는 사람이 없다는 고립감, 무슨 문제가 있어도 말할 수 없는 답답함이었습니다. 지금에서야 나의 감정이 힘들었던 것을 말하고 그리고 전부는 아니더라도 표현할 수 있어서 훨씬 좋아졌지만 이등병 때는 아니었습니다. 전역했던 그때 당시 분대장에게 이런 저런 시도를 말하는 기회를 만들어 보았지만 언제나 돌아오는 것은 내가 잘못하고 개선해야 된다는 답답함뿐이었고, 지금 생각해 보면 그것이 정답일 수 있겠지만 그냥 들어 주는 것도 큰 힘이 될 수 있었을 텐데 하는 아쉬움이 있습니다. 상급부대에서 마음의 편지를 쓰면 엄청난 큰 변화가 몰려와서 원치 않는 조치까지 떨어지는 것을 보면 그러한 과격함에 자기를 더 감추는 것 같습니다. 그런데 이렇게 비슷한 처지, 나이 또래 공감 가는 사람들이 모여 시간을 보내니 너무 값지고 복귀해서도 힘이 될 것 같습니다.(중략) 그리고 목사님이 저에게 해 주셨던 것처럼 다른 사람의 이야기를 잘 들어 주겠습니다. 정말 남의 이야기를 경청해 주는 것이 얼마나 중요하고 고마운 것인지 이 자리를 빌어서 느꼈습니다.”

기독교는 분명 존중과 배려의 정신이 뿌리가 된 종교라 할 수 있다. 왜냐하면 주님께서 우리를 정말 존중하고 배려하고 있다는 것을 친히 보여 주셨기 때문이다. 주님은 가장 의미심장한 십자가의 길을 걸어가는 그 시점에서 가던 길을 멈추시고 “소경된 그를 불러오너라.”고 말씀하셨다. 그리고 그가 무엇을 원하는지를 들으셨다. 주님이 우리를 사랑하시는 방법은 우리와 함께 눈을 맞대고 우리가 바라는 것이 무엇인지를 들어 주신 것이다. 한 주간 사람들의 이야기를 귀 담아 들어 보자. 후임병들은 무엇을 기대하는지? 선임병과 간부들은 무엇을 원하는지? 아내와 남편은? 우리 지휘관은? 주님이 우리의 이야기를 들어 주신 것처럼 주님을 따라가는 그리스도인이 된 우리도 이야기를 들어 주는 한 주간이 되어지기를 소망한다.

7장

속사람과의 진정한 만남

"하나님의 사랑이 우리에게 이렇게 나타난바 되었으니
하나님이 자기의 독생자를 세상에 보내심은
저로 말미암아 우리를 살리려 하심이니라.
사랑은 여기 있으니
우리가 하나님을 사랑한 것이 아니요,
오직 하나님이 우리를 사랑하사 우리 죄를 위하여
화목제로 그 아들을 보내셨음이라."

(요한일서 4:9-10)

복음이란 받아 주는 것이다

나는 그룹 상담 모임을 좋아한다. 그룹 안에 일어나는 변화를 향한 역동적인 힘은 우리의 생각보다 더 크고 대단하다. 모일 때마다 나는 한 마디의 말의 가치를 순간순간 새롭게 경험하곤 한다. 하나님께서 우리에게 말씀으로 찾아오시고 말씀으로 격려하셨듯이 서로에게 건네는 한 마디의 말이 존재 의미를 발견하게 하는 축복의 통로가 된다. 격려란 사람들로 하여금 어려운 삶 속에서도 보다 훌륭한 그리스도인이 되기를 갈망하도록 만들기 위해 건네주는 친절한 말(언어)이다. 그래서 성경은 시기적절한 말은 사람의 영혼을 살린다고 말한다.

나는 가끔 교인들 사이의 교제가 마치 여객기에서 내리는 승객들에게 항공사 직원이 건네는 친절한 인사말 정도의 깊이 밖에 되지 못하고 있다고 느끼곤 한다. 친절한 승무원들의 태도는 사람들 보기에는 참으로 다정하고 친밀해 보이지만 그런 말들은 돌아서면 전혀 기억이 나지 않는다.

목사와 여러분들이 마음속에서 진실한 관계를 원하면서도 진실한 말을 건네지 못하는 이유가 무엇일까? 두려움 아닐까? 설교할 때 긴장되는 순간, 화가 나는 순간은 내 이야기가 받아들여지지 않고 있다고 느낄 때다. 그러한 느낌이 들 때 설교를 빨리 끝내고 싶다. 때로는 더 흥분해서 더 큰 소리를 치기도 한다. 목사인 나도 여러분들에게 받아들여지고 싶었던 마음이 컸던 것 같다. 여러분들에게 사랑받고 싶다. 우리 형제들을 통해서도 하나님의 사랑을 느껴보고 싶다. 분명히 여러분들도 하나님의 사랑을 전하는 통로이기 때문이다.

복음이란 바로 이런 것이다. 복음이란 서로를 받아 주는 것이다. 복음의 삶이란 우리를 받아 주신 하나님의 은혜와 사랑 때문에 다른 사람들을 받아 주는 것이다. 바로 그것이 격려하는 삶이다. 이 사랑이 바로 우리 안에 있는 두려움을 몰아내 주는 것이다. 남들을 격려해 주기 위한 공동체를 형성하기 위해 노력하는 많은 프로그램들이 있다. 그러나 프로그램으로 해결되는 것이 아니다. 그것은 모든 것을 초월한 사랑이 바로 해답이다. 목사가 여러분을 사랑하고, 성도도 목사를 사랑하고 성도 간에 서로 격려할 수 있다면 우리 교회는 지상에서 가장 아름다운 곳이 될 것이다.

나는 사령탑교회가 부드럽고 안정된 촉감을 담은 한 마디의 말로 절망하는 사람에게 소망을 불붙여 주고, 차가운 세상에 따스한 온기를 주며, 자신의 결점에 대하여 고민하는 사람에게는 자신을 새롭게 평가해 주는 계기를 마련해 주고, 어려운 문제에 짓눌려 있는 사람에게는 새로운 확신을 불어 넣으며 서로를 격려해 주는 교회가 되기를 소망한다.

한 주간 비전 캠프를 진행하게 된다. 프로그램 진행자가 아니라 한 존재를 받아주셨던 주님의 사랑의 심장을 가지고 16명의 장병들을 맞이하고 주님의 사랑의 마음을 드러내는 은혜의 통로자가 되기를 기도한다. 함께 기도와 관심으로 동참해 주기를 바란다.

존재의 기쁨

가만히 생각해 보자. 나는 언제 가장 기뻐하고 있는가? 내가 다른 사람과 무엇인가 다름에서 오는 기쁨이 있다. 다른 사람들보다 무엇인가를 잘하고, 남들이 없는 것을 소유하고 있고, 남들이 해내지 못한 일들을 성공적으로 마침으로 찾아오는 성취감 같은 기쁨이다. 그런데 이러한 기쁨은 오래 지속하기는 힘든 것 같다. 왜냐하면 또 다른 기쁨의 조건을 찾다 보면 불안해지고 초조해지기 때문이다.

지난주 군종 목사들에게 한 번 쯤은 설교를 했으면 하는 육군본부 교회에서 설교를 하였다. 그곳이 군대교회에서 제일 큰 교회이고, 회중들이 많이 모이고, 나를 드러낼 수 있는 좋은 기회가 될 수 있다는 생각을 애써 감추어 보려고 했지만, 마음속에서 한 번의 설교이지만 잘해서 '나'라고 하는 존재를 알리고 싶다는 숨겨진 생각이 떠나지 않았던 것 같다. 설교를 하면서 장병들에게 설교를 할 때와 달리 회중들이 나의 눈을 마주쳐 집중해 주는 모습과, 설교 후 성도들이 기뻐하는 모습을 보면서 분명 나는 충분히 받아들여지고 있다는 것을 경험한 것 같다. 이 기쁨의 감정은 며칠 동안 지속되었다. 그런데 나를 더 기쁘게 한 것은 거기 모인 모든 사람들의 피상적 반응보다 나와 가까이 지냈던 한 성도의 말이었다.

"목사님, 저는 정말 행복합니다. 오늘 목사님 설교 제목처럼 존재의 기쁨을 누리고 있으니까요."

이 한 마디의 말이 나에게는 더 존재 가치를 느끼게 하고 기쁘게 하였다. 이러한 기쁨은 친밀함에서 경험하는 기쁨이라 말한다. 내가 느끼는 기쁨을 함께 누릴 수 있는 대상뿐만 아니라 나의 아픔과 슬픔을 함께 나눌 수 있고 더 나아가 짊어질 수 있는 좋은 친구가 있다면 '함께 있다는 기쁨'을 누릴 수 있게 될 것이다. 우리가 힘든 것 중에 하나는 내가 마음껏 내 마음을 이야기할 수 있는 사람이 없다는 외로움일 것이다.

한 주간 젊은 형제들의 좋은 친구로서 역할을 담당하고자 했다. 힘들었지만 그들의 인생의 이야기를 들어 주면서 친밀함의 기쁨을 누릴 수 있었던 시간이었다. 그러나 이 모든 것이 나에게서 사라질 때 어쩌란 말인가? 내 역할이 사라지고, 내 모든 사명이 끝나고, 내 사랑하는 가족이 떠나고, 인생의 크고 작은 일들이 내 뜻대로 안 될 때, 심지어 내 생명이 여기에서 끝난다 하더라도 기뻐할 수 있단 말인가? 모든 행복의 조건이 만족되지 못할 때 내가 존재하는 것만으로도 기뻐할 수 있다는 것! 내게 영원한 생명이 있다는 것! 이것이 존재의 기쁨이다. 이것이 복음이다.

자기 태에서 난 아들을 부모가 혹시 잊을지라도 나는 너를 잊지 않을 것이며 너를 내 손바닥에 새겼다고 하시는 하나님의 사랑 때문에 우리는 기뻐할 수 있다. 내 마음 속에 숨어 있는 속사람이 진정 십자가에서 보여 주신 그 사랑을 경험할 때 느끼는 기쁨, 마지막 십자가에서 피 흘리시며 강도와 예수님을 못 박는 무리들에게 보여 주신 그 사랑의 얼굴, 그리고 마지막 하나님께 올려드린 기도의 내용들을 기억하면서 사순절이 우울하고 슬퍼해야 하는 절기가 아니다. 그 사랑 때문에 존재의 기쁨을 더 풍성히 누리고 간직하는 시간들이 되기를 소망한다.

사계절의 기쁨

병사들의 이야기를 듣다 보면 정말 소설 같은 이야기들을 만나게 된다. 20여 년 그렇게 길지 않은 인생 이야기 속에 봄, 여름, 가을, 겨울의 이야기들이 되풀이 되면서 엮어지는 한 편의 장편 소설과 같다. 대부분 목사와 만남을 갖게 되는 병사들의 이야기는 추운 겨울의 이야기들이다. 나는 그 소설속의 주인공들인 젊은 형제들과의 만남 속에 따뜻한 봄바람이 되어서 얼어붙은 생각과 감정 속에 봄기운을 느끼게 하고 싶다.

우리는 만물이 새 생명으로 숨쉬고, 울긋불긋한 꽃과 향긋한 풀냄새가 있는 봄이라는 소중한 시간을 다시금 부여받게 되었다. 내가 살아서 숨을 쉬고 있는 자체가 행복이라 느낄 만큼 너무 상쾌하고 좋은 계절이다. 그리고 내가 만나는 모든 사람들이 너무 아름답게 보인다. 하나님의 축복된 동산에서 젊은 아담과 하와가 사랑으로 만나고 사랑의 이야기를 속삭이며 가장 행복하게 살았던 계절이 봄이 아니었을까 하는 생각도 해 본다. 그래서 사람들은 마음 깊은 곳에서 에덴을 그리워하며 행복해지기를 원하는 본능을 소유한 것 같다.

나는 젊은 형제들을 볼 때마다 군복을 입었지만 군대 생활을 하면서 이러한 봄의 향취를 느낄 수 있는 여유가 있었으면 좋겠다는 생각을 갖게 된다. 저 푸른 하늘을 바라보면서 하나님의 위대한 창조의 능력을 깨닫고, 저 나무 위에 지저귀는 새들을 바라보면서 하나님을 찬양하는 마음을 느끼고, 저 화려한 동산과 무성한 나무들을 바라보면서 하나님이 주시는 봄의 기쁨을 누릴 수 있다면 그것이 행복이 아닌가?

"군대에도 행복이 있다. 군대에도 아름다움이 있다."

"내일을 기대하지만 오늘도 기대해 보자."

이렇게 선언하자. 마지막이 없다면 얼마나 우리의 삶이 단조로울까? 지금 우리의 젊음의 시간이 아름답다고 말하는 것은 노년이 있기 때문이고, 현재 내가 살아 있음이 귀한 것은 죽음이라는 결산이 있기 때문이다. 어떤 신학자는 우리의 살아 있음이 "짧은 은총"이라고 말하기도 하였다. 살아 있음은 가장 고귀한 하나님의 선물이다.

복음이란 하나님께서 우리 인간에게 펼쳐 놓으신 놀라운 사건에 대한 좋은 소식을 말한다. 복음은 율법이나 철학이 아니다. '네가 남들로부터 사랑 받고 싶으면 사랑하라.'고 말한다면 이것은 율법이다. 반면에 '사랑이란 인생에서 가장 아름다운 것이다.'라고 말한다면 이것은 지혜이다. 그러나 '모든 사람이 당신을 버렸을지라도 하나님께서 그리스도 안에서 당신을 사랑하셨다.'고 한다면 이것은 복음이다.

죽음에 있어서도 마찬가지이다. '네가 죽기 싫으면 다른 사람들을 죽이지 말라'고 말한다면 이것은 율법이다. '모든 인간은 죽기 마련이다.'라고 말하면서 죽음을 차분히 기다린다면 이것은 철학이며 지혜이다. 하지만 '예수 그리스도께서 당신을 위하여 사망 권세를 이기시고 부활의 사건을 통하여 영원한 생명을 허락하셨다.'고 말한다면 이것은 복음이다.

그리스도인들이란 이러한 복음의 시각에서 우리의 죽음을 받아들이는 사람들을 의미한다. 부활절을 맞이하였다. 생명의 봄기운을 전해 주는 따뜻한 봄바람이 되어보자. 추운 겨울 나와 함께 하신 주님께서 내가 새 생명의 동산에서 기뻐하며 즐거워하는 모습을 보시고 너무 흐뭇하게 웃고 계실 것이다. 부활하신 주님께 "주님! 샬롬!"이라 인사해 보자. 그리고 서로에게 다가가 이렇게 인사해 보자.

"부활의 기쁨이 그대와 함께!"

부활의 소망이 있어 우리의 젊은 날 군 생활도 기쁘고 아름답게 써 나갈 수 있을 것이라 확신한다.

내가 초라하다고 느껴질 때

20대 젊은이들 특히 군에 있는 형제들이 가장 힘들어하는 것, 다른 말로 이들이 원하는 것이 무엇일까? 10년 군복을 입고 형제들을 만나면서 나름대로 몇 가지로 정리해 보았다.

첫째, 군대가 싫은 것은 자기 개발에 걸림돌이 된다는 생각일 것 같다. 병역 비리의 출발점은 이런 생각에서 출발하지 않았을까 하는 생각을 해 본다.

둘째는 사람들의 기억 속에 내가 잊혀져간다는 외로움, 고독감이 아닐까? 군대에 인터넷만 되어도, 핸드폰만 사용할 수 있어도 답답함은 사라질 텐데 하는 생각이 든다. 현대인들에게 길들여진 습관이 있다. 집에 들어오면 컴퓨터를 켜고 메일을 확인하는 것, 핸드폰 자꾸 만지고 확인하는 것은 누군가에게 내가 기억되는 필요한 사람이라는 것을 확인받고 싶어 하는 마음일 것이다.

셋째는 내 의지와는 상관없이 절대적인 명령과 규정에 의해 움직여야 한다는 구속감이 아닐까? 한 마디로 말한다면 나의 존재가 초라해진다는 느낌이라 생각된다.

요즘 젊은 청년들은 학력 수준이 높고 컴퓨터를 잘 다루고 기술과 능력 면에서 매우 뛰어난 세대이다. 너무 바쁜 부모들이 아이들을 텔레비전이나 인터넷 앞에 너무 많이 방치했고, 이것이 아이들의 세계를 없애버리고 바로 어른 세계로 건너뛰게 한 것 같다. 그래서 나이가 먹으면서 교육 수준이나 수입이 늘어가도 속사람은 자기밖에 모르는 철부지가 되고, 이 불균형 속에 영혼이 찌들고 병들게 되었다는 것이다. 몸은 분명히 성인이 되어 가는데 내면의 세계는 너무 황량하고, 비관적인 생각으로 불안과 열등감이 유난히도 많은 세대라 할 수 있다.

신세대 사역을 하면서 신세대를 이해하기 위한 음악이나 조명이나 장소를 중요시하는 것도 중요하지만, 신세대나 구세대 모두에게 존재하는 깊은 내면의 영적인 갈증을 보아야 한다고 믿는다. 보이지 않는 저들의 내면세계를 바라 볼 수 있는 영적인 눈이 떠져야 한다. 젊은이들이 원초적이고 감각적인 것에 집착하는 것은 저들 안에 진정한 사랑이 필요하다는 것 아닐까? 저들이 탈영을 하고 자살을 시도하는 것은 '제발 나에게 관심을 보여주세요!' 라는 영혼의 절규이다. 저들이 더 이상 희망이 없다고 말하는 것은 "나를 도와주세요, 나를 구원해주세요!"라는 도움의 외침이라 할 수 있다. 또한 무엇이 중요한지 몰라 이것을 할까? 저것을 할까? 하며 두리번거리고 있다는 것은 저들이 참 진리를 찾고 싶다는 영적인 탐구에 대한 갈망이라 여겨진다.

영혼을 돌보는 목사로서 분명한 확신이 있다. 내가 존재한다고 하는 느낌, 내가 소중하다고 하는 생각, 이렇게 살아서는 안 되겠다고 하는 깨달음, 내 인생은 무궁무진한 가능성과 희망이 보인다고 하는 확신, 나의 부족함과 연약함에도 죄를 지었음에도 불구하고 여전히 나는 이미 사랑받은 존재임을 확인할 수 있는 곳은 어디일까? 나는 지금 여기 하나님의 말씀이 선포되어지는 예배의 자리에서 존재의 풍성함을 경험할 수 있다고 믿는다. 영혼을 돌보는 목사의 소원과 기쁨이 있다면 이런 고백을 듣는 것이다.

"목사님! 예배를 통해서 영혼이 회복된다는 것이 이런 것이라는 것을 오늘 느꼈습니다."

"내가 누구인지 이제 알았습니다."

그러나 졸음만 오고, 설교 내용의 말꼬리를 잡아서 "저건 틀렸어!"라고 의심과 비판 속에 말씀을 듣고 있다면 어느새 우리의 영혼이 병들어 신음하고 있다는 것이다. 아마도 이러한 사람의 마음속에 이러한 변명이 있을 것이다.

"목사님, 내 삶이 너무 힘들었어요, 너무 우울해요, 영적으로 지쳐있어요, 느낌이 없어요."

그러나 이러한 마음 깊은 곳에는 하나님을 간절히 찾는 마음의 소리가 있다.

"하나님! 한 번만 나에게 다가와 주세요! 하나님! 한 번만 당신을 보여주세요! 하나님! 당신의 사랑을 한 번만이라도 느꼈으면 좋겠네요!"

주님은 이러한 형제들의 마음도 있는 그대로 이해하시고 정죄하지 않고 지쳐 있는 우리의 영혼을 어루만져 주시는 분이시다. 설교를 통해서 하나님의 변함없는 사랑과 끝없는 용서와 받아주심을 느낄 수 있다면, 목회자의 방문을 통해서 하나님은 당신에게 정말 관심이 있는 분이신 것을 조금이라도 느낄 수 있다면, 목회자가 귀 기울여 성도들의 마음을 들어 주는 것을 통해서 우리의 마음을 살펴주시는 하나님을 체휼할 수 있다면, 연약하지만 하나님의 은혜의 통로로 사용되어지는 것이 아닐까?

모일 때마다 하나님의 살아계심을 느낄 수 있는 교회, 교회 어른들의 다정한 미소 띤 얼굴을 통해서 하나님이 정말 우리를 환영해 주시는 것을 느낄 수 있는 교회, 강단에 걸려 있는 예수 그리스도의 십자가를 바라볼 때마다 우리가 용서받은 존재임을 온몸으로 느낄 수 있는 생명의 현장이 살아 있는 교회, 저마다의 이야기를 들어 주면서 상처를 싸매어 주고 위로해 주는 관계를 통해서 하나님이 정말 우리와 함께 계시는 분이신 것을 확인할 수 있는 교회가 되기를 소망한다. 여러분들을 예배의 자리로 초청한다. 내가 살아 있음을 확인할 수 있는 존재의 기쁨의 자리로 말이다.

갑작스런 죽음 앞에서

죽음이 두려운 이유가 무엇인가? 어느 날 내 죽음을 아무도 알지 못하고 혼자 죽어야 한다면 생각만 해도 두렵기만 하다. 내가 죽으면 나를 아는 사람들은 나의 죽음에 대해서 어떻게 평가해 줄까? 내가 말하기 부끄러웠던 지난날의 나의 행적이 있는 그대로 드러나면 어떻게 하나? 이런 두려움이 있을 것 같다. 이러한 마음에서 예외인 사람이 있을까? 그러나 복음은 우리를 이러한 두려움에서 자유롭게 하신다.

"내가 너를 사하노라."

뿐만 아니라, 내 몸이 병들어 신음하며 아파하는 그 순간에 누가 내 이 아픔을 함께 감당해 줄 것인가? 이와 같은 절대적 외로움도 있을 것 같다. 그래서 사람들은 같이 죽자는 말을 많이 하는 것 같다. 그러나 복음은 이러한 절대적 외로움을 해결하신다. 하나님께 버림 받으시면서까지 십자가의 고통을 경험하신 주님은 "내가 너의 고통을 안다."고 말씀하신다. 그리고 십자가에서 죽으셨다. 바로 우리의 죄 때문에 더 나아가 이 삶이 끝나면 나는 사라지는 것일까? 영원한 삶이 있다면 나는 어디에서 그 영원이란 시간을 보낼 수 있을까? 그래서 사람들은 자신을 대체할 만한 업적과 기념비를 세우고 세상을 떠나고자 한다. 그러나 복음은 "내가 너를 위해 준비한 집이 있다."고 말씀하신다. 해지는 저녁 재미있는 놀이를 끝내고 집에 돌아가는 아이처럼 우리의 삶의 즐거움을 경험한 후에 영원한 아버지의 집에 돌아갈 수 있다고 말씀하셨다.

지난주 사랑하는 한 간부의 갑작스런 죽음을 맞이하게 되었다. 사람들은 죽음을 경험할 때마다 삶에 대한 해석을 하게 된다. 저마다 '인생이란 이것이다.' 라고 정의를 내린다. 나는 신학을 공부한 목사이지만 이러한 갑작스런 사건 앞에서 하나님의 섭리요, 모든 것이 합력하여 선을 이룬다고 쉽게 말하고 싶지 않다. 단지 성경이 교훈하는 것처럼 지혜자는 혼인집보다 초상집에 다닐 것을 권고하고 있는데, 사랑하는 사람을 잃은 부모와 아내와 아이들의 울부짖음을 들으면서 삶의 마지막 시간을 헤아리는 지혜가 필요하리라 생각된다. 누워 있어 말없는 형체를 바라보면서 '저 몸은 어떻게 되는 것일까?' '다시 만날 수 있는 것일까?' 하는 가장 솔직한 질문을 하게 된다.

성경은 분명히 이 땅에서의 삶이 끝나면 영원한 하늘나라가 있다고 말씀해 주고 있다. 또한 우리의 육체를 일컬어 '장막' 이라 부른다. 이 땅에서의 삶은 임시로 거주하는 장소라는 의미이다. 성경은 우리의 장막집이 무너지면 하나님께서 지으신 집 곧 손으로 지은 것이 아니요, 하늘에 있는 영원한 집이 있다고 증거 하셨다.(고후 5:1) 우리가 죽으면 우리의 몸은 하늘에 속한 자의 형상, 신령한 몸, 즉 예수님과 같은 몸으로 변하여 영원토록 아버지의 집에서 안식하게 된다고 증거 한다. 그곳은 더 이상 슬픔과 괴로움, 아픈 것과 썩는 것이 없는 영원하신 하나님 아버지와 함께 하는 나라이다. 이것이 복음이다.

복음이란 우리는 결코 사라지지 않는 영원한 생명이 있는 존재라는 것이다. 갑작스런 죽음 앞에서 슬퍼하며 아파할 유족들을 위로하면서 하늘의 소망을 바라볼 수 있도록 성령께서 마음을 부드럽고 평안하게 해주시기를 기도한다.

"어두운 후에 빛이 오며, 바람 분 후에 잔잔하고, 소나기 후에 기쁨 있고, 수고한 후에 쉼이 있네."

함께 찬양을 묵상하면서 주의 은혜를 기다리는 한 주간이 되었으면 한다.

하늘에 속한 사람

군종 목사로서 군대에 파송된 선교사로의 자의식을 가지고 선교적 목회 패러다임으로 10년을 달려 왔다. 복음을 전하는 전도자로서 나는 특수한 현장에서 사역을 하고 있기 때문에 마음 한 구석에 다른 민족과 세계와 열방에 대해서는 내 영역이 아닌 것처럼 생각을 하고 있었다. 또한 7-8여 년 치유와 돌봄의 사역에 집중하면서 안으로, 그리고 내적으로 영혼을 향하는 목회를 하고 있었기에 외국 선교는 다른 사람의 영역인 것처럼 내 울타리 밖으로 밀어내고 있었다.

그러나 하나님은 지난해를 마무리하는 시간에 울타리에 갇혀 있는 나에게 새로운 시야를 갖게 하셨다. 지난 몇 주 동안 우연히도 중국교회의 현실과 선교에 대한 눈을 뜨게 하는 몇 가지의 일들이 일어났다. 군목 동기였던 친구 목사가 중국 선교사로 부름을 받고 훈련을 받은 후 지난 12월 22일 출국했다. 짜여진 일정 때문에 얼굴을 보지 못했지만 선교비 약간을 보내는 것으로 인사를 나눈 적이 있다. 물론 한국에서는 공식 선교사로 파송했지만, 선교사의 이름으로 파송된 것은 아니다. 며칠 후 사단장님 동기 분이 전역 후에 신학을 공부하고 목사가 된 후에 중국 현지인의 간절한 "건너 와서 우리를 도와 달라."는 말이 마음에 걸려 중국 선교사로 헌신할 수밖에 없었던 짧지만 진지한 이야기를 들을 수 있었다.

선교사님은 최근 「하늘에 속한 사람」이라는 책을 읽고 무기력해
진 자신을 새롭게 추스르고 사명을 다시금 확인할 수 있는 계기가
되었다고 고백하기도 했다. 마침 그때 사단장님도 「하늘에 속한 사
람」을 읽고 있었노라 하면서 책을 보여 주기도 하였다. 며칠 전, 이
책을 사가지고 읽기 시작하고자 할 때, 우연히도 그날 아침 국민일
보 종교란에 "중국 기독교 탄압 본격화되나?" 하는 토픽과 함께 중
국 지도와 중국 기독교 상황표를 볼 수 있었다. 모든 일에 하나님의
간섭하심과 나를 이끌어 가시는 것을 새삼 고백할 수밖에 없는 사건
의 연속이었다. 그날 나는 중국의 지도를 보며 "여기가 내 친구 목사
가 간 곳이구나. 여기가 하늘에 속한 사람 윈 형제가 박해를 받던 곳
이구나."를 확인하면서 책을 읽어 나갈 수 있었다. 복음의 순수성을
지켜 나가기 위해 정부의 기독교 정책으로 세워진 삼자교회와는 다
른 가정교회의 현실과 모진 박해와 핍박 속에서도 복음을 위해 온전
히 삶을 헌신한 윈 형제의 신 사도행전적 이야기를 책 속에서 알게
되었다.

무엇보다도 죽음의 골짜기를 지나는 불같은 시련 가운데에서 상
황을 이겨낼 때마다 주님께서 들려 주셨던 윈 형제의 입에서 고백된
성경 말씀들을 읽으면서 고통스런 치욕 속에서 하나님께 영혼의 절
규를 부르짖었던 시편 기자와 십자가의 모욕과 수난을 당하시면서
"내가 너를 사랑하노라."고 말씀하시는 예수님을 가슴으로 만날 수
있었다.

군목 사역 후에 내 삶을 중국 선교에 드리겠다고 말했던 선배들이

기억이 난다. 그들은 지금 가정 교회 사역을 하고 있을 것이다. 사업 본부장과 교사와 다른 여러 가지 명함으로 말이다. 내가 그들을 도울 수 있는 일이 무엇일까? 당장 군목의 사역을 포기하고 달려갈 수는 없을 것 같다. 하지만 지금 여기에서 내 조국을 위해 젊음의 한 조각을 기꺼이 희생하고 있는 젊은이들이 생명의 복음을 듣고 복음의 능력을 발견하고 복음의 전도자로서의 삶을 살아갈 수 있도록 비전을 제시해 주는 비전 메이커의 삶을 살아야 하겠다는 새로운 다짐을 해 본다. 교인들의 이동이 많아 조직이 미약한 교회이고, 군대라고 하는 큰 틀 안에 있는 군교회이지만, 우리의 생각과 마음은 저 북방을 향해 복음의 전진기지로서의 사명을 다하는 복음의 능력 안에 있는 교회가 되어야 할 것이다.

젊은이들이 복음을 위해 삶을 헌신할 수 있는 위대한 결단이 예배를 드리는 가운데 일어나기를 기대한다. 강단에서 선포되어지는 말씀을 통해서 잠자는 영혼들이 깨어나는 역사를 보고 싶다. 나를 만나는 사람들이 예수 그리스도를 경험하고 만나는 복음의 능력이 지금 여기에서도 일어나기를 기도한다.

"하나님! 여기가 원 형제가 그토록 복음을 전하기를 원했던 현장이 되기를 원합니다. 원 형제와 같은 고난의 현장은 아니지만, 원 형제가 가졌던 복음의 열정으로 사람들을 만나고, 그들에게 복음을 전하고, 복음을 읽혀 주고, 복음을 내 삶으로 보여 주는 은혜와 축복의 통로가 되게 해 주십시오!"

「하늘에 속한 사람」을 함께 읽었으면 좋겠다. 그리고 앞으로 어떤 모습으로 복음의 삶을 살아가야 할 것인지 함께 진지하게 대화를 나누는 시간이 있었으면 좋겠다. 우리 가슴마다 복음을 향한 불꽃 열정이 타오르기를 소망한다. 복음의 능력 안에 있는 태풍교회가 되도록 기도로 동참해 주기를 바란다.

영성과 감성이 겸비된 목사가 되고 싶다

　　얼마 전, 신선한 영혼의 산소를 마실 수 있었다. 장병들을 위로하는 사역을 하면서 내가 위문을 받았다고 할 수 있는 질적인 경험이었다. 서울 남성교회와 역대 사단장님이셨던 박 장군님이 함께 GOP 병사들을 방문해 주셨다. 위문 협조 중에 목사님께 10분간의 메시지를 준비하도록 부탁을 드렸다. 아마도 목사님은 짧은 시간에 분단된 조국의 최전방에서 젊음의 한 조각을 숭고하게 불사르고 있는 형제들을 생각하면서 기도하고 고민하면서 준비하신 것 같다. 의례히 장병들이 듣기에는 조금은 어려운 설교의 틀을 벗어나, 50이 넘은 여 목사님께서 기타를 들고 사랑하는 장병들에게 들려주고 싶었던 주님의 마음을 찬양으로 말씀해 주셨다. 매일 반복되는 하루 일과 속에 혹한의 추위와 지루함과 외로움과 싸우고 있는 장병들에게 축복의 메시지를 들려주셨다.

> 힘들고 지쳐 낙망하고 넘어져
> 일어날 힘 전혀 없을 때에
> 조용히 다가와 손잡아 주시는
> 주님의 음성
> "너는 내 아들이라"
> "나의 안에 거하라"
> 사랑한다 아들아
> 내가 너를 잘 아노라

사랑한다 아들아
내가 네게 축복을 더 하노라

찬양과 함께 목사님의 눈빛과 얼굴 표정과 가슴에서 우러나오는 몇 마디의 메시지를 통해서 "하나님이 우리를 이만큼 사랑하시는구나! 우리를 향해서 이토록 큰 관심과 기대를 가지고 계시는구나!" 하는 것을 느낄 수 있었다.

목사인 나에게도 너무나 분명하게 경험된 위로와 사랑받고 있는 아들 됨을 확신할 수 있는 시간이었다. 젊은 세대뿐 아니라 모든 사람에게 가슴 깊이 느껴지는 감동을 받고 싶어 하는 마음이 있다. 그 순간의 느낌이 곧 하나님의 복음을 이해할 수 있는 "아하!" 순간이 된다.

목사지만 감히 말하고 싶다. 복음은 느껴져야 사람을 온전히 변화시킬 수 있는 능력을 가져오는 것이다. 느낌은 오랜 시간을 요구하지 않는다. 이것은 짜여진 순서에 의해서 전해지는 것도 아니다. 느낌을 강요할 수도 없다. 가장 중요한 것은 진실함이다. 하나님이 진실로 나를 사랑하고 나에게 관심을 갖고 나에게 힘을 주시는 분이신지는 말하지 않아도 느낄 수 있다. 목사님을 통해서 보여 주신 하나님의 사랑은 짧지만 그분의 인격 안에 묻어난 살아 있는 영성과 감성을 통해서 충분히 경험된 사건이 될 수 있었다.

나도 신세대, 특별히 20대 장병들이 모여 있는 집단에서 감성의 목회, 보고 느낄 수 있는 목회를 하고 싶다. 목회란 끊임없이 그 대상이 누구이든지, 그 사람이 비록 사람들이 외면하는 사람이든지, 싫어하는 사람이든지 간에 주님이 우리를 향해 끝까지 견뎌 주고 지지해 주고 받아 주신 마음으로 한 사람을 바라보는 것이라 할 수 있다. 입으로 말하지 않아도 그윽한 눈빛을 통하여 그 사랑을 전하고 싶다. 교회에 나오라고 강요하지 않아도 초코파이와 커피에 담긴 사랑의 손길을 통해서 주님은 우리의 모든 필요를 채우시는 분이심을 보여 주고 싶다. 강단에 설 때마다 하나님은 우리의 하나님이시고, 우리를 보배롭고 존귀하게 여기시는 분이심을 온몸으로 증거하고 싶다.

한 주간 비전 캠프를 또 다시 진행하게 된다. 한 사람을 존귀하게 여기시고 보배롭게 여겨 주신 주님의 심장을 가지고 각 부대에서 참여하는 장병들을 기다려야겠다. 주님께서 어떻게 우리 가운데 역사하실지 기대가 된다. 사랑하는 교우들의 거룩한 영혼을 돌보는 기도의 동참을 부탁한다. 상급부대의 지시에 의해서 할 수밖에 없는 행사가 아닌 진실함과 진정한 사랑이 있는 만남의 사건이 이루어지도록 말이다.

속사람과의 진정한 만남

　최근 우리 사회에서 나타나는 각종 정신병리학적인 현상을 어느 정신과 의사는 정체성의 부재로 파악한다. 현대 사회는 끊임없이 자신이 누구이냐에 대해 의문을 품게 한다. 사람들은 자신의 삶이 내가 사랑받을 만한 존재이고, 내가 다른 사람들에게 정말 중요한 존재라고 확신할 수 있는 질적인 순간을 경험하면서 삶의 의미를 찾는다. 대부분 많은 사람들은 내게 맡겨진 일의 영역 속에서 자신의 존재를 확인받곤 한다.

　현재 나에게 부여된 역할은 푸른 제복을 입은 소령 목사, 그리고 한 가정의 가장과 남편, 그리고 30대 후반에 하고 싶은 일을 하고 있기에 이 정도면 성공한 사람으로 평가해 주는 것 같다. 사실 목사로서 예배를 인도하고 말씀을 선포할 때, 그리고 군복을 입고 장병들에게 교육을 할 때, 장병들의 눈을 보며 가까이에서 그들의 이야기를 들을 때 분명 나는 중요한 역할을 하고 있는 중요한 존재임을 느끼곤 한다.

　그러나 주님은 마음속에 숨어 있는 나에게 관심을 더 많이 갖고 계신 분이시다. 남들에게 보여지는 나는 부족함이 없을 것 같은 삶을 살아가고 내 역할을 잘 감당하고 있지만, 모든 것이 귀찮고, 짜증 나고, 화가 나고, 누군가를 붙잡고 '나를 좀 바라봐 주세요!', '나를 좀 기억해 주세요!' 라고 내면이 소리치고 있는 나의 솔직한 마음의 소리에 더 귀를 기울이시는 분이시다. 사실 내 속에 있는 감정을 내 보인다는 것이 너무 부끄러워 인정하기도 싫다.

　그러나 분명 주님은 겉에 드러나 보이는 겉 사람이 아니라, 속사람과 교제하고 대화하기를 원하신다. 이러한 의미에서 기도는 속사람이 주님과 대화하는 것이다. 우리는 바로 이러한 교제를 마음의 깊은 곳, 즉 우리의 영이 주님을 만나고 주님의 환한 얼굴을 바라보고 주님의 따뜻한 품에 안기는 경험을 하게 된다. 사람이 이러한 주님과의 질적이고 영적인 만남이 없으면 순간적인 만족을 가져다 주는 중독적 행동을 하게 된다. 사람을 찾아가 위로받고 싶어 하고 남들과 다른 모습을 만들기 위해 성형수술을 하고, 핸드폰을 열어 나의 존재 의미를 확인받고 싶어 한다. 심지어 순간적 종교적 환상 경험을 위해 여기저기 쫓아다니는 종교 중독까지 걸리게 된다. 그런데 주님은 나의 속사람에게 찾아와 이렇게 말씀하시며 약속하셨다.

> "사랑하는 아들, 남기야! 만약 너의 이 모든 역할들이 사라진다 하더라도 나는 너를 사랑할 것이다. 한 번 보아라. 너의 쓰라린 과거 속에 함께 있었던 내가 세상 끝날까지 너와 함께 할 것이다. 내가 너를 세상에서 가장 귀한 보배로운 아들로 여길 것이다."

　안타깝게 25살의 나이로 더 이상 이 땅에서 볼 수 없는 여배우의 죽음 앞에서 다시 한 번 우리의 정체성을 돌아보았으면 한다. 남들이 바라보았던 그녀는 참 예쁘고 사랑스럽고 모든 사람이 좋아하는 사랑받을 만한 겉사람의 역할을 한 성공한 여인이었지만, 속사람은 세상의 기준에 근거한 잘못된 생각에 사로잡혀 무척이나 불안하고 피곤한 삶을 살았던 것 같다. 그녀가 "사랑한다 내 딸아. 내가 너를 잘 안다."고 하신 주님의 사랑의 음성을 들을 수 있었다면…, 나를 바라보시고 환하게 웃으시는 주님의 미소를 영혼이 바라볼 수 있었다면 하는 안타까움이 있다.

한 주간도 기도한다. 나를 만나는 사람들이 예수님을 만났으면 좋겠다. 내 안에 계신 주님을 가슴으로 느끼고 병들었던 마음과 영혼이 치유되고 회복되어 세상에서 가장 소중한 존재인 자신을 더 깊이 사랑하는 사건이 일어나기를 간절히 소망한다.

지금 그리고 여기에 우리와 함께

기독교의 핵심적인 사건은 역사의 산 시점에 하나님이 나사렛 예수라는 한 인물로 이 땅에 오셔서 우리 인간과 함께 사셨다는 것이다. 기독교 용어로 '성육신'(incarnation)이라 부른다. 예수님께서 이 땅에 오셔서 가르치시고 사랑의 삶을 보여 주신 것은 어느 정도 이해할 수 있으나, 가장 이해할 수 없는 순간은 그가 십자가에 달려 죽었다는 것이다. 그리고 다시 살아나셨다는 사건이다. 더욱이 이해가 되지 않는 것은 그 예수님의 십자가와 부활 이야기가 나와 상관이 있다는 전제이다. 아니 지나간 사건이 어떻게 나와 상관이 있단 말인가? 우리가 교회를 나오고 신앙생활을 하면서 수많은 생각과 고민을 하는 것 중에 하나인 것 같다. 이 문제만 해결되면 교회를 자신 있게 나올 수 있을 것 같은데 하는 저마다의 기대를 안고 살아가고 있는 것 같다.

나도 모태신앙으로 신앙생활을 해 오고 있지만, 내 속사람이 주님의 십자가의 사랑을 알고 느끼기까지 해산의 고통만큼의 과정들을 거쳐야만 했다. 분명 예수님은 유대인들의 시기와 고소, 그리고 로마의 정치적, 군사적 힘에 의해 수난 받고 십자가에 달려 죽으셨다. 그러나 2000년 전 일어난 단 한 번의 사건이 나와 관련되어 있는 것은 지금도 우리 안에 깊이 내려져 있는 죄 때문이다. 예수님께서 받은 수난의 과정과 요소들 속에 인간이 죄 가운데 있음을 여지없이 드러내는 하나하나의 과정이었던 것이다.

십자가는 진리와 양심의 소리와 자신의 끝없는 욕망 사이에서 결국 자기 자신만의 욕망을 위해 군중들의 소리에 동의했던 비겁한 빌라도가 있는 자리였다. 심지어 예수님을 팔아넘긴 비열함의 자리였다. 그뿐이 아니었다.

"예수! 한 번 십자가에서 내려와 보시지! 당신의 능력을 한 번만 보여 주면 내가 믿어 줄께!"

교만과 조롱과 멸시와 비웃음을 짓고 있는 자리였다. 십자가의 자리는 한 조각 옷자락을 얻기 위하여 십자가 바로 밑에서 행운을 바라는 로마 군인들의 야비함이 있던 자리였다. 예수님은 바로 십자가 주변에 있는 사람들의 죄를 위하여 십자가에 피 흘려 죽으신 것이다. 그리고 십자가에서 한 손에는 하나님의 손을 붙잡고, 다른 한 손에는 죄인 된 나의 손을 붙잡고 내가 이만큼 사랑한다고 하시면서 사랑의 심장이 터지신 것이다.

그리고 십자가의 죽음 후에 삼일 만에 예수님은 부활하셨다. 그러나 예수님 부활을 처음 목격한 사람들은 분명 천국에 있지 않았다. 그들이 죽음에서 부활하여 예수님을 만난 곳은 사람들 가운데 있는 음식을 먹었던 삶의 현실 속이었다. 부활의 예수님은 실의에 빠져 있는 사람들의 생활 속으로 걸어 들어오셨다. 밤새도록 일하고 있던 피곤한 일터 속으로 찾아오셨다. 뿐만 아니라 주님은 자신을 따랐던 제자들이 문을 열지 못하고 무서워 떨고 있는 그 현장에 다시 찾아오셨다. 십자가에서 내가 너를 사랑하노라고 온 몸으로 보여 주신 주님께서 부활하여 지치고 곤한 삶의 현장 속에 나와 함께 하신다는 너무 분명한 사실! 이것이 복음이다.

주님은 분명히 우리의 군생활의 피곤함을 아신다. 우리의 좌절도 아신다. 주님은 자신을 배신했던 베드로의 연약함도 아셨다. 그래서 주님은 힘겹게 고기를 잡고 있는 삶의 현장에 다시 찾아오셨다. 분명 부활한 주님은 보잘것없는 음식이 차려진 우리의 작은 식탁에도 사랑 가득한 숨결로 우리 가운데 임재하신다. 예수님은 물고기와 빵으로 식사를 준비해 놓고 "와서 조반을 먹으라."고 초청하셨다. 그래서 아침을 맞이할 때마다 예수님을 만나고 대화하고 사랑을 나누는 기쁘고 복된 삶을 살아갈 수 있다. 날마다 거대한 사랑의 숨결과 물결 속에 부활한 그리스도를 만나는 복된 사건들이 경험되어지기를 간절히 소망한다. 부활하신 주님은 지금 우리와 여기에 함께 계신다. 하루를 부활의 기쁨 속에서 살기를 바란다.

복음과 문화

지난 수요 예배 시간에 미국의 신학자 리차드 니버의 「그리스도와 문화」라는 책의 내용을 중심으로 말씀을 증거하면서 특별히 '군대' 문화 속에서 복음은 어떠한 관계가 있는가를 생각해 보았다. 저자는 다섯 가지 유형으로 복음과 문화의 관계를 설명하고 있다.

첫째는 복음과 문화가 서로 대립된다는 입장이다. 군대와 복음은 항상 대립되는 관계인가? 복음을 따르려면 군대 문화와 완전히 끊어야 하는가? 아마도 이러한 유형의 사람들은 병역 거부라는 방식으로 대립적 관계를 취하고 있는 사람들이다.

둘째, 복음이 문화 안에 속해 있다는 유형이다. 이렇게 주장하는 사람들은 예수 그리스도를 지혜자, 예언자, 제사장, 재판자, 대중의 행복을 위해 열정에 불타는 개혁자 등으로 묘사하면서 세상 문화가 가장 완벽하게 드러나는 것이 그리스도의 사업과 인격이라고 주장한다. 그러나 이들은 하나님의 계시로서 우리에게 나타나신 구원자 예수 그리스도를 이해하지 못한 사람들의 주장이라 할 수 있다.

셋째로, 복음과 문화의 밀접한 관계를 인정하면서 두 번째 견해와는 달리 복음이 문화를 지배한다고 주장하는 유형이다. 문화 위에 있는 그리스도라 말하기도 한다. 그러나 인간의 행위 안에 숨겨진 죄악의 문제에 대해서 해결되지 않는 한 중세 시대에 종교가 문화를 지배했던 것과 같은 결과를 가져올 것이라 비판하고 있다.

넷째는, 복음과 문화를 이원론적으로 이해하는 입장이다. 루터가 말한 하나님의 왕국과 세상의 왕국은 양자가 고유성과 독특성을 가지고 있으면서 언제나 대립과 긴장 관계를 유지한다고 보는 입장이다.

마지막으로 니버는 복음이 문화를 변혁시키는 역할을 한다는 견해를 주장한다. 문화란 본질상 인간 자신을 위하여 인간 자신의 힘으로 인간의 삶을 아름답게, 풍요롭게, 편리하게, 그리고 인간이 가진 모든 것을 긍정하려는 노력의 집합체라 할 수 있다. 즉 문화는 인본주의의 바탕 위에서 자라나는 인간의 지성과 예술성의 공동 작품이다.

그렇다면 복음이란 정말 문화를 변혁시킬 만한 능력이 있는 것일까? 나는 분명히 믿는다. 복음은 모든 사람에게 구원을 주시는 하나님의 능력임을 확신한다. 인간을 포함한 모든 만물을 하나님이 지어 주셨다는 것, 그중에 인간은 다른 피조물과는 달리 하나님의 형상을 따라 지음 받았고 동시에 다른 피조물이 가지지 못한 뛰어난 성품을 은사로 받았다는 것, 그러나 인간은 그 은사 중에 하나인 자유 의지를 악용하고 하나님께 불순종하여 죄를 지었다는 것, 그래서 모든 후손이 죄의 노예로 살아가고 있다는 것, 그러나 하나님은 공의롭고 사랑이시기에 이미 죄로 인해 이미 죽었던 인간을 살리시기 위해서 예수 그리스도를 세상에 보내셔서 인간의 모든 죄를 사해 주셨다는 사실은 바로 예수 그리스도가 나의 죄를 십자가에서 대속하시고 나의 죄 값을 지불하심으로 나를 죄에서 해방시켜 다시금 하나님을 아버지로 부르며 새롭게 태어난 진리를 믿는 자에게 구원을 주시는 능력임을 믿는다.

그렇다면 특별히 포스트모더니즘의 사조 속에 숨 쉬고 있는 초기 성인기에 있는 군장병들에게 어떻게 복음을 깨닫게 하고 느끼게 할 것인가? 더 나아가 '이들이 복음의 능력 안에 있는 삶을 살아갈 수 있도록 동기와 의미를 부여하고 살아갈 수 있도록 도울 것인가?' 하는 질문을 던져보자. 도대체 이들이 알아들을 수 있는 언어가 무엇일까? 솔직히 나는 젊은 세대가 말하는 미디어 영상 및 게임 언어에 익숙하지 않다. 자신의 홈페이지를 만들어 사이버의 세계에서 또 하나의 세상과 자신을 경험하고 있는 신세대 장병들에게 다가갈 수 있는 접촉점은 무엇일까? 이들이 듣고 싶어 하는 한 마디의 기쁜 소식이 무엇일까?

10여 년 젊은 형제들을 만나면서 들려주고 싶은 한 마디의 말, 저들이 정말 듣고 싶어 하는 한 마디의 말은 "내가 있는 너의 모습 그대로를 여전히 사랑한다."라고 감히 말하고 싶다. 한 생명을 존중하는 눈빛과 따뜻한 손과 포근한 가슴으로 만지고 안아 주면서 "나는 너를 사랑한다."라는 말을 한 주간도 건네 보자. 나는 복음의 능력을 믿는다. 복음은 모든 믿는 자를 구원하시는 하나님의 능력이기 때문이다.

종교 개혁 주일에
다시 생각하는 복음의 능력

10월 한 달은 거의 집단 상담사 지도자 과정과 총회, 군종 장교 보수 교육 등 외부 소집 교육의 시간들이 대부분이었다. 홀가분하게 마치고 사역의 현장에 돌아오자마자 도움을 구하는 병사의 편지를 받고 한 대대에서 2005년도에 함께 비전 캠프에서 만났던 병사들을 모두 만날 수 있었다. 전혀 뜻밖에 찾아온 목사를 진정으로 고마워하는 저들의 눈빛 속에서 '나는 참으로 중요한 존재이구나.' 하는 경험을 하게 되었다. 나는 장병들과 가까이에서 그들의 숨소리를 들으며 이야기를 듣는 것을 내 사역에 가장 중요한 것으로 확신하고 있다. 물론 목회자로서 설교와 예배 준비, 신앙 교육, 부흥을 위한 각종 프로그램이 중요하지 않다는 것이 아니다. 단지 나는 이 모든 군 선교 사역은 장병들과의 가까운 만남의 현장에서 시작된다는 것을 말하고 싶을 뿐이다.

성경에서 볼 수 있는 변화의 현장은 바로 예수님과 한 사람의 이야기 속에 이루어졌다는 것을 발견한다. 예수님은 가던 길을 멈추시고 한 사람이 수십 년 마음으로만 쌓아 두었던 이야기를 들으셨고, 가장 고통스러운 죽음의 직전에도 한 영혼의 절규를 들어 주셨다. 그리고 부활하신 후 자신을 버리고 도망갔던 제자를 찾아오셔서 다시금 대화의 자리에 앉아 주셨다.

나는 20대 젊은 형제들이 너무 일찍 다가온 슬픔의 이야기들을 품어 주는 공간이 되고 싶다. 어떠한 이야기를 해도 정죄하지 않고 끝까지 이야기를 들어 줄 수 있는 안전한 사람이 되고 싶다. 한 사람이 자신의 이야기를 중간에 끊지 않고 들어 주는 사람이 있을 때 바로 거기에서 치료가 시작되고 변화와 성숙으로 나아갈 수 있다고 믿는다.

나는 한 병사의 이야기 속에서 이러한 나의 목회 확신을 확인하고 싶다.

"비전 캠프를 다녀오기 전과 후의 저의 바뀐 점은 저 자신을 알았다는 것이 가장 큽니다. 내가 어떻게 살았고 어떻게 느꼈으며 그로 인해 어떤 성격이나 행동을 나라는 것에 주입했는지, 그로 인해 문제점이 무엇인지를 생각하게 되었고, 왜 힘든지 명확히 알았으며, 고치기 위해 어떻게 해야 하는 지까지 알았습니다. 하지만 왜 힘든지, 문제점을 알고 어떻게 해야 하는지 알면서도 주입된 성격이나 행동이 너무 뿌리박힌 탓에 여러모로 힘들어 고치기가 쉽지 않습니다. 비전 캠프를 계기로 과거는 훌훌(?) 털어 버릴 수 있을 것 같습니다. 이제 문제는 과거로 인해 잘못 몸에 배인 성격, 행동 습관을 고쳐 나가야 하는 것이 되었습니다.

두 번째 선물은 저에게 충전지가 되어 주실 분이 나타나셨다는 것입니다. 제가 지쳐서 짜증나고 포기하고 도망치고 싶을 때 그분들의 말씀으로 버티고 외롭고, 서운하고, 두려워서 울고 싶고 도망치고 싶을 때 그분들의 관심으로 버팁니다. 이것이 며칠이 됐든, 몇 달이 됐든, 평생 가든 간에 너무 감사하고 가슴 벅찬 일입니다. 군대 안에서 못 버티고 제가 끝끝내 어디로 입실하거나 도망쳐도 외로움을 알게 해 준 비전 캠프와 그 속의 사람들과 목사님 덕에 전 분명 사회에서라도 조금씩은 스스로 사람들 안으로 나아갈 것입니다.

끝으로 오늘 와 주신 목사님께 너무 감사하고 저희로 하여금 속 깊이 하고 싶은 말을 자연스럽게 꺼낼 수 있도록 해 주셔서 감사합니다. 이렇게 가끔은 제 자신도 두 손 놓은 저에게 관심을 보여 주시고 이해해 주셔서 힘이 됩니다. 저는 적어도 제 갈 길은 찾는 영악함이 있습니다.(솔직히 이게 좋은지 나쁜 건지 잘 모르겠습니다.^^) 그러니까 오늘 모였던 사람들도 그렇고 그 외에 함께 했던 지친 친구들의 살 길을 뻥뻥 뚫어 주시는 역할을 계속 이어가 주셨으면 합니다. 너무 감사합니다. 목사님은 제 마음의 살 길을 뻥 뚫어 주신 분으로 영원히 잊지 못할 것입니다."

2005년 교회 표어를 "복음의 능력 안에 있는 교회"로 정하고 10개월간 달려왔다. 오늘 488주년 종교 개혁 주일을 맞이하여 복음의 본질과 그 능력을 다시 확신하기를 원한다. 복음이란 하나님이 나를 사랑하신다는 것이다. 이렇게 내가 사랑받은 소중한 존재로 깨닫게 되는 복음의 능력은 강단에서 증거 될 때만이 나타나는 것은 아니다. 복음은 대화의 현장에서 주님의 마음으로 이야기를 듣고 함께 느껴주고 함께 아파해 주면서 주님이 나를 바라보시고 말씀하셨던 것처럼 이야기해 주는 그 현장 속에서도 강하게 역사하심을 믿는다. 복음만이 한 사람을 온전히 변화시킬 수 있는 능력임을 다시 확신한다.

"내가 복음을 부끄러워하지 아니하노니 이 복음은 모든 믿는 자에게 구원을 주시는 하나님의 능력이 됨이라."(로마서 1:16)

복음의 현장에 여러분을 초대한다.

8장

아주 특별한 즐거움

"야곱 집이여,
이스라엘 집의 남은 모든 자여,
나를 들을지어다.
배에서 남으로부터 내게 안겼고
태에서 남으로부터 내게 품기운 너희여,
너희가 노년에 이르기까지 내가 그리하겠고
백발이 되기까지 내가 너희를 품을 것이라.
내가 지었은즉 안을 것이요, 품을 것이요,
구하여 내리라."

(이사야 46:3-4)

여행 이야기(1)

지금 나는 호주에서 주일을 보내고 있다. 처음 경험하는 해외여행이다. 그런데 여행에 대한 기대가 그리 크지 않았다. 가난한 어린 시절을 보내면서 '네 주제에 …. 나는 즐기는 것과 어울리지 않아!' 하는 낮은 자존감 때문이었을까? 내 안에 아름다운 것을 보고도 기뻐하지 못하고 흥분하지 못하는 메마른 느낌이 있는 것 같다. 오기 전에 작은 쪽지에 아내에게 나의 작은 소망을 건네고 왔다. 아내와 아이들과 형제들과 성도들의 마음을 있는 그대로 느낄 수 있는 감성이 살아있는 사람이 되고 싶다는 것이었다.

호주의 아름다운 하나님이 지으신 자연의 신비스러움을 보면서 내 안에 감성이 살아났으면 좋겠다. 자연의 소리는 사랑으로 채워지지 않아 공허해진 텅 빈 가슴, 날카로운 소음들로 인해 찢기고 멍든 가슴, 왜곡된 가치관으로 꽉 닫혀진 마음, 꼬인 인간관계로 상처 난 마음을 치유해 주는 놀라운 힘이 있다고 한다.

내 곁의 소중한 사람들의 마음속에서 흘러나오는 소리를 듣고 싶다. 성난 목소리로 비난하는 남편의 마음속에서 흘러나오는 두려움을 호소하는 소리, 짜증스레 원망하는 아내의 마음속에서 외로움을 호소하는 소리, 반항적인 언사로 퉁명스럽게 내뱉는 청소년 자녀의 마음속에 사랑의 확인을 요구하는 소리, 못마땅한 어조로 나무라는 시어머니의 마음속에 인정받고 싶어 하는 소리들이 자연을 통해서 '잠잠하라.' 말씀하시는 주님의 음성으로 들려지기를 소망한다. 남은 며칠 동안 인생 한 가운데 서 있는 나에게 커다란 의미의 시간으로 기억되고 싶다. 아내와 아이들과 여러분이 보고 싶을 것 같다.

여행 이야기(2)

10여일의 호주 여행을 무사히 마치고 다시 삶의 자리로 돌아왔다. 대 자연의 푸르름과 오묘함 속에서 느꼈던 경이로움과 좋은 사람들과 경험했던 따뜻함의 여운을 고스란히 간직하고 싶다. 앞으로 내 삶의 질과 사역의 현장에 많은 힘이 될 것 같다. 여행 가방에 헨리 나우엔 신부의 「어릿광대」라는 한 권의 책을 넣고 틈이 나는 대로 묵상하곤 했다. 작년 1월부터 5월까지 매일 이 책을 보고 묵상 일기를 쓰면서 깊은 은혜를 체험했던 책이다. 귀국하는 비행기에서 다음의 글이 눈에 들어왔다.

"낯선 땅에서 살아본 사람들이 갖는 보람 중 하나는 내가 무엇을 해낼 수 있기 때문이 아니라 바로 내가 누구인가라는 이유로 사랑을 받아본 경험일 것이다. 외국어로 말도 떠듬거리고, 실수도 하고, 어쩔 줄 모르는 상황에서 하루가 다르게 발전하는 것도 아닌데 사람들이 나를 사랑해 주고 환영해 줄 때 이런 사랑을 받으면서 나는 내 자신을 증명해야 한다는 강박 관념에서 벗어날 수 있을 때 이것이 진정한 치유이다."

진정한 받아들임을 체험한 사람은 온전히 그 사랑 안에서 치유와 변화와 회복이 가능하다고 믿는다. 목회는 끝없는 하나님의 용서와 사랑과 희망의 언어 "당신은 사랑받을 권리가 있는 사람입니다."를 말하고 보여 주는 것이라 할 수 있다. 여러 사람과 여행하다 보면 저마다의 성격과 기질, 때로 인격이 자연스러워 보이기도 한다. 독립

적이고 자기 주장이 강한 사람, 혼자 남겨질 것이 두려워 매사에 의존적인 사람, 이기적이고 얄팍한 꾀를 내는 사람의 유형들이 그대로 드러나기도 한다. 그래서 자신의 모습이 보여지는 것이 싫어 함께 여행을 삼가는 사람들도 있다. 마치 하나님 앞에 설 때 내 일생을 하나님께 보여드리는 것이 두려운 것처럼 말이다.

이번 여행은 특별히 목사의 두꺼운 가면을 벗어버린 형님, 아우 사이의 편안한 여행이 되었다. 함께 하는 것 하나만으로도 풍요롭고 행복한 시간들이었다. 좋은 사람들과의 두려움 없는 만남을 통해서 하나님께로 더 가까이 나아갈 수 있게 된 것 같다. 나의 존재가 자신을 내보이기를 두려워하고 꺼려하는 사람들에게 진정한 사랑의 대상이신 하나님께 나아가는 좋은 안내 책자가 되었으면 좋겠다.

대박 인생을 살고 싶다

타임지가 차세대 지도자로 선정한 100인 가운데 한국인으로 유일하게 선정된 여성인 김진애는 「나의 테마는 사람, 나의 프로젝트는 세계」라는 책에서 "프로란 일을 놀이로 할 수 있는 사람이다."라고 말한다. 일을 해 나갈수록 더 넓고 깊이 깨달아지는 것이 많아서 재미와 즐거움을 느끼는 사람이다. 이런 의미에서 나는 '프로'이다. 예배를 드리고 말씀을 증거하고 사람들을 만나는 것들이 일이라 여겨지지 않고 오히려 내 삶을 풍성하고 행복하게 하는 재미있는 놀이라 생각되어지기 때문이다.(새벽 기도는 아직 일이라 생각되지만) 나는 장병들을 만나는 것이 즐겁다.

최근 군수사령관님이 성직자들에게 장병들을 찾아가 만나라고 하는 지시를 하셨다. 나는 오히려 감사하게 생각한다. 부대와 지휘관이 성직자의 필요성과 중요성을 알아 주신다는 뿌듯한 마음이 든다. 장병들을 만나는 것은 목사에게 가장 흥분되는 일이다. 주님께서 만남 가운데 임하시고 마음을 움직이시고 감동으로 이끄실 것을 들뜬 마음으로 기대하기 때문이다. 복음은 만남을 통해서 온전하게 전해지는 것이다. 복음은 우리의 존재 인식을 변화시키는 능력이다. 복음이란 하나님이 지으신 모든 사람들을 향해 "You are special in Christ."이라는 것을 만남의 현장 가운데에서 보여 주는 것이다. 이 복음에 대한 확신이 나로 설교하는 것을 즐겁게 한다.

설교를 준비하면서 가슴 설레는 경험을 한다. 설교하면서 청중들이 내 설교를 잘 들을까? 불안한 마음이 아니라, 설교자를 통해서 하나님께서 저들의 마음을 흔들어 깨우고, 힘을 실어 주고, 존재의 의미를 깨닫게 하실 일들을 생각하면 열심히 준비한 배우가 무대 위에 서는 것과 같은 짜릿한 기분이 찾아온다.

한 주간 설교를 준비하면서 「네 안에 잠든 거인을 깨워라」라는 두꺼운 책을 곁에 두고 정리하며 읽어갔다. 내가 나에 대해서 무시했던 것들, 진정 원하는 것을 잠재워 두고 있었던 것들을 새삼 발견하면서 내 인생에 대하여 원대한 계획을 갖고 계신 하나님을 기대하게 되었다. 하나님이 오늘 우리에게 물으신다. 네가 진정 원하는 것이 무엇이냐? 나는 이렇게 대답할 것이다.

"하나님! 정말 대박 인생을 경험하고 싶습니다. 내가 생각하는 것보다, 내가 기대하는 것보다 더 크신 하나님의 축복을 주십시오. 그래서 마음껏 당신의 살아계심을 증거하고, 당신의 영광을 위해서 더욱 아름답게 쓰임 받는 인생이 되기를 갈망합니다."

'대박 인생', '프로 인생' 생각만 해도 즐겁지 않은가?

YOU'RE SPECIAL

　나에게 지난 한 주는 소중하게 간직하고 싶은 시간들이다. 솔직히 형제들과 만나면서 정말 행복했던 시간들이 언제였는가? 질문을 하면서도 내 기억 속에 마음으로 뚜렷하게 행복했던 그때를 떠올리기가 어려웠는데 지난 며칠은 내 마음의 그림 속에 따뜻했던 순간들로 간직될 것 같다. 내가 중요한 일을 하고 있으면서 나는 별로 중요한 사람이 아니라고 하는 낮은 자존감을 갖고 있었던 나에게 하나님께서 '너는 소중한 존재야.' 라 말씀해 주시고 보여 주신 특별한 은혜라 고백하고 싶다.

　무엇보다도 함께 했던 많은 분들이 표현해 준 진심어린 한 마디의 말들을 들을 때마다 이제껏 정말 경험해 보지 못했던 따뜻함과 관심을 받고 있는 사람이라는 존재의 풍성함을 느낄 수 있었다. 한 사람 한 사람의 말들이 마치 내 마음 깊은 곳에 하나님께서 전해 주시는 말씀처럼 내 존재 가치를 인정해 주신 힘 있는 말들이었다. 아마도 내 마음속에 사랑하는 여러분의 입술을 통하여 "너는 사랑받는 아이야." "너는 잘하고 있어."라는 하나님의 음성을 확인받고 싶어 했던 것 같다.

　사랑받고 이해받고 인정받고 싶어 하는 어린아이와 같은 갈증이 시원하게 해갈된 것 같다. 마치 어린아이가 아빠가 자신의 말을 끝까지 들어준 받아들여짐의 경험과 엄마에게 충분한 안아 줌의 경험을 한 후 친구들과 재미있고 안전하게 뛰어 노는 것처럼, 내 사역의 현장에서 두려움 없이 일할 수 있을 것 같다. 그러나 이것은 분명 내가 진급을 했기 때문이 아니다. 나와 우리의 존재는 세상과 사람들에게 보여지는 성과로 평가되는 것이 아니다. 지금도 여전히 우리를 바라보시면서 '너는 특별해! 너는 소중해! 내가 너를 사랑해!' 라는 음성을 전해 주신다. 분명히 말하고 싶다. 하나님은 고통을 통해서도 말씀하신다. 많은 신앙의 선진들은 고통 가운데 하나님의 넘치는 사랑을 체험하였다.

예쁘고 귀여운 여대생이었던 지선이가 어느 날 화상당한 얼굴을 바라보면서 "지선아! 너는 평범한 사람이 아니라 고통 가운데 있는 사람들에게 희망의 메시지가 되어야 할 특별한 사람이야!" 하는 하나님의 음성을 듣고 난 후 하나님을 찬양했던 것처럼, 고통을 통하여 한 존재를 더욱 풍성하게 하시는 하나님의 섭리를 깨달을 수 있다면 아마도 더 풍성한 삶의 의미를 발견할 수 있을 것이라 믿는다. 나는 너무 여리고 두려워 떨고 있었기에 하나님은 위로와 보호와 격려로 말씀해 주셨다. 진급의 계절이다. 한 사람 한 사람에게 하나님께서 어떻게 말씀하실 것인지 기다리자.

추석 이야기

나에게 몇 년 전 가슴 뭉클한 추석 이야기가 아름다운 기억으로 남아 있다. 아래 내용은 2년 전에 쓴 내용이다.

추석 날 부모님, 정읍 시골에서 목회 하시는 큰 형님, 부모님 곁에서 생활하시는 작은 형님, 그리고 저의 식구 그리고 정신 치료가 필요한 저의 작은 누나, 심한 우울증으로 고생하였던 여동생, 그리고 손자 손녀들이 함께 모였다. 큰 누님은 시댁에 갔다가 녹초가 되어서 그 다음날 친정으로 왔다.

이 정도 소개하면 느낌이 올 것이다. 부모님 마음속에는 3형제의 사역에 대한 큰 기쁨과 함께 마음 한 구석에 두 딸에 대한 가슴 아픈 고통을 가지고 있다. 점심을 조촐하게 먹은 다음에 함께 식구들이 모였다. 내가 기타를 들고 찬양을 시작했다. 처음 곡은 "예수의 이름으로"로 시작을 하였고, 그 다음 곡으로 "날 구원하신 주 감사"라는 노래를 불렀다. 찬양을 드린 후에 내가 큰 형님에게 물었다.

"형님, 지난 한 해 동안 가장 감사한 것이 무엇이었습니까?"

큰 형님은 이렇게 대답했다. 시골에서 5년여를 목회하는 동안 많은 감사의 제목이 있었는데 지난 몇 달 전에 대전으로 임지를 옮길 수 있는 기회가 있었는데 하나님께서 임지 옮기시는 것을 막아 주신 것과 그로 인해 주님의 음성을 분명히 들을 수 있었다는 고백이었다. 시골에서 목회하시다 보니 형님의 마음에도 "나는 작은 목사, 나는 3류 목사"라는 자아상이 괴롭혔다고 한다. 형님이 늦게 목사 임직을 받을 때 '나 같은 사람이 목사가 된 것만으로도 감사하고 감격하였는데 어느 새 세상의 가치관으로 나를 평가하였던 것을 진심으로 회개하면서 분명한 주님의 은혜와 생각을 깨달을 수 있었다.' 는 것이었다.

이러한 고백이 있는 후 형님은 이 노래의 3절 '거절하신 것 감사'의 찬양을 드렸다. 다음은 저의 여동생의 감사의 고백이 나왔다. 수년 간 우울증으로 고통당하던 중에 정말 주님께서 우리를 구원하심에 대하여 감사하다는 것을 눈물과 함께 찬양하였다.

그리고 나의 감사의 제목은 사역을 하면서도 가정의 문제를 생각할 때 마음 한 구석에 답답함을 지울 수 없었는데 진정 주님께서 나의 마음속에 주님이 우리 가정의 주인이심을 신뢰할 수 있었고, 동생이나 누나로 인해 부모님의 심적인 고통을 바라보는 눈이 답답함이 아니라 하나님의 위로와 사랑과 주 안에서 하나 되게 하고 겸손하게 하는 하나님의 은혜임을 깨닫게 되었다.

진정한 행복이란 문제없는 가정이 아니라 문제 가운데서 주님께서 위로해 주시고 함께 해 주시는 은혜를 경험하는 것임을 확신하게 되었다. 나도 언제부터인가 어머니를 위로하는 자가 되었다. 어머니가 힘들어하실 때 그 아픔을 공감하고 옆에서 함께 아파하고 슬퍼하고 힘이 되어 주는 상담자가 될 수 있었다. 주님께서 나의 가정 안에서 주님이 정말 원하시는 뜻이 무엇인지를 깨달을 수 있었다. 우리 가정은 정말 복 받은 가정이다. 우리 가정을 통해서 영적인 축복과 그 기쁨이 무엇인지를 증거하는 귀한 사역자의 집으로 삼아 주신 것이다.

아버님의 마지막 감사의 고백이 나를 울렸다. 30여 년 보따리 장사를 하시면서도 아직 가게 하나 얻지 못한 무능력한 아버지였다. 그러나 아버지는 어머니를 늘 자랑스럽게 생각하시면서 어머니를 자랑하셨고, 늘 어머니 곁에서 묵묵히 함께 사명의 길을 걸어오셨고, 어릴 적 기억으로 소리 한 번 쳐 보신 적이 없으셨던 너무 부드럽고 자상한 아버지였다. 사람이 보기에 너무 무능력한 아버지로 보이지만 주님이 보실 때는 그 심지가 굳으시고 한 번도 주님의 길에서 벗어난 적이 없으셨던 순수하고 굳은 의지를 가지고 계신 분이시다. 아버지께서 말씀하시기를, 지금 여기까지 우리 가정이 신앙을 지키면서 올 수 있었던 것에 대하여 감사하였고, 또 아버지의 존경의 대상인 권사님이신 어머니를 주신 것을 감사하셨다. 아버지는 결코 무능력하신 분이 아니셨다. 주님처럼…. 주님도 십자가 앞에서 원수들 앞에서 너무나 무력하게 아무 말도 하지 못하셨다. 연한 순처럼 연약한 자였지만 하나님의 뜻에 철저하게 순종하셨던 강한 분이셨다. 나는 아버지를 생각할 때마다 넉넉한 주님의 사랑의 품을 기억할 것이다. 내 이야기를 끝까지 들어 주시는 주님을 경험할 수 있을 것 같다. "아버지! 사랑합니다."

한편 아내도 감사의 고백을 하였다. 그것은 돌아가신 아버지와의 마음의 화해를 할 수 있었다는 고백과 함께 남편에게 감사하다는 말을 덧붙였다. 제 마음속으로 참으로 기뻤고 감사하다는 말을 중얼거렸다. 그리고 작은 형님의 감사, 다음은 큰 형수, 작은 형수, 그리고 큰 누님은 다음 날. 이번 추석은 참으로 따뜻한 만남의 시간이었다. 다음 명절에는 더 풍성한 감사의 고백을 하자고 무언의 부탁을 하고 상경을 하였다.

임마누엘의 주님을 찬양한다. 몇 년의 시간이 지나면서 우리 가정은 만날 때마다 서로 위로하고 격려하고 서로를 축복하는 의미 있는 시간들을 만들어 가고 있다. 부모님들이 아직 생존해 계실 때 형제들이 서로 사랑하고 서로 힘이 되어 주는 모습을 보이는 것이 가장 큰 효도가 아닐까? 유난히 막내아들을 바라보시고 기뻐하시는 아버지의 모습 속에서 하나님이 나를 바라보시고 "사랑하는 아들, 남기야! 내가 너를 낳기를 정말 잘 했구나, 내가 너를 기뻐한다."는 음성으로 들을 수 있는 축복된 시간들이었다.

부끄러운 내 모습도 '나'이다

　잔디와 사람은 멀리 볼수록 아름답다는 말이 있다. 나도 모르게 다른 사람이 요구하는 대로 행동하고 있는 자신을 발견한다. 아이들에게는 자상한 아버지로, 젊은 형제들에게는 편안한 형님 같은 이미지로, 설교단에서는 권위 있는 목사로, 또한 영혼을 치유하는 돌보는 자의 역할을 하고 있다. 이 정도면 나는 내 삶을 사랑하고 있고, 다른 사람들의 인정과 칭찬을 받을 만한 존재라고 생각한다. 아마도 몇 주 전의 진급도 나의 이러한 역할(persona)에 대한 긍정적 평가로 여겨진다.

　그럼에도 불구하고 내 안에는 남들에게 보이기 싫은 어둡고 부끄러운 모습이 있다. 나를 인정하고 싶지 않은 모습들이 있다. 아마 가까이에서 내 모습을 살펴보면 실족하고 도망갈 사람이 많을 것이다. 어느 정도의 거리를 두고 만날 수 있다는 것이 오히려 마음을 편안하게 한다. 마음은 남들이 나를 평가하는 것과 다른 것 같다. 아무리 아름다운 미모를 가지고 있는 여성이라 할지라도 "나는 다른 사람들과 어울릴 수 있는 사람이 아니다."라는 마음을 가질 수 있다. 많은 사람들이 칭찬하고 인정하는 사람이라 할지라도 "나는 칭찬과 어울리지 않는 사람이야." 하고 겸손으로 위장한 자기애적인 성격을 소유한 사람들이 있다.

　치료와 성장의 과정은 어릴 적 앞마당에서 땅따먹기를 하는 것에 비유할 수 있다. 아직 우리 안에 남겨진 쓴 뿌리들(미해결된 문제)을 처리하는 과정이라 할 수 있다. 치료란 내 안에 인정하기 싫은 나와 만나는 작업이다. 내 삶의 어둡고 받아들이기 힘든 부분도 내 것으로 받아들이는 것이다. 예수님이 나를 진정으로 십자가에서 피 흘려 용서하신 것처럼 내가 나를 용서하고, 인정해 주고, 사랑한다고 선포하는 것이다. 내 마음은 아들을 볼 때마다 발견되어진다. 11살 된 아들 안에 있는 내가 싫어하는 내 모습이 발견되어 질 때 그 아이를 어떻게 대하고 있는지를 보면 바로 그것이 해결되어져야 할 아직도 남은 나의 땅이라 할 수 있다.

그러나 나는 언제부터 내 아들 안에 있는 연약함과 억압된 분노와 낮은 자존감을 갖고 있는 숨겨진 나를 인정하고 사랑할 수 있게 되었다. 그것은 분명 나의 숨기고 싶은 그림자이다. 그 연약한 아이, 정말 사랑받고 싶어 하고 인정받고 싶어 하는 그 아이를 내가 품어야 한다. 왜냐하면 그 아이는 바로 내가 힘들어했고 싫어했던 진정한 내 모습이기도 하기 때문이다. 가만히 생각해 보자. 우리가 왜 아이들을 혼내고 있는지? 그 아이들을 이제 더 이상 혼내지 말고 그 아이를 품어 보자. 우리가 10살의 어린 시절에 가장 원했던 것이 무엇이었을까? 인정과 사랑받고 있다는 느낌이 아닐까? 그 아이는 어린 시절의 내 모습이다. 그 아이와 화해를 하자. 그리고 조용히 다가가 사랑한다고 말하자.

"남기야, 사랑해!"

CAFE 아버지학교

  작년부터 인터넷 카페(다음) '아버지학교'를 운영하고 있다. 개인적으로 컴퓨터와 친하지 않지만 매일 카페에 들어가 편안한 쉼을 갖고 있다. 문명이 가져다 준 은총임에 틀림없다. 함께 만났던 젊은 형제들과 주고 받는 몇 마디의 격려의 말들을 통해서 따뜻함과 위로를 경험하기도 한다. 솔직히 군에서 외롭게(?) 사역하고 있는 나에게 가장 힘이 되는 격려자들(empowering person)이기도 하다. 현재 140여 명의 회원이 등록이 되어 있는데 지속적인 참여자는 몇 명이 안 된다. 하지만 가끔씩 나타나 최근의 소식을 보고(?)하는 젊은 형제들이 그렇게 반가울 수가 없다.

  개인적인 기질상 내 사역과 존재의 가치를 남들에게 쉽게 드러낼 수 있는 성격은 아니지만, 솔직히 "나는 이러한 일을 하고 있으니 나에게 관심을 가져 주세요!" 하는 마음이 있다. 외로움일까? 아직까지 인정받는 것에 집착해서 그런 것일까? 어쨌든 젊은 장병들에게 힘이 되었으면 하는 순수한 생각이 나를 지배하는 것은 사실이다. 그러나 '재주가 없으니 어떻게 하나?' 하고 생각하던 차에 1년여 동안 함께 나를 도와주었던 군종 최요한(예비역)에게 여러 사람이 찾아올 수 있는 방법을 찾도록 특명을 내렸다. 흔쾌히 "제가 목사님을 도와 드리겠습니다."라고 말한 충성된 형제, 그리고 내 군 사역에 함께 공감해 주고 마음으로 지지해 준 요한에게 고맙다는 말을 하고 싶다. 카페 이름을 '성장 클럽'으로 바꿀까? 홈페이지를 새롭게 만들까? 틀을 짜고 있는 중이다. 목사의 사역에 힘을 실어달라고, 그리고 목사는 사랑을 먹고 사는 사람이라고 그토록 호소하였건만 대답도 없고 움직임이 없는 그대들이여! 사령탑교회의 식구들과 신우 형제들의 적극적인 참여를 기대해 본다. 논리적인 지성이 사람을 변화시키는 것이 아니라 마음이 담긴 한 마디의 말이 사람을 변화시킨다는 평범한 진리를 한 주간 붙잡고 실천하는 사람들이 되기를 소원한다.

오늘 오후에 컴퓨터 앞에 앉아 카페 검색어 "아버지 학교"를 쳐 보자. 그리고 젊은 목사가 가장 듣고 싶어 하는 말이 무엇일까를 생각해 보자. 그리고 한 마디 기록해 보자. 여러분의 감성이 살아날 것이다. 관계와 사랑의 힘을 느끼게 될 것이다. 한 주간 행복할 것 같다.

영화 "황산벌"을 보고

　지난주 정말 '거시기' 한 영화를 보았다. 진지한 역사 이야기를 가볍고 경쾌하게 그려낸 수준 높은 풍자 형식의 영화 "황산벌"이다. 관객들로 하여금 전투를 열띤 축제 분위기로 느끼게 할 만큼 전쟁터에서 욕 싸움, 응원전, 기마전 등 코믹한 상황을 도입하고 있다. 특히 신라 군사들이 말끝마다 등장하는 백제어 '거시기'를 알아듣지 못하는 장면은 이 영화를 이끌어가는 주된 정서일 것이다. 나는 몇 년 동안 웃어야 할 분량을 전쟁터에서의 욕 싸움 장면(특히 아래 지방의 '거시기' 사람들) 속에서 다 소화한 것 같다. 몇 분 동안 웃고 난 후 내 마음이 시원해지는 것을 느꼈다. 아마도 내 안에 있는 속사람이 무척이나 욕을 하고 싶었나보다.

　심리 치료에서 '욕 치료'라는 방법이 있다. 과거에 긴장되어 할 수 없었던 말, 두려워 표현할 수 없었던 억압된 분노와 비통의 마음들을 안전한 곳에서 소리 내어 울부짖는 것이다. 우리 안에 있는 감정의 쓰레기를 치워 버리는데 중요한 치료의 한 과정이라 할 수 있다.

　시편의 기자들의 기도의 내용을 살펴보면 너무 솔직한 마음을 하나님께 아뢰는 것을 볼 수 있다. 그렇다. 기도는 있는 그대로의 마음을 하나님께 나아가 꾸밈없이 말하는 것이다. 기도는 "하나님, 내 마음이 너무 아파요, 내 마음이 너무 화가 나요. 하나님, 내가 가장 힘들고 외로울 때 어디에 숨어계셨나요?" 하고 하나님께 묻고 그분의 대답을 듣는 것이다. 기도는 욕이라는 도구로 감정을 표현하는 것이 아니라, 서로 존중하는 마음으로 대화하는 것이다. 사실 대화가 안 되었기 때문에 욕을 했을 것이다.

욕하지 말고 주님과 대화로 내 인생의 문제들을 풀어 보자. 주님께서 얽혀 있는 실타래의 실마리를 잡아 주실 것이다. 한 주간 주님과 대화하는 새벽 기도의 자리로 여러분을 초청하고 싶다.

아주 특별한 즐거움

어느덧 나는 영혼을 돌보는 아버지요, 사람을 가르치는 교사의 자리에 올라와있다. 그것도 인생의 최고의 지혜라 할 수 있는 하나님을 경외하는 삶을 가르치고 선포하는 자리에 말이다. 나는 젊은 청년들에게 설교단에 설 때마다 오늘 한 편의 설교를 통해서 삶이 해석이 되고, 처방전을 받은 듯한 느낌을 주는 존재가 되고 싶다. 기독교가 타종교보다 열등한 종교로 비추어지는 것을 볼 때마다 가슴이 아프다. 설교는 지루한 교육이 아니고 값싼 영화도 아니다.

설교는 하나님을 살아 있는 언어로 보여 주고 느끼게 하는 은혜의 도구이다. 'A=B이다.' 라고 하는 논리적이고 비판적인 교리적 설교가 아니라, 그 설교가 "나만의 이야기이다." "아하! 설교 가운데 나를 보고, 나를 찾고, 나를 만들고 싶다."고 마음이 움직이는 창조적 설교를 하고 싶다. 현대 사회는 좌뇌가 발달한 사람들을 필요로 하는 시대인 것 같다. 논리적이고, 비판적이고, 합리적인 성향의 사람이 조직 속에 더 필요한 것처럼 보인다. 그러나 모든 사람의 마음속에 여유와 느낌과 사랑의 이야기를 담고 싶다는 열망이 있는 것 같다.

현대인의 이런 기본적 열망을 채워 주기 위해서는 설교자 자신이 먼저 창조적 상상력을 위한 노력이 필요한 것 같다. 내 안에 끌어 올려도 갈하지 않는 샘물이 있어야 할 것 같다. 그래서 책도 보고, 영화와 연극도 즐기고, 글 쓰는 시간을 매일 매일 할애하고, 생활 속에서 여유로움을 찾아 나서는 창조적이고 상상력을 위한 시간이 필요한 것 같다. 그래서 나를 만나는 사람들의 감성이 살아나고 우뇌가 활발하게 움직여 삶이 행복하다는 느낌을 주고 싶다. 한 편의 설교를 들으면서 아침에 꽃잎들이 기지개를 켜는 것을 보는 것과 같은 싱그러움이 느껴졌으면 좋겠다. 그리고 나를 만나면서 자신이 발견하지 못한 자신만의 아름다움과 자기만의 삶의 이야기를 써 나가고 싶다는 샘물을 끌어올려 주고 싶다. 왜냐하면 내가 늘 아쉬웠기에…. 늘 이런 나의 필요를 채울 수 있는 그런 한 사람을 기다렸기에….

스승의 날을 맞이하면서 나를 사랑해 주었던 선생님을 떠올리지만 내 얼굴을 바라봐 주고, 나를 칭찬해 주고 내가 편안하다고 느껴진 선생님이 기억이 나지 않는다. 공부도 못하고, 재능도 없었고, 키도 작고, 소심하여 눈에 띄지 않는 무대에 오르지 못하고 방청객에 앉아 있던 나였다. 누군가가 나의 손을 잡고 함께 "무대로 올라가자! 너는 잘 할 수 있을 거야!" 하는 선생님의 한 마디의 말을 듣고 싶어 했는지 모른다. 나도 알지 못하는 내 안에 있는 가능성을 찾아 주고, 말해 주고, 믿어 주고, 힘을 주는 한 사람이 정말 필요했던 것 같다.

그러나 그 한 사람은 없었지만, 나를 만드시고 이 땅에 보내신 창조주 하나님을 내가 안 후에, 십자가에서 마지막까지 죄인에게 사랑의 얼굴이 되어 주신 주님의 부드러운 눈길과 바로 그 십자가에서 "너는 내 아들이라." 들려 주신 음성을 내 영혼이 들은 후에 나는 이제 나만의 이야기를 써 나가고 있다. 주님이 병풍 속에 숨어 긴장하고 얼굴을 들지 못한 어린아이에게 다가오셔서 나의 손을 잡고 내가 두려워하고 있는 병풍을 거두어 주셨고, 내 안에 표현되고, 성장하고, 발휘해야 할 '창조적 아이'를 발견해 주시고, 나에게 가능성을 말씀해 주시면서 인생의 무대에 당당히 나가라고 격려해 주셨다.

이제 억울하다고 말하지 않을 것이다. 이제 내 이야기를 써 나갈 것이다. 주님의 크신 사랑의 품에 내가 안기었으니 이제 내가 상처 받고 지친 영혼들을 품을 것이다. 눈물이 난다. 앞으로의 인생 가운데 일어날 일들에 대한 두려움이 아니라, 오페라 무대에서 공연하는 짜릿한 흥분을 기대하기 때문이다. 영화 "홀랜드 오퍼스"의 마지막 장면에 나오는 제자 글렌의 연설이다.

"우리는 선생님의 교향곡입니다. 우리는 멜로디이며 음표입니다."

이처럼 그 흐뭇한 감동의 순간을 기대해 볼 것이다. 아주 특별한 즐거움이 될 것 같다. 하늘나라에서는 이 즐거움이 영원하다고 하니 그 더욱 큰 기쁨 아닌가!

소명과 사명

내 아버지는 수십 년 간 보따리 장사를 하셨지만 가게를 소유하지는 못하셨다. 어릴 적 시장 한 복판에서 좌판을 벌이시고 손님들을 맞이하던 모습, 뜨거운 여름 리어카를 끌고 골목을 다니시는 아버지의 땀 흘린 지친 모습, 명절이 되면 대목을 보신다고 바쁘셨던 모습, 어머니 몰래 한 잔 걸치시고 시치미 떼던 순진한(?) 장면들이 생각이 난다. 해가 질 무렵이 되면 큰 짐 자전거 뒤에 맛있는 것을 사가지고 오시는 아버지를 기다리곤 했다. 비록 싱싱한 과일은 아니었지만, 아버지의 사랑을 흠뻑 먹을 수 있는 가난한 시절의 풍성한 기억이었다.

아버지는 아침이 되면 자전거를 끌고 장에 가시는 이 일을 중간에 한 번도 바꾸지 않으셨다. 거의 30여년, 어릴 적 아이가 바라보았던 아버지는 이 일을 좋아하셨던 것처럼 느껴진다. 아버지는 자신의 직업을 거룩한 일로 생각하신 것 같다. 거기에는 자식들을 포기하지 않는 희생적 사랑과 한 가정의 가장으로서의 책임감, 그리고 남편으로서의 정직함이 있었다. 아버지가 끌고 다니셨던 자전거와 리어카, 그리고 큰 보따리들은 모두 하나님이 주신 축복의 도구들이었다.

그리고 이제야 신앙적으로 나의 삶이 하나님의 사랑이 묻어 있는 흔적들이라는 것을 깨달았다. 아버지의 일이 하나님에 의해 주어진 것이며, 영적인 것임을 인정하고 싶다. 어쩔 수 없이 죄의 대가로 힘들게 일하는 노동의 의미가 아니라, 내가 하고 있는 일이 하나님이 맡겨 주신 것이라는 것을 깨닫게 될 때 노동을 축복으로 여길 수 있다. 어떤 의미에서 엄마가 아이의 기저귀를 갈아 주는 것과 설교하는 것 모두가 하나님을 기쁘시게 한다는 점에서 동일한 것이라 확신한다.

나는 지금 예배를 인도하고 설교를 하고 성도들을 가르치고 돌보는 일을 하고 있다. 목사로서 내가 지금 하는 일만 거룩하고 영적인 일이라 생각지 않는다. 내 아버지의 일과 주의 종으로 헌신한 내가 하는 일과 아무런 차이가 없다고 생각한다. 모두가 하나님 나라와 그 의를 구하는 삶의 한 부분이었던 것이다. 내가 인식하든 하지 못하든 나에게 필요한 것들을 제공해 주는 세상의 사람들이 있다. 우리가 음식을 먹을 때 감사할 수 있는 것은 이 음식이 이 식탁에 올라오기까지 수고한 손길들에 대한 기억과 하나님께 대한 감사의 마음이다. 내 주변의 모든 사람들이 다 하나님의 종이라 할 수 있다. 모든 세계가 다 하나님의 간섭과 드라마 속에 이 사회 전체가 움직이고 있다.

지금 군복을 입고 열심히 군 생활 하고 있는 우리의 모든 사람들의 실존도 하나님의 창조 법칙이라 확신한다. 아버지는 지금도 일하신다. 현재는 예배당을 걸레로 닦고 분리수거하시면서 쓰레기를 버리시고 교회를 청소하는 일을 하신다. 그것도 참 기쁜 마음으로 말이다. 70대 중반이 되셨지만 아직 10년은 더 할 수 있을 것 같다고 말씀하시는 아버지의 말씀이 힘이 되고 위로가 되는 이유가 무엇일까? 아버지는 하나님의 부르심의 소명을 작은 일이지만 기쁜 마음으로 최선을 다해 맡겨진 일 즉 사명을 감당하고 계신다. 지금은 아버지를 생각할 때마다 마음이 흐뭇해지고 자랑스러워진다. 어린 시절에는 아버지가 장사하는 모습이 부끄러워 피해 다녔지만, 지금은 교회를 청소하시는 아버지 곁에 서서 함께 빗자루를 들고 기쁜 마음으로 예배당을 쓸고 닦을 수 있을 것 같다.

아버지께서 일하고 싶어도 일하기 힘든 시간이 다가오고 있다는 것을 몸으로 느껴진다. 그러기에 오늘의 시간이 의미가 있고 더 소중하게 느껴지게 된다. 모든 사람에게 어두운 밤이 찾아온다는 것은 만고불변의 진리이다. 성경은 오늘 하루가 우리 삶의 마지막 날일 수 있음을 기억하고 살아가는 지혜를 말하고 있다. 오늘 내가 만나는 사람이 마지막이라면 분명 다른 태도로 만날 것이다. 내가 함께 지내고 있는 가족이 마지막일 수 있다고 생각한다면 서로 용서하고 하루를 마무리하게 될 것이다. 오늘 나의 설교와 이 한 페이지의 글이 마지막이라는 생각을 가지고 최선을 다해 나의 삶의 이야기를 써 나가고 싶다.

목사님은 편안한 어머니입니다

신학대학 1학년 20세에 군종 장교 후보생으로 선발되어 신학을 배우고 목사가 되기 위해 준비하면서 두려운 생각이 들었다. 군에 복무하는 동안, 군이라는 집단에서 사역을 잘 할 수 있을까 스스로 의구심을 느꼈다. 자신 없는 마음으로 시작하였지만, 어느 덧 조금은 군복이 어울릴 정도의 군목다운 이미지를 많은 사람들에게 보여 준 것 같다.

어릴 적부터 마음이 여리고 소심하여 이 사람 저 사람 눈치를 보며 자랐던 내가 강하고 통제된 집단인 군대에서 어떻게 살아남을 수 있을까 하는 생각이 사역을 하면서도 문득문득 뇌리에 스쳐 지나가기도 하였다. 지금도 나는 여전히 마음 한 구석에 남들에게 말하지 못한 긴장감을 갖고 있기도 하고, 나도 모르게 자신감이 있는 표현도 하게 된다. 학부 1학년 때부터 장기 복무를 지원하여 교단에서 장학금을 학부에서 대학원까지 받으며 군 선교 사역을 감당하겠다고 했던 대부분의 친구들은 3년의 의무 복무를 마치고 민간 사역을 하고 있다. 하지만 '내가 잘 할 수 있을까? 나는 군 체질이 아니야!' 하며 군에 입대하여 천천히 생각해 보자고 했던 내가 이제까지 군에 남아 있는 것을 보면 쓴 웃음이 아니라 하나님의 섭리에 대한 거룩한 웃음을 지어 보기도 한다.

"그렇지! 하나님께서 인도하시는 것이지. 하나님께서 앞으로도 함께 하실 것이지."

10년이 지난 지금, 한 해 한 해 사건들을 돌아보면 하나님은 내 체질과 은사와 나를 돕는 도우미들을 통해서 나를 당신의 연필로 사용하여 이야기를 의미 있게 써 주셨다고 할 수 있다. 그 이야기의 주제는 '잃어버린 자를 찾는 목자의 이야기' 라 할 수 있을 것이라 믿는다. 지금 내 기억으로는 초임 군목을 하였을 때는 참 많은 사람들을 찾아다닌 것 같다. 그러나 그때는 눈과 눈으로 마주치며 만난 마음의 접촉은 적었던 것으로 기억된다. 훈련장에서 인격 지도를 하면서, 전입 신병들을 만나면서, 성도들을 심방하면서 많은 만남이 있었지만, 젊은 형제들의 마음을 가까이에서 듣고 느끼기가 어려웠던 것 같다. 하지만 그때는 내 경험과 은사의 한계 안에서 하나님은 나를 통해 분명 사용하셨다는 것을 확신한다.

　　군 사역 4년이 되면서 주눅이 든 내면의 아이가 주님의 함께 하심과 돌보심의 내적 치유를 경험하고 목회 상담을 공부하고 다시 장병들을 바라보니 군에 입대하는 젊은이들의 가슴에 멍든 상처 난 이야기들이 너무나 많다는 것을 새삼 깨닫게 되었다. 그러면서 나는 장병들에게 교육이 아니라, 이들의 이야기를 듣기 위하여 프로그램을 만들고 분위기를 형성하면서 군종 목사 안남기의 이미지는 찾아와 말하고 싶은 사람으로 새겨지기를 원했다. 이렇게 말하는 내가 조금은 어색하지만 지난 내 생일에 군종 형제의 편지에 이렇게 쓰여 있었다.

　　"병사들에게 '안남기 목사' 라는 이름은 단순한 목회자가 아닌, 힘들 때 기댈 수 있는 편안한 어머니의 이름입니다."

　　아마도 사역의 현장에서 가장 듣고 싶어 했던 한 마디의 말이었던 것 같다.

군 목회를 하면서 매주 월요일 상담학을 공부하고 있다. 논문을 준비해야 한다. "초기 성인기에 있는 장병들의 건강한 자기 이야기를 위한 모성적 목회 돌봄"이라는 제목으로 시작해 보려고 한다. 통계학을 가지고 분석하는 복잡한 논문이 아니라, 내 사역의 현장에서 장병들의 가슴 아프고 자신감 없는 병들고 왜곡된 이야기들이 자기를 발견하고 자기를 이해하고 자기를 수용하면서 건강한 자기 이야기로 어떻게 변하였는지를 정리하고 싶다. 10여 년의 나에게 보내준 장병들의 편지, 그리고 만났던 모든 장병들의 변화된 질적인 순간들과 마음들을 내 논문에 고스란히 잘 담고 싶다. 그래서 군 목회는 영혼을 치유하고 회복시키고 어려움이 와도 지탱해 나갈 수 있도록 돌보는 목회가 절실히 필요하다는 것을 발표하고 싶다. 매주 월요일 배움의 현장이 결코 내 사역과 동떨어진 것이 아니기에 내 사명이라 확신하고 서울로 가벼운 발걸음을 할 것이다.

05-4기 비전 캠프에 참여했던 병사의 이야기를 통해 함께 목회자의 마음과 사역의 목표를 공감 받고 싶다.

"예전엔 내가 정말 싫었고 과거를 떠올리면 그것이 부끄럽고 나는 남과 틀린가보다 하여 낙담하였다. 이제는 내가 처한 상황도 나름대로의 이유와 스트레스가 있었다고 다른 사람으로부터 인정을 받아서 나를 용서할 수 있는 힘을 얻었다. 물론 그런 인정을 받았다고 나는 그런 사람인가보다 하고 거기서 머물며 아무 것도 하지 않는다면 그것은 참된 회복이 아닐 것이다. 노력하겠다."

　함께 힘찬 응원을 보내자. 목사에게도, 함께 도왔던 모든 이들에게도, 그리고 여러분 자신에게도 '파이팅!' 이라 외쳐 보자.

내 인생의 거룩한 동산 - 수도원 이야기

나에게는 어머니 태속에 있을 때부터 알고 있었던 목사님이 계신다. 어릴 적부터 그분의 말씀과 행동, 신념을 부모님들의 영향만큼이나 크게 받은 목사님이다. 70대 중반이 넘으셨지만 여전히 변함이 없는 복음의 메시지, 사람들에게 보여지는 부드러움 속에 감추어진 말 한 마디의 권위, 걸음걸이하나 흐트러짐이 없는 그분의 위엄 앞에 존경을 보내드린다. 목사님은 35년 전 유성에 성산수도원이라는 곳을 설립하여 매년 봄, 여름, 가을 3회씩 교역자들과 뜻있는 신앙의 사람들을 훈련시키는 사명자 성회를 인도하시고 계신다. 하나님께서 목사님에게 건강과 돕는 동역자들을 보내 주셔서 이제까지 거룩한 사역을 감당케 하셨다.

20여 년 전부터는 미주 지역, 10여 년 전부터는 이슬람 지역, 그리고 불교권, 러시아 지역 등 목사님의 가르침을 받아 현지에서 목사님을 모시고 사명자 성회를 인도하실 만큼 복음의 영향력이 확장되어 나가고 있다. 1971년도에 처음 시작할 때에는 일주일씩 집회를 인도하셨던 것으로 기억된다. 어릴 때에 엄마 치맛자락을 붙잡고 "엄마 어디 가는 거야! 엄마 가지 마." 했지만 어린 나를 뿌리치며 어머니가 갔던 곳은 바로 이곳이었다.

지금 30여 년이 지나 어린 시절의 엄마를 잃은 아쉬움을 건강하게 해석할 수 있는 나이가 되었지만, 내 마음 속에는 엄마를 교회와 사명에 빼앗긴 슬픔의 자리가 너무 컸던 것 같다. 심리학자들은 어린 시절 채워지지 않은 욕구는 밑 빠진 독이라고 표현하지만 내 마음 깊은 곳 영혼이 하나님의 사랑으로 온전히 채워지는 충분한 경험을 한 후에는 어머니에 대한 사랑에 집착하지 않고 오히려 그 어머니를 가슴에 품고 사랑하고 격려할 수 있게 되었다. 난 이제 한평생 복음과 사명을 위해 모든 것을 헌신한 어머니를 자랑하며 다니고 있다.

지난 화요일에는 그 집회가 100회를 맞이하여 감사 예배를 하나님께 드렸다. 내 어머니는 목사님의 사역 초기부터 온몸으로 헌신한 한 분이시다. 수도원을 지을 때 벽돌을 나르며 집회에 참여하신 분들을 위해 식당에서 봉사하시면서 어머니는 이 사명에 동참하셨다. 행사장에 전시해 놓은 빛바랜 흑백 사진들을 바라보면서 어렴풋이 어머니 등 뒤에 업혀 수도원을 따라다니며 포도와 복숭아와 자두를 따먹으며 보냈던 어린 시절이 떠오른다. 그곳은 중학교 2학년 수련회 때 설교 대회 우승을 하면서 내 안에 있는 가능성을 발견한 곳이기도 하다. 또한 고등학생 때 학교 일과를 끝내고 집회에 참석을 하면서 어렴풋이 목사 됨을 꿈꾸었던 곳이기도 하다.

1980년대 해방신학, 민중신학 등의 자유주의 신학들이 젊은 신학도들에게 진부하게만 보이는 복음적 메시지들을 새롭게 해석할 수 있을 것이라는 희망을 주고 있었던 당시에 나도 젊은 신학도로서 막연한 제도와 권위에 반항하며 의식적으로 피했던 곳이기도 하다. 그리고 결혼을 하고 목사가 되어 다시금 찾아갔던 그곳은 여전히 복음과 사명, 그리고 어린 시절 나를 격려해 주시고 나를 기뻐해 주셨던 어른 들이 그 자리에 있던 곳이었다.

목사가 되어 10여 년 동안 복음을 전하고 있는 나는 이제야 그곳은 내 신앙의 모체요, 지쳐 쓰러질 때 기댈 수 있는 신앙의 버팀목이요, 쉼터요, 다시금 소명을 확인하는 거룩한 땅이라 말하고 싶다. 고등학교 시절 하나님께서 "네가 어디 있느냐?"고 물으실 때 "하나님, 제가 여기 있습니다. 제가 하나님을 위해서 제 삶을 드립니다."라고 하면서 부르심에 대한 소명을 다시금 기억해 본다. 내 인생의 이야기 속에 나에게 힘을 주었고 내 존재의 의미를 깨닫게 해 준 거룩한 산의 체험이 있다는 것이 자랑스럽다. 앞으로 이 성산수도원과 함께 어떻게 남은 인생의 이야기가 전개될 것인지 기대해 본다. 분명 가장 선한 길로 인도하시리라 확신한다.

9장

나를 찾아 떠나는 여행

"여호와께서 가라 사대
내가 너희를 사랑하였노라 하나
너희는 이르기를 주께서 어떻게 우리를 사랑하셨나이까 하는도다.
나 여호와가 말하노라.
에서는 야곱의 형이 아니냐.
그러나 내가 야곱을 사랑하였고"

(말라기 1:2)

평생한 사람으로 기억되고 싶다

군수사령부 예하 각 창에서 한 명씩 15명의 병사들을 2박 3일 동안 '비전 캠프'라는 이름으로 만났다. 그러나 참여자들은 자발적으로 참여한 형제들이 아니었기에 분위기는 무겁고 긴장을 느끼게 할 만큼 심리적인 저항을 느끼고 있었다. 나는 이들에게 '무조건 받아들임'(Unconditional Containing)이라는 경험을 느끼게 하고 싶었다. 말하고 싶지 않다는 감정도, 여기에 참여하고 싶지 않다는 감정도, 진행자에게 화가 난다는 감정도, 사람들에게 말하기가 두렵다는 감정도, 지금 너무 짜증난다는 감정도 우린 비판하지 않고 그 사람의 마음을 있는 그대로 받아 주기로 했다. 지금 여기에서 느끼고 있는 그 어떠한 감정도 있는 그대로 표현할 수 있는 자유로움을 경험한다면 인생은 살 만한 곳이라는 새로운 마음의 눈이 떠지게 될 것이다.

나는 수많은 병사들을 만날 때마다 참여한 모든 형제들의 마음의 응어리들이 풀어지고 진정으로 자신을 사랑할 수 있게 되기를 기대한다. 그러나 나의 기대대로 참여자들이 한 마디의 말도 표현하지 않고, 오히려 반항하는 태도를 보일 때 그들을 받아들이는 것은 이론상은 가능하지만 솔직하게 그들을 품는 것은 너무 힘이든다. 그렇다면 어떻게 해야 할까? 기대를 낮추는 것이다.

상담이 부부와 자녀들에게는 가능하지 않다는 말도 있다. 왜냐하면 그만큼 가까운 사람들에게 거는 기대가 크기 때문이다. 왜 우리 마음의 응어리가 풀어지지 않는 것일까?

"나를 낳아준 부모님이라면 최소한 이혼은 하지 말았어야 하지 않았나?"

"나를 진정으로 사랑하는 사람이었더라면 2년은 기다려야 하지 않나?"

"내 남편이라면 최소한 이 정도는 해 주어야 하지 않는가?"

이처럼 놓지 못한 우리의 기대가 우리를 힘들게 한다. 3일 동안 한 마디의 말을 하지 않는 병사, 웃는 얼굴을 한 번도 보이지 않는 병사에게 내가 거는 기대를 낮추었다. 마음으로 이들을 바라보고자 했다.

"그래, 저 형제는 이렇게 사람들이 자유롭게 감정과 생각을 나누는 공간을 경험하는 것 자체만으로도 인생에 있어서 도움이 될 거야!"

"그래, 강요하지 말고 받아들여야지."

3일 동안 한 마디의 말도 표현하지 않은 형제가 마지막 복귀하는 순간 내 방에 찾아왔다. 목사님께 고맙다는 표현도 어떻게 해야 할지 몰라 하는 당황스러운 형제를 바라보면서 말했다.

"이번의 경험이 어떻게 표현하기 힘든 의아했던 시간이었지?"

나의 한 마디의 말을 듣고 그의 하얗게 드러나는 이빨을 바라볼 수 있었다. 그리고 살짝 안아 주었다. 그리고 아쉽게 헤어졌다. 그렇다.

"이런 자리에 와서까지 너 왜 말하지 않니?"

"너 왜 그것 밖에 안 되니?"

비판과 교육은 그에게 전혀 힘이 되지 못한다. 20여 년 동안 살아오면서 자신의 감정을 제대로 표현하지 못한 형제에게 열린 마음으로 다가가는 것이 더 바람직할 것이다.

"너 정말 힘들었겠구나!"

"말하고 싶어도 무슨 말을 해야 할지 모르는 너의 마음은 얼마나 답답하겠니?"

그들을 이해하는 따스한 마음의 공감이 그들에게 인생의 소중한 경험으로 기억될 것이라 확신한다.

인생의 한 시점에 누군가에게 무조건 자신의 존재가 받아들여진다는 경험은 자신의 존재 가치를 새롭게 바라보게 하는 생의 '절정의 순간' (peak point)이라 할 수 있다. 힘들 때 이 순간이 기억될 수 있다면 그것은 하나님이 주신 놀라운 축복이다. 엄마의 품에서 가장 사랑받고 있다는 따뜻한 순간 경험!

"단 한 번만이라도 경험해 보았더라면…, 단 한 사람을 만나보았으면…, 나는 나를 만나는 사람들에게 이러한 한 사람이 되고 싶다."

몇 주 전 정심화 기념홀에서 가수 양희은과 함께 부른 '한 사람'의 가사가 마음 속 영상에서 더욱 감미롭게 들려지고 있다.

한 사람 여기
또 그 곁에 둘이 서로 바라보며 웃네

먼 훗날 위해 내미는 손
둘이 서로 마주 잡고 웃네
한 사람 곁에 또 한 사람
둘이 좋아해
긴 세월 지나 마주앉아
지난 일들 얘기하며 웃네

"한 사람", 이주원 작시

나를 찾아떠난 이야기 여행을 마치고

가슴에 멍든 상처와 이유를 모르는 답답한 마음을 지닌 형제들과 4박 5일의 긴 이야기 여행을 하고 돌아왔다. 여행자들은 몇 가지 약속을 정했다.

생각이 아니라 느낌으로 이야기하기
"너의 감정은 틀리지 않는다."는 무조건 받아들이기 (Unconditional Containing)
"나는 너를 정말 존중한다."고 표현하는 눈 마주치기(eye-contact)

정성껏 준비된 다양한 프로그램을 통해 자기를 찾아 떠나는 여행을 즐길 수 있었다.

지금 여기에서의 기분이 어떠한가?
느낌이 통하는 친구와 단둘이 이야기하고 친구 마음을 대신 표현해 주기
같이 목욕하기
영화 보기
자신의 성격을 평가해 보기
나에게 보내는 편지 쓰기

인생의 그래프 그리기

현재의 내 모습과 미래의 자화상을 그림으로 그려서 서로 느끼고 격려하기

그리고 어린 시절 가슴 속에 묻어 두었던 이야기와 기억 속에 빛이 바랜 이야기들을 차곡차곡 모아 내 인생의 1막 이야기로 만들어 보기도 하였다. 1막의 이야기는 깊은 슬픔과 어둠의 계곡을 지나온 내용이 대부분이었지만, 새롭게 전개될 인생의 2막 이야기를 표현하면서 나를 슬프게 하고 긴장하게 하고 두렵게 하는 갇혀 있는 내 안의 벽을 깨고 나올 수 있는 힘을 이야기 여행 중에 느낄 수 있었다.

이들과 함께 했던 여행은 쉽지 않고 힘들었지만 형제들과 함께 한 시간들을 고이 간직하고 싶다. 그리고 함께 마음을 나누었던 감동의 사진첩을 언제든지 다시 꺼내 보고 싶을 것 같다. 이 여행 중에 함께 하는 자들이 있어서 외롭지 않았다. 이제까지 나 혼자만의 길을 걸어가는 줄 알았었는데, 이제 함께 울어 주고 이해해 줄 동행이 있다는 것을 느낀 소중한 경험은 함께 여행한 형제들의 마음 속 영상에 선명하게 간직될 것 같다.

처음 여행을 시작할 때의 어둡고 절망적인 이름표가 여행의 끝자락에 새롭게 변한 이름표를 가슴속에 자신 있게 붙여 다니게 되기를 소망한다. 먼 훗날 비전 캠프에 참여한 형제들이 나의 큰 버팀목이 될 것 같다. 이들과 헤어져야 한다. 아쉽지만 마음 편안하게 보내고 싶다. 사이버 공간에서 가슴으로 만날 수 있기를 기대해 본다.

문제가 곧 그 사람이 아니다

현대의 사회를 포스트모던(후기 현대주의) 사회라 부른다. 현대 사회가 이성과 합리성과 도덕이 지배하는 사회였다면 포스트모던 사회에서는 전통과의 단절, 불확실성, 자아의 주관성, 행위와 참여가 중시되는 사회 현상이 나타난다. 또한 포스트모던 사회는 과거 남성과 중산층과 배운 자, 가진 자가 우리 사회의 주류 그룹(main group)으로 자리매김을 하고, 이외의 집단은 '무엇인가 잘못된 것 같은 집단' 으로 분류되어 삶의 중심부 주변에서 소외층을 이루며 살아왔다.

이제 여성과 장애인과 노동자들, 과거에 인권을 빼앗긴 자들도 분명히 자신들의 소리를 내며 살아갈 수 있는 시대이다. 나는 이러한 변화의 흐름을 17대 선거를 통해서 새삼 깨닫게 되었다. 여성 장애인을 비례대표 1번으로 확정하고, 여성들이 당대표 역할을 하기도 하고, 노동자 그룹이 당당하게 국회에서 발언권을 얻기도 하고, 젊은 세대들이 투표에 적극적으로 참여하는 현상들은 분명히 우리 사회가 변하고 있다는 것을 의미한다.

아마도 전쟁 세대의 어른들은 혼돈과 혼란의 과정들에 대해서 상당히 우려할 수 있을 것이라 생각된다. 그러나 당분간 보수와 진보 세력 간에 경쟁과 갈등이 예상되지만 대한민국이 한층 더 성숙된 사회로 변하기 위한 진통이라 생각된다. 과거에는 힘이 있는 중심 세력에 의해서 한 인간의 존재 가치가 평가되는 사회였다. 정상과 비정상의 구분이 상당히 힘이 있는 가진 자의 논리로 구분되었던 사회였다.

군대는 집단 중에서 가장 획일적이고 통제적인 사회이다. 분명한 한 가지 목적에 의해 움직이고 있는 집단이고, 철저한 계급 사회이기 때문에 정상과 비정상의 구분이 더 세분화될 수밖에 없는 환경인 것 같다. 그래서 포스트모던식 사고방식으로 살아온 젊은 병사들에게는 사람들에 의해 평가받는 것에 대해 힘들 수밖에 없는 사회이다. 특히 친밀함의 정서가 가장 필요한 성인 초기의 병사들에게 소외감과 거절당했다고 하는 감정은 더더욱 힘들게 하는 환경임이 틀림없다. 나는 군복을 입은 목사로 한 가지 보여 주고 주장하고 싶은 것이 있다.

"문제가 곧 그 사람이 아니다."

많은 사람은 문제가 곧 사람인 줄 알고 있다. 다른 사람들보다 말이 적고, 소심하다고 한 사람의 존재를 낙인해 버린다. 겉으로 드러나는 모습으로 한 사람의 존재 가치를 평가하지 않았으면 좋겠다. 그런데 더욱 안타까운 것은 대부분 문제 속에 살아가고 있는 사람들은 절망적인 자기 비난의 시스템 속에서 헤어 나오지 못하고 있다는 것이다. 다른 사람들이 격려하고자 해도 자기 스스로가 자기 비난의 테두리 속에서 빠져 나오지 못하고 있다는 것이다. 자신을 향해서 "나는 문제가 많은 사람, 나는 안 돼는 사람, 나는 억울한 사람"이라고 은밀히 소리치고 있는 것이다. 나는 이러한 이야기를 써 나가고 있는 형제들에게 "문제가 곧 네가 아니다."라고 말하고 싶다.

"너는 문제가 있는 관심 사병이 아니라, 문제 때문에 힘들어하는 존재이다."

　나는 이들에게 이야기할 수 있는 공간을 만들어 주고 싶다. 그리고 자신만의 이야기를 써 나갈 수 있는 길잡이가 되고 싶다. 어떠한 이야기도, 어떠한 감정도 틀린 것이 아니고, 그것이 너만의 이야기였다고 말하고 싶다. 우리를 힘들게 하는 것은 이러한 내면의 답답함을 이야기할 수 있는 공간이 없다는 것이다. 나는 이들의 이야기를 차분하고 자세히 들어줄 때 이들의 이야기가 풍부해지는 것을 경험한다. 아하! 그렇구나! 하는 것을 자기 스스로가 깨닫게 된다. 그리고 그 문제를 새롭게 해석하고 재구성할 수 있는 대안적 이야기를 써 나가고자 하는 의욕을 보게 된다. 내 온몸과 내 눈빛과 마음으로 저들에게 참 사랑의 이야기를 들려주고 싶다. 하나님은 너에게 정말 관심이 있다는 것과 너의 인생 2막 이야기에 정말 커다란 기대를 갖고 있다는 것을 보여 주는 존재로 사용되고 싶다.

주님은 살아계신다

시간이 지나면 내가 여기 지금 있기까지는 주님의 은혜라는 것을 잊어버리는 것 같다. 지난주일 저녁 전방에서 함께 했던 예비역 형제가 예쁜 아내와 함께 사령탑교회를 방문했다. 아내에게도 드러내지 않은 자신의 연약했던 군대 이야기를 여러 사람들 앞에서 당당하게 고백했다. 나는 과거의 상처와 힘들고 어려운 자신의 삶을 새롭게 구성한 형제의 이야기를 들으면서 주님이 써 주신 한 편의 은혜의 드라마를 볼 수 있었다.

신병 교육대에서부터 낙인이 찍혀 자신의 이야기를 잃어버린 '자살 우려 병사'였던 한 사람을 주님께서 치유하시고 회복하시고 성숙시켜 나가는 모습 속에서 주님은 너무나 위대하신 분임을 고백하지 않을 수 없었다. 형제는 당시 여러 가지 힘들었던 상황 때문에 무척 우울한 시간을 보냈던 것 같다. 그러나 부대에서는 군 생활을 기피할 목적으로 꾀를 부리는 병사로 취급당하기도 하였다. 당시 솔직히 나도 군종 목사로서 형제를 돌보고 있었지만 그런 형제가 이해가 안 되고, 도와주고 있었지만 쉽게 변하지 않는 모습들을 보면서 짜증도 나서 '난 할 수 없다.'는 마음이 들기도 하였다. 나는 당시 조금 배운 내 지식과 편견을 가지고 '네가 우울해진 이유는 이런 것이다.'라고 하면서 그의 마음의 상태를 해석과 평가를 내려버렸다. 그 형제의 우울한 삶에 대해서 비판하고 정죄의 자리에 있었다.

그러나 주님은 형제를 평가하지 않으셨다. 깊은 절망과 우울 속에 있는 형제와 같은 아픔을 십자가에서 경험하셨기에 주님은 그의 마음을 이해해 주셨다. 아마 지금 생각해 보면 무척이나 답답했을 것 같다. 나는 그때 형제와 「내 마음 속에 울고 있는 내가 있어요」를 함께 읽기 시작했다. 나는 이 책을 읽으면서 내 안에 있는 내가 깨닫지 못했던 모습들을 바라보면서 청년 사역에 새로운 시각을 가질 수 있었다. 한 생명의 가치와 인격의 소중함을 이 형제를 통해서 깨달은 것 같다.

문제를 가지고 있는 병사 한 사람이 조직 사회 속에서는 한 사건으로 취급되어지는 안타까움을 갖고 있었던 나에게 주님은 한 사람을 얼마나 소중히 여기시는지, 주님은 문제를 안고 있는 사람을 어떻게 치유해 나가시는지를 알게 하셨다. 형제는 자신의 변화는 전적으로 하나님의 은혜였음을 고백했다. 그리고 어떻게 변해야 하는지, 무엇이 나를 변하게 하는지 분명한 진리를 깨닫게 되었다. 복음을 안 것이다. 머리가 아니라 가슴으로 말이다. 주님은 나를 아신다는 것, 그리고 주님은 있는 그대로의 나를 받아들이고 사랑하신다는 것, 주님은 나를 기다려 주신다는 것, 그러면서 자신의 변화에 있어서 시간이 필요했음을 고백하였다. 지금도 자신의 문제에 있어서 풀어야 할 것들이 많이 있지만 주님은 결코 한 존재의 변화와 성숙을 포기하지 않고 온전하게 만들어 나가실 것을 확신한다.

주님은 지금도 살아계셔서 나의 모가 난 부분을 다듬어 가시고, 연약한 부분을 강하게 하시고, 강팍해진 우리의 마음을 부드럽게 하시면서 자신을 닮은 형상으로 만들어 가시는 분이시다. 나는 간증을 마친 후 예배 당 앞에서 고백을 들은 형제들과 식구들의 이야기를 들으면서 주님은 역시 살아계신다는 것을 깨닫게 되었다. 형제는 지금도 이야기를 써 나가고 있는 중이다. 이젠 혼자가 아닌 사랑하는 아내와 함께 쓰고 있는 중이다. 분명 살아계신 주님은 우리 모두의 이야기 속에 주인공이 되어 주셔서 우리를 온전한 사람으로 성숙시켜 나갈 것이다.

형제는 내 인생을 이렇게 살 수 없다고 하는 한 가닥 소망을 품고 제대하였다. 그 후 형제는 내적치유사역원에서 주관하는 내적 치유 세미나에 참석하여 예수 그리스도의 인성 강의를 듣는 시간에 주님은 나와 같은 버림받은 슬픔과 심지어 하나님으로부터 거절당한 아픔을 함께 경험하신 주님을 인격적으로 만나면서 자신 안에 치유가 시작되었다는 고백을 하였다. 치유를 경험한 형제는 치유상담실 간사에게 "군대에 저와 같이 아파하는 사람들이 많아요." 하면서 2박 3일의 세미나를 150명의 형제들이 치유를 경험할 은혜의 통로가 되어 주었다. 아픈 경험이 있었기 때문에 아파하는 다른 사람의 마음을 이해할 수 있는 상처 입은 치유자가 된 것이다.

나는 사령탑 형제들과 식구들이 서로 서로 돌보고 이해해 주고 서로를 치유해 주면서 하나님의 사랑을 읽어 주는 사랑의 편지가 되기를 소망한다. 장동에서의 여러분들과 함께 했던 시간과 사역은 내인생의 이야기를 더욱 풍성하게 만들었던 하이라이트가 되리라 믿는다. 정든 사람들과 사령탑교회를 떠나지만 주님은 영원히 우리 가운데 함께 역사하실 것이다.

Wonderful Service

작년부터 비전 캠프란 행사를 사단별로 진행하고 있다. 나는 이 행사를 "나를 찾아 떠나는 시간 여행"이라 부르고 싶다. 프로그램을 진행할 때마다 내가 발견하지 못했던 또 다른 내 모습을 발견하게 된다. 나는 병사들과 함께 하면서 다른 사람이 바라보는 나의 모습과 내가 나를 바라보는 모습이 어떠한지 이야기하고자 했고, 지금 여기에서 느끼는 내 감정들을 솔직하게 표현하고자 노력한다. 내가 내 자신에게 정직하게 질문하고 대답을 할 때 참여한 병사들이 마음을 열고 다가오는 것들을 경험하게 된다.

나는 이곳에서 너희들은 군 생활을 이렇게 해야 한다고 하는 정신교육을 하지 않았다. 나는 이들에게 한 번만이라도 자신의 감정과 자신이 존재한다는 것을 충분히 느낄 수 있도록 경험하게 해 주고 싶었다. 너는 이곳에 와서 아무런 이야기를 하지 않아도 너는 틀리지 않았다는 것, 너는 이상한 사람이 아니라 너는 너의 색깔과 냄새가 있는 독특한 존재라는 것을 내 말과 눈빛과 표정과 마음으로 느끼게 하고 싶었다. 나는 이것을 무조건 나를 받아 주는 엄마의 품이라 말하고 싶다. 모범생이기 때문에 칭찬받고 인정받는 것이 아니라, 아들이기 때문에 언제든지 나를 받아 주고 기다려 주시고 환영해 주는 아버지와 어머니의 품과 같은 느낌을 다른 한 사람을 통해서 한 번이라도 경험하게 하고 싶었던 것이다.

참여한 병사들은 군대에서 경험하기 힘든 근무 없는 잠을 자 보기도 하고, 서로에게 눈치 보지 않고 속에 있는 이야기도 마음껏 해 보기도 하고, 시간마다 부대와 교회에서 나오는 맛있는 간식을 먹으면서 마지막 날 할머니와 할아버지들에게 목욕을 시켜드리고 함께 이야기를 나누고 안마도 해 주고 찜질방에서 마무리하면서 이러한 훌륭한 서비스를 받아도 되는가? 스스로 의아했지만 이들은 충분히 존중받을 만한 자격이 있는 소중한 사람들이다. 행여나 이런 경험을 하고 나면 이 병사들이 자대 생활에 적응이 되겠느냐고 걱정하는 사람들이 있겠지만 단 한 번의 충분히 받아들이는 경험은 어떤 정신교육보다 더 큰 힘을 줄 수 있는 값진 교육이라 확신한다.

비전 캠프를 마치고 돌아간 참가 병사들의 소감문을 읽으면서 새삼 느낀 것은 이들이 이제 자신의 이야기를 부끄러움 없이 말 할 수 있는 친구를 얻었고, 사람들이 나를 비웃고 괴롭히는 무서운 사람들이 아니라 내 이야기에 관심을 가지고 있고, 나의 마음을 함께 이해해 주고 함께 느껴 주는 나와 똑 같은 사람이라는 것을 깨달은 것 같았다. 그렇다. 받아들여 본 소중한 시간을 경험한 사람은 사람들이 나를 어떻게 생각하느냐 하는 사람들의 시선에 대한 두려움에서 자유로울 수 있게 된다. 그리고 나보다 연약한 사람들을 사랑하고 돌볼 수 있는 사람이 된다.

어느 병사의 소감문이다.

"이곳에 대해 자세히 들은 것도 없고 많은 사람 중에 왜 나만

가야 하는지 궁금하고 이상했다. 내가 무슨 문제가 있어서 여기 와야 했는지 몰랐다. 이번 비전 캠프에 참석하고 나서 변화된 나의 생각은 나보다 불쌍한 사람도 있고, 그에 비해 난 편하고 행복하게 살아온 것 같다. 그런 것도 모르고 살아왔는데, 이젠 남도 돕고 예전보다 다른 모습으로 군 생활을 하고 싶다. 100일 휴가를 비전 캠프 때문에 어쩔 수 없이 미루어야 했던 병사가 100일 휴가 전에 수료증을 얻었다는 자랑거리가 생겼고, 남을 도와줄 수 있는 사람이 되었다는 생각에 뿌듯함을 느끼며 갑니다."

기록한 병사의 고백은 3박 4일 동안 이야기를 들어주며 수고했던 나에게 준 최고의 질적인 선물임이 틀림없다. 군복 입은 목사의 가장 큰 행복이요 기쁨이라 할 수 있을 것이다. 참 뿌듯하고 행복하다. 이렇게 훌륭한 서비스를 제공할 수 있도록 모든 여건을 편안하게 배려해 준 부대와 특별히 무더운 여름날 수색과 매복, 각종 훈련으로 땀 흘리는 병사들에게 유난히 관심과 사랑을 갖고 계신 사단장님과 함께 사랑으로 섬겨준 교우들에게 다시 한 번 진심으로 감사를 드린다.

"한 사람씩 사람을 얻는 복음주의적인 선교"

수년 간 집단 상담을 인도하고 있다. 맨 처음 집단을 인도하게 된 것은 GOP 연대 목사 시절 내적 치유 세미나를 통하여 기억하기 힘든 어린 시절부터 내 안에 새겨져 있던 상처의 치유를 경험하고 장병들의 상처 입은 마음을 치유해 주고 싶다는 순수한 열정으로 자신의 상처를 내놓고 고백할 수 있는 집단 치유 프로그램을 진행하였다.

지금 생각해 보면 아파했던 장병들의 마음을 충분히 이해해 주고 받아 주는 것보다는 자신의 문제를 직면하게 하면서 오히려 장병들의 마음을 아프게 하지 않았나 하는 자기반성을 하곤 한다. 하지만 미성숙한 모습 그대로를 아름답게 사용하신 주님은 그때나 지금이나 우리를 어루만져 주시는 좋으신 분이심을 확신한다.

그 다음 해 수방사에서 사역하면서 목회 상담을 공부하는 가운데 역기능 가정에서 성장한 장병들 특히 아버지와의 관계에서 편하지 못한 병사들을 중심으로 좋은 아버지가 되기를 바라는 "아버지 학교" 프로그램을 2년 간 실시하여 석사 학위 논문을 제출한 바가 있다. 이 프로그램은 장병들에게 자신의 내면을 살필 수 있는 책들을 영락교회, 충신교회, 사능교회, 용천노회, 염광교회 등에서 위문을 받아 진지 및 내무실에 보내어 장병들이 자유롭게 자신의 이야기를 쓸 수 있도록 하여 목사에게 보내진 편지의 내용 중에서 10여 명을 선정하여 2박 3일 동안 진행하기도 하였다. 지금의 비전 캠프의 유형이었으리라 생각된다.

그리고 대전에 있는 부대에서 모든 사람 안에 있는 치유와 성장을 위한 욕구가 있음을 알고 자기에 대한 이해와 자기를 수용하고, 자기를 개방함을 통하여 진정한 성장을 이루고 싶은 마음으로 기독 신우들을 중심으로 '성장 클럽'이란 이름으로 진행하기도 하였다. 지금은 육군 사단급 부대에서 공식적으로 실시하고 있는 '비전 캠프'를 기쁘고 감사한 마음으로 참여하고 있다. 나는 이러한 집단 안에서의 만남을 '관계를 통한 선교'라 부르고 싶은데, 지난 주 폴 투루니에의 책을 읽으면서 이러한 접근이 "한 사람씩 사람을 얻는 복음주의적인 방법"이라고 주장한 것을 발견하였다.

하지만 나에게도 수년 간 장병들을 만나서 이야기를 듣다 보니 내가 정말 하고 싶었던 이야기를 때로 무시하고 묻어 두면서 지내온 것 같은 답답한 마음이 찾아오게 되었다. 친구와 아내와 나를 믿어 주고 사랑해 주는 성도들에게도 나누기 힘든 '나 혼자 감당해야만 하는 고독함'의 짐을 누군가와 대신 나누고 싶은 마음이었던 것 같다. 또 다른 환경에 부딪치면서 겪어야만 하는 심적인 부담감, 그 사이에서 긴장하고 갈등하고 있는 아이와 같은 내 모습을 위로하고 격려하고 싶은 마음이 일어났다. 그래서 간 큰 남자가 되어 나 홀로 여름 휴가를 다녀오게 되었다.

참 만남 집단이라 불리는 상담자를 위한 T-Group에 참여하였다. 목사가 되어 매주일 강단에서 하나님의 사랑을 외치고 보여 주고 싶어 하고 만나는 사람들에게 살짝 드러낸 웃음으로 나는 사랑이 많은 목사라는 가면을 쓴 역할을 감당하고 있지만, 솔직히 '나는 사람들의 시선이 두렵고, 내 미래는 정말 어떻게 될까?' 하는 기대와 흥분보다는 정말 '나는 미래에도 살아남을 수 있을까?' 하는 불안한 감정이 떠나지 않고, 목사이지만 상대적으로 선의의 경쟁자라고 할 수 있는 동료들과 비교하여 늘 열등감에 시달리기도 한다. 그래서 아침마다 하나님이 정말 나를 사랑하신다는 음성을 붙들고 있다. 혹자는 이렇게 말한다.

"하나님의 사랑의 위대함에 사로잡힌바 되기까지 버림받은 기분과 불안 감정을 떨쳐버릴 수 없는 것 같다."

나는 나를 받아 주는 집단 안에서 용기를 내어서 내 안에 있는 두려움과 욕구와 솔직하게 느껴지는 느낌을 있는 그대로 말할 수 있었다. 슬퍼하며 울기도 해 보고, 화가 난 감정을 소리치며 표현하기도 하면서 내 안에 숨어 있는 나를 받아 주고 위로해 주는 시간들이었다. 무엇보다 나는 이번 휴가를 통해서 사람들과의 진정한 만남 안에서 하나님의 사랑을 좀 더 가까이 가슴으로 느낄 수 있었다. 나를 무시하지 않고 사랑하는 방법, 자신 있게 내 생각을 말할 수 있는 용기 등 3박 4일 동안 얻은 것은 내 인생에 간직하고 싶은 소중한 경험으로 자리매김 될 것 같다. 앞으로 장병들과 함께 만나 이야기할 수 있는 기회들이 더 많이 생길 것 같다. 이들에게 목회자이면서 이야기를 들어 주는 상담가인 나를 통해서 보이지 않는 하나님과 그분의 사랑을 볼 수 있고 느낄 수 있도록 하는 존재가 되고 싶다. 참 기쁠 것 같다.

마음 알기, 자기 알기, 하나님 알기

　대상관계란 심리 치료 이론이 있다. 사람이 세상에 태어나서 처음 만나는 사람, 즉 엄마와의 초기 관계를 통해서 자기와 타인, 세상 그리고 하나님을 이해하는데 결정적 영향을 준다는 이론이다. 충분히 좋은 엄마(good enough mother)를 경험한 아이는 3세 시기에 참 자기를 경험하게 되면서 자신이 살아 있다는 생생한 경험을 할 수 있게 된다. 더 나아가 이때 형성된 참 자기 경험은 삶의 어떠한 불행한 사건을 경험할 때에도 자신의 삶을 창조적으로 이끌어갈 수 있는 힘을 갖게 된다.

　반면 아이의 초기의 경험이 안아 줌과 받아 줌, 아이들의 공격적 행동에 대해서 버티어 줌의 경험이 없는 아이들은 존재 자체가 불안해지면서 극단적인 순응적 삶과 거짓 인격이 형성되어 중요한 성취 경험으로 즐거워해야 하는 순간에도 내 삶이 무엇인가가 잘못되었고, 외적인 모습과 내면의 모습이 무엇인가 일치되지 않은 해리된 느낌(GAP이 있다는 느낌)으로 괴로워하게 된다.

　영혼을 돌보는 목사도 예외가 아님을 발견한다. 나를 통해서 치유되고 회복되는 사람들의 모습을 바라보면서 이 정도면 나는 괜찮은 사람이라는 것을 확인받고 싶어 한다. 그럼에도 불구하고 초기 대상 관계에 있어서 질적인 경험이 없는 사람들은 끊임없이 올라오는 나는 무엇인가 부족한 사람이라는 자신의 존재감에 대한 부정적 신념 때문에 괴로움을 당하기도 한다.

한번 생각해 보자. 내가 살아 있다는 생생한 기분을 우리는 언제 느끼고 있는가? 사람은 놀이 안에서만 창조적인 인생을 산다고 말한다. 어린 아이들이 편안하게 놀 수 있다는 것은 안전한 받아 줌의 공간 안에서 가능하다. 의도적으로 만들어진 시스템 안에서 노는 것이 아니라, 있는 그대로의 편안하게 놀 수 있는 환경에서 나는 살아 있다(I am being), 나는 이다(I am)의 느낌을 갖게 된다는 것이다. 한 사람이 편안하게 놀 수 있도록 만들어 주는 과정을 심리 치료라 말한다. 어떤 환경과 관계 속에서도 편안하게 이야기할 수 있고 자기가 하고 있는 일들이 놀이로 여겨지게 된다면 하루하루 의미 있는 삶을 살아가고 있는 것이다. 목사에게 있어서 설교와 사람들을 만나는 것을 놀이로 할 수 있다면 분명히 창조적인 삶을 살아가는 것이다.

이제 사람들을 돕고자 하는 군종병들을 대상으로 병영 카운슬러 집체 교육을 실시하게 된다. 주제를 "마음 알기, 자기 알기, 하나님 알기"로 정했다. 우리 군종병 형제들이 나를 온전히 알고 사랑하시는 하나님을 머리로가 아니라, 가슴으로 알게 되어 자신도 연약한 존재이지만 나보다 더 힘들어하는 주변의 형제들에게 상처 입은 치유자로서의 삶을 살아갈 수 있도록 돕고자 하는 마음으로 교육을 준비하고 있다. 그러나 나는 이것을 일이라 생각하지 않고 내가 좋아서 하는 놀이라 생각할 것이다.

많은 사람들의 이야기가 소개될 것 같다. 군대에서 치유를 경험한 병사 출신의 이야기, GOP에서 나를 도와 형제들을 섬겼던 예비역 군종병의 이야기, GOP 군목으로 3년간 후회 없는 사역을 감당하고 나의 후배가 되지만 벌써 400여 명의 담임목사님이 된 예비역 군목의 이야기, 상담학을 전문적으로 공부하고 있는 사모님과 함께 하는 자신의 성격을 이해하는 시간, 그리고 정신과 의사 선생님께서 '어떻게 이야기를 들을 것인가?' 하는 실제적인 특강 시간, 또 CBS에서 가스펠 프로그램을 진행하고 복음송가 가수와의 찬양 이야기, 그리고 나는 우리의 마음을 이해하고, 자기의 감정을 이해하고, 나의 삶 속에서 함께 하셨던 하나님을 더 깊이 만날 수 있는 강의를 준비할 것이다.

이런 사역을 감당할 수 있도록 배려해 주신 지휘관과 마음으로 협력해 주는 성도들에게 고맙다는 말과 함께 같이 참여해서 더 깊은 신앙의 세계로 나아가기를 바랄 뿐이다. 주님이 힘껏 안아 주시는 은혜와 감동의 자리로 말이다. 이야기가 있는 재미있는 놀이에 여러분을 초대한다.

느낌으로 말하기

지난 사역지에서 군종 형제가 한 말이 기억난다.

"목사님은 일을 즐기시는 것 같습니다. 어려운 일도 쉽게 처리하는 힘이 있습니다."

설교하는 것도 편안하게 노는 것처럼 할 수 있다면 얼마나 좋을까? 삶에 대한 창조성은 사람이 안전하게 놀 때 형성된다고 한다. 어린 시절 마음껏 놀지 못한 삶은 주눅 들고 눈치 보는 삶을 살아가게 된다. 통제를 받아야만 안정감을 느끼는 사람이 있다. 또한 통제하지 않으면 불안해 하는 사람이 있다. 분명히 놀지 못한 사람들이다. 신앙생활은 통제가 아니다. 편안히 쉬는 것이다. 신앙은 교육도 아니다. 신앙은 서로 편안하게 바라보고 대화하는 것이다. 무서운 아버지가 아니라, 내 이야기에 귀 기울여 들어 주시는 자상한 아버지와의 깊이 있는 관계이다. 목회 활동은 자율 활동이라 말하고 싶다. 자율성은 곧 창조성을 의미한다.

특별히 군복을 입은 성직자이기에 군의 체계와 질서를 무시하지 않지만, 군종 목사에게 있어서 자발성은 삶의 열정을 위한 최고의 동기라 할 수 있다. 누군가의 강요에 의해서 성직의 길을 걸어간다면 얼마나 힘에 버거울까? 나는 지난 몇 주 자발성에 의해 몇 개의 직할대와 독립중(포)대를 여러 곳 방문하였다. 누가 시켜서 하는 것이 아니다. 내가 선택했기에 기쁨으로 장병들을 만나는 것이다. 목사는 당연히 병사들을 만나야 한다는 규정에 의해서 한다면 이미 창조성을 상실한 것이다. 군 생활도 마찬가지다. 내가 군 생활을 선택해야 한다. 오늘의 내 감정도 내 생각도 내가 선택해야 창조적인 하루의 시간을 만들어 나갈 수 있다.

　나는 장병들을 만날 때마다 이야기를 듣는다는 마음으로 만난다. 나는 이들에게 지금 현재의 감정이 어떤지를 물어본다. 그리고 이제까지의 인생의 이야기 속에서 가장 기분이 흥분되었던 때가 언제였는지 그때의 감정은 어떠했는지, 한편 가장 화가 났고, 슬펐고, 외로웠던 사랑받지 못해 서러웠던 그때의 감정은 어떠했는지를 서로 짝지어 이야기하고 서로의 입장에서 1인칭으로 발표하게 한다. 교육은 지겹고 힘들고 무엇을 해야 한다는 것을 의미하는데 이야기는 그저 편안하게 서로를 바라보고 듣는 것이다. 그저 노는 시간이다. 나는 장병들을 만날 때마다 오늘은 어떤 인생의 드라마를 들을 수 있을까 하는 기대를 갖게 된다. 사람은 이야기할 수 있을 때 내가 살아 있다는 느낌을 갖게 된다. 이야기가 멈추면 내 생명이 멈추는 것이다.

　한번 생각해 보자. 정말 편안하게 이야기할 수 있는 사람은 누구인가? 이는 내 감정을 비판하지 않고 있는 그대로 받아 주고 들어 주는 사람이다. 그리고 내가 다른 사람들에게 정말 하고 싶은 이야기는 감정 이야기일 것이다. 말하기도 싫고, 너무 화가 나고 슬프고 외롭고 서럽기도 하고, 억울하기도 한 감정은 결코 틀린 것이 아니다. 감정은 너무나 자연스러운 것이다. 감정을 이야기할 수 있다는 것은 편하다는 것이다. 기쁜 것은 기쁘다고, 슬픈 것은 슬프다고 말할 수 있어야 한다. 한두 시간의 짧은 시간이지만 감정을 나누는 시간은 나에게 너무나 행복하고 값진 시간이다.

지난주에도 여러 부대에서 한 시간만 교육해 달라는 부탁을 받고 한 주간 동안 재미있게 놀자는 마음으로 기꺼이 수락했다. 이야기는 노는 것이니까. 들어 주는 것은 상처로 인해 가슴이 멍든 사람들에게 최고의 선물이다. 이야기할 수 있도록 편안한 대화의 분위기를 마련해 주는 것은 과거의 풀지 못한 가슴속 응어리를 풀어낼 수 있는 은혜의 통로, 즉 하나님을 생각나게 하는 값진 축복의 시간이라 생각한다. 하나님과의 만남은 내가 정말 힘들고 답답하고 외로울 때 함께 있어 주는 사람을 통해서 이루어진다. 한 주간 내가 걷는 걸음에 복을 주셔서 나를 보고 만나는 사람마다 예수님을 생각나게 하는 그런 만남이 이루어지기를 기도한다.

뒤늦게 시작한 인생 공부

비전 캠프의 마지막 프로그램으로 함께 했던 시간들 속에 기억에 남는 단어를 서로 소개하였다. 함께 느껴주는 것, 생각, 뿌듯함, 성장, 이해, 표현하는 것, 자신감, 내가 살아있다는 느낌, 할 수 있을 것 같다는 느낌 등이었다. 2박 3일 동안 20여 년 묻어 두었던 이야기들을 안전한 공간에서 안전한 사람들과 평가하거나 분석하지 않고, 있는 그대로의 감정으로 서로의 눈을 바라보면서 편안하게 이야기할 수 있었다. 군종 참모요 목사인 나는 장병들의 이야기를 들을 때 '내가 중요한 사람이구나.' 하는 느낌을 받는다. 오히려 참여한 병사들을 통하여 위로를 받고 내 존재의 의미와 힘을 얻는다. 더 나아가 행복하다는 것을 느낀다. 아직까지 군복 입고 있는 최고의 동기라고 자신 있게 말할 수 있다. 대부분 비전 캠프에 참석하는 형제들은 하고 싶었던 이야기를 마음속에만 담아 두었던 형제들이라 할 수 있다.

비전 캠프가 무엇이냐고 묻는다면 함께 이야기하는 자리라고 말하고 싶다. 묻어 두었던 이야기, 빛 바랜 이야기, 잊혀진 이야기들을 다시 꺼내어 있는 그대로의 마음을 이야기하는 자리이다. 참으로 놀라운 것은 숨어 있던 이야기를 다시 할 때 힘이 생기는 것을 경험한다. 빈 의자를 놓고 자신을 이해하지 못하는 간부를 향해서, 얼굴을 기억할 수 없는 친아버지에게, 자신을 위해 희생하신 어머니에게 한 번만이라도 하고 싶었던 이야기를 하기도 하였다. 그들은 이야기를 하면서 자신이 인식하지 못했던 자신의 감정들과 사랑받고 인정받고 싶다는 기대와 열망이 이것이었구나 하는 것을 이해할 수 있었다. 그리고 성격 검사를 통해서 자신이 막연하게 알고 있었던 내 마음의 흐름들, 그리고 내 기질, 현재의 감정 상태, 더 나아가 내가 나를 바라보고 느끼는 자존감의 상태에 이르기까지 입체적인 자신을 이해할 수 있게 되었다. 뿐만 아니라 자신의 20여 년의 이야기를 그래프로 그려 가면서 사랑받았던 이야기, 행복했던 이야기, 힘들었던 이야기, 참 서러웠던 이야기들을 서로에게 부끄러움 없이 이야기할 수 있었다. 이야기를 하면서 비전 캠프의 주제대로 마음 알기, 자기 알기, 그리고 타인에 대해서 조금은 이해할 수 있게 된 것이다.

솔직히 비전 캠프의 효과에 대해서 말하고 싶지 않다. 그리고 이 프로그램을 통해서 한 병사가 어떻게 변해가고 있는가 하는 성과를 분석하고 싶지 않다. 2박 3일 동안 함께 마음으로 서로를 이해하고 존중하고 격려하고 힘을 실어 주었던 그때 그 시간들을 마음속 이미지에 힘들 때마다 기억으로 떠오르기를 바랄 뿐이다.

우리가 주님의 십자가와 주님의 살과 피를 기념하는 성찬에 참여하는 것은 바로 이것이다. 2000년 전 골고다 언덕에서 흘리시고 찢기신 살과 피가 나를 진정으로 사랑하고 용서하셨다는 것을 기억하는 것이다. 이런 의미에서 신앙생활은 십자가에서 보여 주신 그 사랑을 지속적으로 기억하는 것이다. 참여한 병사의 소감문의 일부이다.

"지쳐 있었습니다. 한번 삐뚤어지기 시작한 마음을 쉴 새 없이 채찍질하여 달려오니 나 스스로 버틸 수 없게 지쳐버렸습니다. 더 이상 제가 아니라 생각했고, 그런 마음은 나를 더욱 낮은 사람으로 만들었습니다. 그러다 갑자기 이곳에 오게 되었습니다. 처음엔 낙오자의 멍에가 크게 느껴졌습니다. 하지만 따뜻하고 위해 주시는 모습이 저의 마음을 열었을 때 오랜 만에 마음을 놓고 쉴 수 있었습니다. 다르거나 또는 같은 사람들의 이야기를 들으며 나 자신을 바라보려는 의지가 생긴 듯하고 정말 충분히 좋은 시간, 꼭 지금 힘든 것을 떠나서도 인생을 바르게 이끌어 주는 좋은 프로그램이라 생각했습니다."(공개하도록 허락한 소감문임)

이 형제의 인생의 제목은 '뒤 늦게 시작한 인생 공부'였다. 그렇다. 자신의 이야기를 다시금 새롭게 쓸 수 있는 출발점이 되기를 기대한다. 이 형제는 누구보다도 나에게 힘을 준 말을 남겼다.

"목사님, 굉장히 의미 있고 정말 필요하고 중요한 일이라 생각합니다. 이곳의 분들같이 마음을 열어 주는 능력을 가진 분들이 더 가까이에 다가올 수 있도록, 그리고 넓게 퍼지게 더 많은 교육이 이루어졌으면 좋겠고, 정말 카운슬러가 되어 사람들을 돕고 싶습니다."

캠프 중에 함께 보았던 영화 "아름다운 세상을 위하여"에 나오는 도움 주기처럼 도움을 받은 이 병사가 병영 생활뿐 아니라 새로 쓰는 인생 이야기 속에 남을 도와 준 이야기들이 더 풍성하게 쓰여지게 되기를 기대해 본다. 그리고 이번에 참여한 19명의 병사들이 자신들만의 이야기를 새롭게 써 나가기를 기도할 것이다.

감사하고픈 사람들이 있다. 마음껏 편안하게 이야기를 들을 수 있도록 섬겨 주신 손길들, 특히 행정적으로 일손이 되어 주신 인사처 간부님들, 자발적인 마음으로 식사를 나르고 배식하고 설거지하고 청소해 준 포병연대, 신교대, 그리고 사령부 군종병들, 그리고 군종 행정관, 그리고 병영 어머니 도우미들, 그리고 한 명 한 명 이야기를 들으려고 노력했던 연대 목사님들, 그리고 늘 격려의 눈빛으로 바라보시는 사단장님, 그리고 함께 영혼을 돌보는 사역에 마음을 모아 준 교우들에게 다시 한 번 감사를 드리고 싶다. 모든 영광은 오직 하나님께!

2% 부족한 것이 내 안에 있었습니다

비전 캠프에 참여하는 병사들의 처음 반응은 저항과 당황스러움의 감정들이다. 너무나 갑작스럽게 참여하게 되면서 느끼는 당혹스러움, 내가 여기에 왜 있어야 하는가? 비전 캠프를 열 때마다 "말하지 말자, 느끼지 말자, 믿지 말자."라고 스스로에게 무언으로 대답하고 있는 장병들의 우울함을 감당하기가 어려워질 때가 있다. 장병들을 있는 그대로 받아들이겠다고 마음으로 다짐을 하지만 오랜 시간 동안 굳게 닫혀 있는 형제들의 마음을 받아들이기가 부담스럽기도 하다.

모일 때마다 서로 다른 성격, 다른 배경, 다른 마음의 상태에 있기 때문에 획일적으로 비전 캠프 효과를 검증하기란 어려운 것이다. 더군다나 사람의 마음을 양적으로 연구할 수 없는 것이다. 사람의 마음의 상태를 평가하여 도식화한다는 것이 나에게는 너무나 부담스러운 작업이다. 나는 참여한 장병들을 평가하지 않을 것이고, 참석한 효과를 분석하지 않을 것이라고 말했다. 그리고 이 프로그램을 통해서 무엇인가 변해야 한다는 강박 관념도 갖지 말자고 제안했다. 우리가 할 수 있는 것은 지금 여기에서 느끼는 감정을 그대로 표현해 보는 것, 즉 나는 지금 아무런 말도 하고 싶지 않을 만큼 마음이 무겁고, 현재 목사님이 진행하는 모든 방식들도 마음에 안 들고 재미도 없다는 것을 참지 말고 한 번만이라도 솔직하게 자신의 감정을 표현해 보는 것이었다.

그리고 몇 가지의 약속을 하였다. 느낌으로 말하기, 하고 싶은 말 참지 말기, 남의 말을 평가하지 않기(교육, 강요, 설교, 비판 않기), 잘 들어 주기의 약속을 처음부터 마치는 시간까지 지키고자 했다. 하지만 캠프가 끝나면 함께 나누고 싶은 이야기들을 발견할 때마다 예기치 않은 기쁨을 맛보게 된다.

아마 내 사역 가운데 가장 기쁜 순간들이 있다면 캠프를 끝내고 참여한 장병들의 움츠려든 자기 이야기가 자기를 수용하고 자기에게 힘을 느끼고 기대를 갖는 건강한 이야기들로 몇 구절들이 새롭게 쓰여진 이야기들을 보면서 입가에 작은 미소를 짓게 한다. 아마도 이 기쁨이 처음에 장병들의 무거운 분위기를 감당할 만한 힘이 아닐까 하는 생각도 해 본다. 함께 기쁨을 나누어 볼까?

"비전 캠프에 와서 처음에 마치 신병이 자대 배치 받을 때처럼 어색하고 낯설었지만, 며칠 있다 보니 편안한 엄마 품과 같은 곳이었다.(중략) 비전 캠프에 와서 내가 부족한 2%가 무엇인지 내가 무엇이 빠져 있는지 알 수 있었다. 이제 그것이 내 안에 있다는 것을 알았으니 이제 나를 변화시켜야겠다는 생각이 들었다. 2박 3일 간 달콤한 휴식이었다."

"숨을 쉰다는 목사님의 말씀이 너무 와 닿았습니다. 또한 반드시라는 강박 관념을 갖지 않아도 된다고 하신 말씀 또한 제 마음의 짐을 많이 덜어 주었습니다. 2박 3일 동안 비전 캠프에 참석을 해서 행복했습니다."

한편 남들이 웃고 떠들고 장난치고 농담을 해도 가슴에 먼지만 뽀

얗게 쌓여서는 아무것도 느낄 수 없다고 말하는 형제를 보내면서 영혼을 치유하고 돌보는 목사로서 안타까움과 거룩한 부담감을 껴안는 기회도 된다. 분명 나는 지휘관이 아니기 때문에 다시 자대로 보내는 이들에게 책임을 가지고 돌볼 수는 없지만, 주님께서 그 마음 속에 찾아 들어가 주셔서 마음을 부드럽고 촉촉하게 적셔 주시기를 기도하며 목사에게 주어진 거룩한 책임을 다하고 있다. 장병들을 만날 때마다 하나의 사례가 아닌 진정한 인격으로 마주하고 대화할 수 있도록 늘 살아 깨어 있는 영성의 사람이 되기를 기도할 것이다. 지난 한 주 힘들었지만 매우 보람된 시간들이었다.

이야기 목회

　나는 장병들의 이야기를 듣고 자신의 이야기를 쓰게 하는 것을 좋아한다. 이야기의 힘을 몸소 체험했기 때문이다. 사역지 탄약사에서는 전국에 탄약창이 있는데 분기 1회 인격 지도 교육을 해야 한다. 몇 시간 동안 차를 타고 그곳에 가서 교육할 때 나는 1시간 동안 수백 명 앞에 교육하는 것보다 10여 명 장병들의 이야기를 듣는 시간을 가졌다. 경제적 가치를 말하는 사람들은 수백 명에게 교육을 하는 것이 더 중요한 것이 아니냐고 하지만 교육보다도 이야기를 듣는 것은 사람의 마음을 움직일 수 있는 더 큰 힘이라 확신한다. 자기가 자기의 이야기를 할 수 있을 때 마음의 응어리와 상처는 풀어지고 치유되는 것을 경험한다.

　자신의 이야기를 시작할 때 치료는 끝난다는 말이 있다. 특히 말을 잃어버린 가슴 아픈 사람들이 이야기를 시작할 때 가슴 아픈 사람들만이 누릴 수 있는 행복감을 경험하게 된다. 이야기를 하고 쓸 수 있다는 것은 자신의 인생을 객관적으로 바라볼 수 있는 눈이 떠졌다는 의미이다. 이야기를 하지 못하면 주관적인 자신의 경험과 생각과 신념 속에 사로잡혀 과거의 가슴 아픈 사건들 속에서 헤어 나오지 못하게 된다. 혹자는 누군가에게 이야기한다는 것은 상대방을 자신의 내적인 세계로 초대하는 숭고한 행위라 말한다. 아무에게도 말해 본 적이 없는 사건들, 숨겨온 일들, 부끄러운 부분들이 이야기를 통해 듣는 사람들에게 보여지며, 말하는 사람도 미처 알지 못했던 더 깊은 부분까지 표현되기도 하고, 얽혀 있던 실타래가 이야기를 통해 풀리기 시작한다.

하나님은 우리의 가슴 아픈 이야기를 들으시고 평가하지 않으시는 분이시다. 믿음 없는 사람이라고 꾸짖지도 않으신다. 그저 내 마음을 받아 주시는 좋으신 분이시다. 이러한 의미에서 목회란 사람들의 흩어진 이야기들을 한 데 모을 수 있도록 도와주는 것이라 할 수 있다. 더 나아가 목사란 가슴에 묻어 두었던 이야기를 조건 없이 들어 주는 존재라 할 수 있다. 그리고 성도들의 마음을 하나님께 그대로 가지고 나아가 이야기하는 존재라고 말하고 싶다. 나는 지난 총기 사고 영결식장에서 유족들의 가슴속 이야기들을 대신 하나님께 이야기하고 싶었다. 꾸밈없이 그리고 이들이 느끼는 심정으로 하나님께 말하고 싶었다. 때로 황당한 일을 경험한 성도들에게 그 당황스러움을 대신 말해 주고 싶었다.

하나님을 원망하는 사람을 믿음 없는 사람이라 말하고 싶지 않다. 믿음이란 하나님께 하소연하지 못하는 것이 아니다. 사람에게 하소연 못하는데 하나님께 하지 못한다면 가슴이 메어질 것이다. 답답하여 가슴이 터질 것이다. 하나님은 내 답답함과 슬픔과 분노를 아신다. 하나님은 "네가 원망하고 싶으냐! 그래도 나는 너를 사랑할 것이다."라는 흔들리지 않는 사랑을 쏟아 주신다. 믿음이란 이런 내 마음을 헤아리시는 하나님께 두려움 없이 이야기하는 것이다. 하나님은 내 마음을 헤아리시고 어떠한 상황 가운데에서도 함께 하시는 분이심을 확신하기 때문이다.

지난 날 아픔의 사건과 경험은 이야기를 통해 표현되지 않으면 맺히고 뭉쳐진 채로 그대로 남아 우리를 계속 괴롭힌다. 함께 이야기하자. 그리고 이야기를 끊지 말고 끝까지 들어보자. 주님이 우리의 이야기를 끊지 않고 끝까지 들어 주셨던 것처럼 말이다. 이야기 속에 주님의 임재를 경험하게 될 것이다. 전에 느끼지 못했던 영혼의 평안함을 느낄 것이다. 그 어느 누구도 하나님 앞에서 이야기할 수 없는 존재는 없다. 그 누구도 하나님의 사랑의 대상에서 예외일 수 없기 때문이다. 우리 교우들이 하나님께 이야기를 할 수 있도록 돕는 목회를 하고 싶다.

격려가 있는 교회

한 주간 군단 예하부대의 모든 목사님들과 집단 상담 지도자 1단계의 과정에 참여하였다. 가끔 업무 협조 때문에 모여 이야기를 나누곤 하였지만, 마치 여객기에서 내리는 승객들에게 항공사 직원이 건네는 친절한 인사말 정도의 깊이밖에 되지 못하고 있다고 느끼곤 하였다. 목사의 역할과 군복을 벗고 나와 너의 동등한 인격으로 만나면서 전에 경험하지 못했던 진한 동질감과 친밀함을 경험할 수 있었다. 특별히 이번에는 이야기의 진행자로서 참여한 것이 아니라, 이야기의 참여자로서 참석하면서 또 다른 중요한 경험을 한 시간이 될 수 있었다.

모일 때마다 한 마디의 말의 가치를 순간순간 새롭게 경험한다. 하나님께서 우리에게 말씀으로 찾아오시고 말씀으로 격려하셨듯이 말이다. 격려란 사람들로 하여금 어려운 삶 속에서도 보다 훌륭한 그리스도인이 되기를 갈망하도록 만들기 위해 건네주는 친절한 말이다. 우리가 서로에게 건넨 한 마디의 말은 "아 그랬군요!"이었다. 모인 우리는 이들에게 철학과 논리와 가르침으로 말하지 않았다. 있는 그대로의 한 사람의 이야기를 평가하지 않고 들어 주는 것이었다.

친절한 승무원들의 태도는 사람들 보기에는 참으로 다정하고 친밀해 보이지만 그런 말들은 돌아서면 전혀 기억이 나지 않는다. 때로 나와 형제들 그리고 성도 사이에 이러한 느낌이 든다는 것을 속일 수가 없다. 영혼을 돌본다고 하는 목사와 여러분들이 마음속에서 진실한 관계를 원하면서도 진실한 말을 건네지 못하는 이유가 무엇일까? 내가 받아들여지지 않을 것 같은 두려움은 아닐까? 설교할 때 제가 긴장되는 순간, 화가 나는 순간은 제 이야기가 받아들여지지 않고 있다고 느낄 때이다. 이러한 느낌이 들 때 설교를 빨리 끝내고 싶다는 생각이 들기도 한다. 때로는 더 흥분해서 더 큰 소리를 치기도 한다. 목사인 나도 사랑하는 교우들과 형제들에게 무척이나 받아들여지고 싶었던 것 같다. 여러분들에게 더 많이 사랑 받고 싶다.

성경은 모든 그리스도인들이 하나님의 사랑을 보여 주는 사랑의 통로라고 말씀하고 있다. 남들을 격려해 주기 위해 노력하는 많은 프로그램들이 있다. 그러나 프로그램으로 해결되는 것이 아니다. 예수님께서 가던 길을 멈추고 "네가 무슨 말을 하고 싶냐?"고 물어보셨던 것처럼 한 사람에 대한 포기하지 않는 관심과 사랑이 바로 해답이다. 목사가 한 사람을 사랑하고, 우리 형제들과 교우들도 목사를 사랑하고, 서로서로에게 격려할 수 있다면 우리 교회는 지상에서 가장 아름다운 곳이 될 것이다.

태풍교회가 서로에게 목자가 양들을 가장 안전한 길로 인도하는 목자의 지팡이에서 느끼는 부드럽고 안정된 촉감을 담은 한 마디의 말이 있는 만남의 장소가 되었으면 한다. 그래서 차가운 세상에서 따스한 온기를 느끼게 해 주고, 자신의 결점에 대하여 고민하는 사람에게는 자신을 새롭게 평가해 주는 계기를 마련해 주고, 어려운 문제에 짓눌려 있는 사람에게는 새로운 확신을 불어 넣으며 격려가 있는 교회가 되기를 소망한다. 한 주간 나의 격려가 필요한 사람이 누구인지 생각해 보자. 그리고 찾아가 보자. 주님께서 우리에게 할 말을 떠오르게 할 것이다.

기다리며 들어 주는 것의 힘

어릴 적에 마음의 상처를 받았던 감정을 그대로 간직한 채 성인이 된다면 화가 나 있고 상처 입은 아이는 어른이 되어서도 계속해서 내면에 자리 잡게 된다. 그런 아이를 '상처 입은 내면 아이'라고 한다. 겉은 웃고 자신감 있는 표정을 짓고 있지만 마음에는 슬퍼하며 울고 있는 아이의 마음으로 살아가는 사람들을 말한다.

치유는 이 어린 아이가 밖으로 나올 수 있도록 안전한 환경을 만들어 주는 것을 의미한다. 마치 아무 조건과 걱정 없이 따뜻한 엄마의 가슴에 안겨 편안히 거할 수 있는 새로운 엄마의 경험을 하는 것이다. 내 속에 있는 불안과 허물, 연약함과 내 의지로도 어찌할 수 없는 당황스러운 마음들을 평가와 비판 없이 누군가에게 받아들여지는 따스함의 경험은 놀라운 영적 힘을 갖게 된다. 이 경험은 나 스스로가 자신의 상처와 문제를 전혀 새로운 시각 즉 하나님의 눈으로 바라볼 수 있도록 도와주는 하나님의 은혜의 통로가 된다. 집단에 참여한 병사 중 한 명은 이렇게 고백했다.

"정말 짧다고 생각하고 살았던 3박 4일, 그 짧은 시간 동안 몸도 아닌 내 마음을 치유한다는 것에 대해 굉장히 회의적이고 전혀 기대를 하지 않았지만, 목사님들께서 날 대하시면서 한 마디 한 마디 신중한 언어로 말씀하셔서 편안함을 주었고, 모인 병사들이 모두 다르지만 무엇인가 동질감이 느껴지는 상처가 있고, 거기서 나아가 용기 있게 한 명, 두 명 말하고 털어 놓는 그 분위기 속에서 마음을 열게 되었다."

이 병사는 자신의 감추어 놓은 아픈 기억들을 솔직히 내 놓았다.

"어두운 나 자신을 바꾸고 싶은 마음이 크지 않았습니다. 오히려 나의 어두움이 만족스러웠습니다. 아버지 탓도 많이 했습니다. 하지만 이제 정말 벗어나고 싶습니다. 힘들 것 같고 너무 나약해진 제 자신이 이겨낼 수 없을 것이라 생각합니다. 하지만 분명히 바뀐 것은 나의 어두움을 바꾸어 보고 싶은 마음이 생긴 것입니다."

이처럼 너무 깊게 굳어버린 마음의 요동함이 어떤 지식을 전달하는 잘 정리된 프로그램이 아니다. 이야기할 수 있도록 기다려 주고 눈을 바라봐 주고 평가하지 않고 있는 그대로 조건 없이 수용해 주는 값진 경험이 상처를 드러낼 수 있는 용기를 가져온 것이다. 이 조건 없는 받아 줌이 내가 용서받지 못하고, 받아들여지지 못할 것 같고, 다른 사람들과 어울리지 못할 것 같은 두려움에서 걸어 나와 우리를 둘러싸고 있는 두려움의 벽들을 깨고 나올 수 있는 힘을 준 것이다.

나는 치유되지 못할 상처는 없다고 믿는다. 왜냐하면 조건 없이 나를 사랑하시는 하나님께서 다시 그 상처를 싸매시고 낫게 하실 것이기 때문이다. 그리고 더 나아가 상처를 입었지만 한 사람이 하나님의 손에 붙잡히게 될 때 우리는 다른 사람들의 연약함을 함께 짊어지고 고통을 치유할 수 있는 하나님의 치유의 도구가 될 수 있는 특권과 영광을 얻게 될 것이라 믿는다.

비전 캠프에 참석한 한 병사가 내면의 자신에게 보내는 편지의 내용이다.

"우울하고 자신 없는 내 마음에게! 그동안 너를 너무 속이고 한편으로 가두어 두어서 얼마나 힘들었니? 나는 너를 도무지 받아들일 수 없었고 너를 다른 사람들한테 소개시켜 줄 때마다 네가 너무나 싫었다. 하지만 언제까지 너를 그대로 방치해 두고 내버려 둔 내 자신이 잘못되었다고 비로소 느끼고 있어. 이제는 너에게 미안한 대가로 새로운 옷을 선물해 주고 싶다. 우울하고 자신이 없는 낡은 너의 옷을 밝고 당당하고 화사한 옷을 입혀 주고 싶어. 항상 내 안에 있는 너를 매일 피하고 싶었지만 이제는 너와 같이 행복하게 살고 싶구나. 오늘 만큼은 너에게 꼭 말하고 싶어. 미안하고 사랑한다. 이제는 어떠한 너도 나는 사랑해. 한 번도 누구에게 말해본 적이 없는 말이야."

한 주간 맞춤형 교육이라 하는 간부 교육과 비전 캠프를 진행하면서 피곤하였지만, 마지막 프로그램인 사랑의 바구니의 사탕 그림에 담긴 한 마디의 말이 나를 너무 행복하게 하였다.

"끝까지 한 마디도 놓치지 않고 들어주고, 그 사람에게 관심과 배려와 격려, 그리고 공감을 아끼지 않고 사정을 이해해 주심에 큰 감사의 마음을 전합니다."

"비전 캠프의 처음부터 끝까지 하나도 버릴 것이 없습니다. 이런 자리를 만드신 목사님을 존경하고 제가 많이 좋아지고 나이를 먹으면 목사님처럼 남을 돕고 싶습니다."

작은 격려의 말에 내 사역에 대해 확신과 보람을 느끼면서 축복된 주일을 맞이할 수 있게 되었다. 편안하게 이야기를 들어 줄 수 있도록 도와준 부대와 도우미 군종병들, 그리고 맛있는 간식으로 섬겨준 교우들에게 진심으로 감사하다는 마음을 전하고 모든 영광은 하나님께 올려드린다.

우리의 상처가 아무리 처절하고 뼈아픈 것이라 할지라도 마음 깊은 곳에서 속삭이시는 나를 변함없이 받아 주시는 주님의 미소를 바라보고 주님의 음성을 듣게 될 때 우리의 영혼은 웃으며 살아가게 될 것이다.

이야기를 찾아서

심리학 용어 중에 '리비도'가 있다. 처음에는 '성적 욕망'이나 '흥미'를 가리켰지만, 나중에는 '일종의 정신적 에너지'로 여겨지게 되었다. 사람이 이러한 본능적인 욕망의 흐름이 막히게 되면 히스테리나 우울증 그리고 불안 증상과 같은 신경증이 나타나게 된다. 한 번 내 마음의 흐름을 생각해 보자. 나는 언제 가장 기분 좋은 상태를 경험하고 있는가? 어떤 사람은 무대 위에서 춤을 추거나 노래를 부를 때 흥분된 상태를 경험하게 되고, 어떤 사람은 사랑하는 사람과 친밀한 관계 속에 있을 때 느끼기도 하고, 어떤 사람은 푸른 벌판에서 자전거나 오토바이를 타면서 참 짜릿한 쾌감을 얻는 사람도 있다.

나에게 있어서 흥분된 시간을 찾는다면 의미 있는 이야기를 찾았을 때인 것 같다. 내가 존재하는 목적, 내 삶의 열정이 무엇이냐 묻는다면 이야기를 잃어버린 사람들에게 이야기를 할 수 있도록 들어주고 힘을 주는 삶이라 말하고 싶다. 어느 덧 내 위치와 역할과 함께 내 삶의 의미를 실현할 수 있는 시간 속에서 나의 이야기를 쓰고 있다. 특별히 군종 목사로서 만나고 있는 대부분의 병사들은 가정과 군대와 일반적인 사회의 커다란 이야기 속에서 이탈된 사람으로 의식하고 자신의 삶에서 자신을 문제아로, 피해자와 방관자와 도망자로 자신의 이야기를 쓰지 못하는 병사들이라고 할 수 있다. 그러나 중요한 것은 이러한 이야기를 갖고 있는 사람들은 문제아가 아니라는 것이다. 다만 문제로 인하여 자신의 이야기를 쓰지 못하고 있다는 것이다. 사람과 문제는 별개이다. 자신의 이야기를 쓰지 못하는 사람들은 자신의 고통스러운 과거와 문제들에 대해서 지나치게 왜곡된 해석을 했던 것이다.

나는 이들에게 몇 가지의 질문을 통해서 이야기를 듣고자 했다. 이야기를 들으면서 이들로 하여금 치료에 대한 생각과 반응을 불러일으킨 것 같다. 다시 한 번 들어 주는 것의 힘을 경험하게 된다. 한 주간 가장 나를 흥분시키고 내 존재의 의미를 확인했던 감동 이야기를 나누고 싶다.

"비전 캠프라는 프로그램에 참가하고 자대로 복귀한 지 3개월이라는 시간이 되었다. 나는 어쩌면 23년의 인생 동안 가장 무거웠던 짐을 벗어 내버리고 싶었던 것이었을까? 비전 캠프에서 쏟아낸 나의 아픈 옛 기억들이 나를 예전처럼 괴롭히지는 않는다. 나의 삐뚤어진 학창 시절과 그 속에서 얻은 친구와의 아픈 사연들이 나를 어둡고 추운 얼음 인간으로 만들었었다. 그러나 이제 나는 도망치기보다 정면으로 맞서며 그 누구에게나 도움을 청하고 싶다. 점점 온기가 돌아오는 내 자신을 느끼면서 안도의 한숨을 내쉰다. 힘들고 외로웠던 나의 군 생활도 이제는 제법 따뜻해졌다. 이제야 웃을 수 있는 나, 가식적인 웃음이 아니라 마음에서 나오는 웃음을 웃을 수 있는 지금, 왜 울고 싶어지는 것일까? 이제 끝이 아니라 시작이라고 느끼는 나, 항상 이야기 끝에 서 있고 싶었지만 이제는 이야기의 내용을 볼 용기가 난다. 이제 나는 나의 책의 내용을 읽고 싶어졌다."

연대를 순회하며 이제까지 만났던 비전 캠프 병사들과의 재회하면서 느낀 소감문의 일부이다. 나는 한 주간 이야기를 들어 줄 병사들을 만나면서 나의 목회 이야기를 써 나가고 있다. 군 목회 10여 년을 지내오면서 "아하! 이것이 참 중요하고 의미 있는 것이구나!" 하는 것들을 새롭게 확인했다. 이제 초기 성인기의 장병들이 건강한 자기만의 이야기를 써 나갈 수 있도록 도와주는 목회 이야기를 쓰겠다는 다짐을 다시 한 번 해 본다. 지금 이러한 목회 이야기를 쓰면서 내 정신적 에너지가 만족함을 느낀다. 이 느낌이 한 주간을 새롭게 기대하게 하고, 나로 말미암아 새로운 장병들을 찾아가게 하는 것 같다.